KB088724

지구적 정의란 무엇인가

지구적 정의란 무엇인가

존 맨들
정승현 옮김

까치

GLOBAL JUSTICE
by Jon Mandle

역자 정승현(鄭承鉉)
서강대학교 사회과학연구소 연구교수. 서강대학교 정치학 박사.
『한국 정치의 이념과 사상』(2009), 『정치학의 정체성』(2013), 『탈서구중심
주의는 가능한가』(2016)(이상 공저).
『현대 정치사상의 파노라마(Political Ideologies and the Democratic Ideal)』
(공역, 2006), 『마인드(Mind: A Brief Introduction)』(2007), 『나 홀로 볼링
(Bowling Alone: The Collapse and Revival of American Community)』(2009)
등 번역.

편집_교정 박지영(朴芝英)

지구적 정의란 무엇인가

저자 / 존 맨들
역자 / 정승현
발행처 / 까치글방
발행인 / 박후영
주소 / 서울시 용산구 서빙고로 67, 파크타워 103동 1003호
전화 / 02 · 735 · 8998, 736 · 7768
팩시밀리 / 02 · 723 · 4591
홈페이지 / www.kachibooks.co.kr
전자우편 / kachisa@unitel.co.kr
등록번호 / 1-528
등록일 / 1977. 8. 5
초판 1쇄 발행일 / 2017. 6. 8

값 / 뒤표지에 쓰여 있음

ISBN 978-89-7291-635-2   93340

이 도서의 국립중앙도서관 출판예정도서목록(CIP)은 서지정보유통지원시스템 홈페이지
(http://seoji.nl.go.kr)와 국가자료공동목록시스템(http://www.nl.go.kr/kolisnet)에서 이
용하실 수 있습니다. (CIP제어번호 : CIP2017012480)

애나에게

차례

서문

나는 존 롤스의 정의론에 관한 책을 끝마친 후에 이 작업을 시작했다(J. Mandle 2000b). 나는 2002년의 책에서는 지구적 정의에 관한 롤스의 주장을 아주 적게 언급했는데, 그의 주장을 제대로 이해하지 못했다고 느꼈던 것이 원인의 일부였다. 이 주제에 관해서 나름의 견해를 가지게 되면서 나는 내가 '강한 세계시민주의(strong cosmo-politanism)'라고 부르는 관점을 공유하게 되었다. 당시 나는 핵심적 측면에서 국내적 정의의 원칙에는 엄격한 조건을 부과하는 반면, 지구적 정의의 원칙에는 완화된 조건을 부과하는 자신의 이론을 롤스가 어떻게 옹호할 수 있을지 이해할 수 없었다. 특히 도덕성(mor-ality)의 원칙이 개인들 간의 특수한 관계들, 예컨대 국적의 공유 같은 관계를 적절히 고려해야 한다는 그의 주장에는 동의했지만, 정의의 원칙을 다루면서 국내적 정의와 지구적 정의를 날카롭게 구분하는 근거를 인정할 수 없었다. 조시 코헨과의 대화는 내가 지금 옳다고 믿는 쪽으로 나아가게 했다. 그때쯤에 두 개의 논문이 거의 같은 시기에 출간되었으며(Wenar 2002; Blake 2001), 미출간된 번스타인의 논문도 세 번째로 읽었다(Bernstein, unpublished). 이 논문들은 모두 나와 유사한 해석을 지향하고 있었다. 이런 방향으로 생각을 전개함에 따라서, 놀랍게도 나의 입장은 내가 지금 롤스를 해석하고 있는 방식과 계속 가까워졌다(J. Mandle 2005). 나의 친구들과 동료들은 놀라지 않았다는 말을 덧붙여야 하겠지만 말이다. 내가 내세우는 입장은 롤스와 대략 합치하지만, 자신의 원칙들을 표현하고 옹호하는 롤스의 방식과는 몇몇 중요한 점에서 다르다. 예를 들면, 나는 '원초적 입장(original position)'이라는 가상적 상황으로부터 어떤 선택을 한다는 롤스의 논리전개 방식을 적용하지 않는다.

내가 여기에서 전개하는 지구적 정의의 이론은 두 가지 의미에서 보편적인 기본인권들이 존재한다고 주장한다. 첫째, 모든 사람은 이 기본인권들을 향유할 자격이 있다. 둘째, 모든 사람은 이 권리들을 존중해야 하는 정의의 의무를 가지고 있다. 즉 인권은 보편적으로 적용되는 의무들을 발생시킨다는 것이다. 인권이 만들어낸 이 의무들은 사람에 따라서 그 무게가 달라질 수 있다고 하더라도, 보편적으로 적용되는 것이다. 나는 이러한 권리와 의무들이 사회제도들을 통해서 어떻게 매개되는가 하는 문제에 초점을 맞추었다. 이 사회제도들은 정치제도 및 법률제도들을 포함하지만 그렇다고 그 제도들에만 한정되지는 않는다. 특별히 기본인권의 보호에는 정당성을 갖춘 정치제도의 창설과 유지가 필요하다. 이 제도들이 존재하게 되면, 동료 시민과 외국인이 나누어진다. 동료 시민과 외국인의 구분은 정의의 문제에 직접적 중요성을 가진다. 따라서 나의 주장은 인권의 보편성과 인권이 발생시키는 정의의 의무라는 세계시민주의의 중요 요소들을 함유하고 있지만, 정의는 정당한 정치제도를 공유하는 동료 시민과 관련하여 우리에게 제기하는 요구 그리고 외국인과 관련하여 우리에게 제기하는 요구를 근본적으로 다르게 만든다는 점을 인정함으로써 강한 세계시민주의 주장과는 그 내용을 달리하게 된다.

나의 주장은 지구화의 압력에 직면하여 국가의 중요성과 능력을 덜 중요시하는 최근의 경향과 몇몇 방식에서 반대되는 입장을 취하고 있다. 국가가 세계 무대의 유일한 행위자가 아니며, 국가가 행동할 때는, 자신이 선택하지 않은 상황 아래에서 움직이는 경우가 많다는 것도 분명히 사실이다. 그럼에도 불구하고 현재 그리고 예측할 수 있는 장래에 개인과 단체(corporate) 행위자들은 국가에 의해서 창설된 규칙과 제도를 배경으로 자기의 목적을 추구한다. 그렇다고 국가는 도덕이나 다른 나라들의 이익에 아무런 제약을 받지 않고 자기이익이라는 협소한 목표를 추구한다는 고전적인 주권 모델에 따른 지위를 누리고 있다거나 혹은 누려야 한다는 말은 아니다. 그보다 나는 강제적 실정법은 국가 그리고 특수한 목적을 위해서 국가가 권한을 위임한 제도에 의해서 제정된 것이라는 사실을 지적하는 데에 불과하다. 물론 법이 꼭 그런 방식으로 제정되어온 것은 아닐 수도 있으며 다른 대안을 생각해보는 것도 가능하다. 그러나 우리의 현재 세계에서 국가는 강제적인 실정법이 형성되는 중심지이며, 정의의 관점에서 보면 바로 이 점이 국가를 독특하게 만든다. 내가 지구적 정의에 관해서 이 책에서 제시하는 주장은 국가와 정당한 법 사이의 핵심적 연계 관계를 올바로 고려하려는 동시에 기본 인권 그리고 기본 인권이 발생시키는 세계시민주의적인 정의의 의무의 중요성을 인정한다.

이 책을 준비하는 데에 다양한 방식으로 도움을 주었던 많은 사람들에게 감사한다. 알리사 번스타인, 크리스 버트램, 마이클 블레이크, 해리 브리그하우스, 조시 코헨, 제이 맨들, 조앤 맨들, 대럴 묄렌도르프, 카이 닐슨, 토머스 포기, 데이비드 라이디, 캐런 슈팩, 마이클 시모어, 콕초 탄, 두 명의 익명의 심판들에게 깊은 감사를 드린다. 또한 올버니 대학교, 2002년 태평양 APA, 카이 닐슨을 기념하는 2003년 몬트리올 강연에 참가했던 청중에게도 깊은 감사를 드린다. 마지막으로 폴리티 출판사의 루이 나이트와 엘렌 맥킨레이는 귀중한 충고를 주면서 인내심을 가지고 일관되게 지원해주었으며, 진 반 앨터나는 교열 담당자로서 뛰어난 능력을 보여주었다는 점을 언급하고 싶다.

일러두기

이 책은 Jon Mandle, *Global Justice*, Polity Press, 2006의 완역본이다.

- 본문에 있는 [ ]는 이 책의 저자가 독자의 이해를 돕기 위해서 보충한 것이다.
- 원문에서 저자는 강조를 위해서 이탤릭체를 사용했는데, 한국어 표기에서는 고딕으로 표기했다.
- 저자는 모든 인용과 강조에 큰따옴표를 사용했다. 역자는 국내의 관행에 따라서 이를 바꾸어 큰따옴표와 작은따옴표로 구분하여 사용했다. 저자가 직접 인용하고 출전이 분명한 부분은 큰따옴표를, 출전 표기가 제대로 되지 않아 직접 인용으로 볼 수 없는 부분과 저자의 강조 부분은 작은따옴표를 사용했다.
- 역자가 사용한 단어의 의미가 익숙하지 않은 경우, 그리고 학술용어나 시사 용어로서 알아둘 필요가 있는 단어에 대해서는 영어 단어를 덧붙였다.
- 글의 이해를 돕기 위해서 추가할 내용, 혹은 특정 어휘의 번역에 대해서 밝혀야 할 곳에는 역자가 역주를 달아 부연 설명했다.
- 1), 2), 3),······의 주는 저자의 주이다.
- *, **, ***,······의 주는 역자의 주이다.

1
윤리이론의 필요성

영미 철학자들은 상당히 오랫동안 지구적 정의(global justice)의 문제에 관심을 쏟지 않았다. 1971년 롤스의 『정의론(A Theory of Justice)』 출간 이후 일국(一國) 차원에서 국내적 정의에 관한 논의는 상당히 쏟아져 나왔다(Rawls 1999a). 그러나 1990년대까지만 해도 이러한 논의들은 정의로운 사회가 다른 사회들 그리고 자국 시민이 아닌 사람들과 어떻게 관계를 맺어야 하는가의 문제는 제쳐두는 것이 보통이었다. 정의로운 전쟁(just war)에 관한 몇몇 철학적 연구, 기근 구호 같은 문제를 둘러싼 산발적인 논의들은 있었지만, 지구적 정의에 관한 여러 경쟁적 입장들이 서로 생산적인 논쟁을 벌일 수 있을 정도로 연구 성과가 쌓이게 된 것은 최근에 들어서의 일이다. 지구적 정의의 문제가 최근 이렇게 활발해진 데에는 소련 공산주의의 붕괴가 한 가지 중요한 원인이다. 냉전은 일상 곳곳에 스며들어 우리를 압도하는 역사적 사실이었기 때문에, 최소한 영미 정치이론가들에게 냉전은 국제관계의 다른 주제들보다 더 중요하게 고려되는 경향이 있었다. 미국 정책분석가들의 지배적인 접근법은 기본적으로 도덕적 고려는 국제관계에 적용되지 않는다고 주장하는 이론, 즉 '현실주의(realism)'라고 일컬어지는 이론이었다(제3장 참조). 나는 대부분의 정치철학자들이 이 입장에 동의한다고는 믿지 않지만, 그렇다고 여기에 분명하고 공개적으로 도전한 학자들도 찾기 어렵다(다음의 학자들은 중요한 예외에 속한다. M. Cohen 1984; Beitz 1999, 초간 출판 1979년; Shue 1966, 초간 출판 1980년). 그러나 소련 공산주의의 붕괴와 더불어 철학자들은 동서진영 논리에서 벗어나 외국과 외국인에 대해서 어떻게 행동할 것인지 규율하는 보다 정밀한 원칙들을 다듬기 시작했다. 고려하고 가려내야 할 새로운 선택지와 사고방식들이 갑자기 많이 생기게 되었다.

전 지구적 문제의 관심이 늘어난 두 번째 이유는 지구화(globalization) 과정과 연관이 있다. 지난 30년 동안 이 지구화 과정은 전 세계의 보다 많은 사람들과 사회들이 인류 역사의 그 어느 때보다 서로 밀접한 접촉 관계를 맺도록 영향을 미쳤다. 우리는 제8장에서 지구화의 여러 측면들을 다루겠지만, 여기서는 이 지구화 과정이 여러 이유에서 국가 경계선의 중요성을 약화시켰다는 사실 정도만 언급하는 것으로 충분하다. 롤스가 1971년 『정의론』에서 자신은 "국제법과 국제관계에서의 정의"는 그저 "간단히 언급"하는 정도로 그치겠다고 했을 때(Rawls 1999a, 7; 331–333 참조), 이 책이 상당히 중요한 부분을 빠뜨렸다고 보이지는 않았을 것이다. 30년이 지난 시점에서 보면 이것은 대단한 논쟁을 불러일으킨다. 문화 상품과 문화적 실천들(practices)*은 국경선을 넘어 쉽게 오가고, 많은 나라들의

---

* 이 책에는 '실천'이라는 단어가 많이 사용된다. 단독으로 사용되기도 하고 문화적 실천, 정치적 실천, 사회적 실천이라는 방식으로도 사용된다. 해당 분야의 관행, 관습, 의식(意識), 행위 규범, 행동 양식 등을 모두 포괄하는 의미이다. 우리에게 익숙한 다른 말을 찾고자 했지만, 그 어느 것도 본래 단어가 가지고 있는 의미를 제대로 전달하지 못해 '실천'으로 사용했다.

경제는 외국무역(foreign trade)과 외국인 투자에 크게 의존해 있으며, 국제연합(UN)이나 나토(NATO, 북대서양조약기구) 등의 국제기구들은 국제적 군사행동을 승인한다. 헤아릴 수 없을 정도로 많은 관심사와 이해관계들을 전 세계의 사람들에게 알려주고 문제를 제기하는 초국적 비정부기구들(non-governmental organizations, NGOs)은 급속히 확산되어 왔다. 소련의 붕괴 이후 정치이론가들이 새로운 쟁점과 문제들에 직면했듯이, 이러한 지구화 과정에 수반된 변화들역시 정치이론가들이 당면하는 쟁점과 문제들을 바꾸어놓았다. 시대가 변하면서 새롭게 제기된 문제들과 가능성은 정치이론가들이 과거에 제기했던 문제, 접근법, 이론적 가정을 구닥다리로 만든 것처럼 보인다. 지구적 정의에 관한 철학적 연구들이 급속하게 늘어난 데에는 정치이론가들이 새로운 환경과 가능성에 직면하게 되었다는 사실이 최소한 부분적으로는 작용하고 있다.

철학의 역할에 관한 일반적 교훈이 있다. 철학자가 묻고자 하는 질문들, 거기에 대답하고자 동원하는 논변들은 철학자들 자신의 사회 환경 그리고 그 사회가 직면한 구체적 쟁점과 문제들에 깊은 영향을 받는 경우가 종종 있다. 그런데 또한 정치철학자들이 제기하는 쟁점들은 대개의 경우 본질적인 점에서 의견 충돌을 불러일으키고, 이러한 것들이 좀체 해결되지 않는 경향을 보인다. 그 결과, 철학자들은 자신들의 이론적 작업의 배경에 놓여 있기 마련인 구체적인 의제들과 동떨어진 듯 보일 수 있는 추상적인 개념들에 의지해야 하는 경우가 자주 생긴다. 우리는 보다 구체적이고 일상적인 사안에 관해서 서로 엇갈리는 의견과 불확실성을 명료하게 정리하는 방법으로서 어쩔 수 없이 이와 같은 추상적 개념들을 동원하는 경우가 자주 있다(Rawls 1996, 44-46; J. Cohen 1986). 철학자들이 갈망하는 것처럼, 우리도 합당한 이유를 대고 논변을 제시함으로써 의견 충돌과 불확실성을 해결하고자 한다면, 우리가 확신하고 있는 것에 대해서 공유된 가정으로부터 시작해야 한다. 추상적 개념들이 이와 같은 공통의 터전을 제공하는 경우가 많다.

이 추상적 개념들은 보다 구체적인 의견 충돌과 불확실성을 분명하게 밝힘으로써 그 가치를 궁극적으로 입증해야 한다. 따라서 추상적 개념과 주장들을 보다 구체적인 사례에 비추어 입증하는 것은 타당할 뿐만 아니라 중요한 일이다. 만일 우리가 노예제도를 매우 심각한 불의(不義)라고 확신한다면, 모든 정의이론은 노예제도를 불의로 규정해야 한다. 만일 그렇지 않으면, 정의에 관련하여 제시된 이론이 그밖의 무슨 여러 장점을 가지고 있든지 간에 우리는 그것을 거부해도 된다. 우리는 현실의 보다 구체적인 성격의 갈등과 불확실성을 해결하는 데에 도움을 주고자 추상적 개념과 이론들을 다듬는다고 할 수 있지만, 반드시 이 추상적 개념들이 보다 개별적인 판단들에 대해서 그 어떤 종류의 근본적 우위를 누리는 것은 아니다. 우리가 가장 확신하는 것에 관한 전제들로부터 논증을 시작하여, 물론 그 전제들의 일반성이나 개별성 수준은 저마다 다르겠지만, 우리가 덜 확신하거나 혹은 의견의 불일치를 보고 있는 문제에 결론을 확립하는 논변들을 만드는 것이 올바른 방법이다(Rawls 2001, 29-32; J. Mandle 2000b, 45-55).

다음과 같은 개별 사건을 예로 들어 생각해보자. 코소보에서 세르비아가 저질렀던 '인종청소' 정책의 대응책으로서 1999년 나토는 군사적 행동에 나섰다. 이 갈등의 배경은 대단히 복잡하지만(Judah

18

2002; Malcolm 1998 참조), 매우 간략하게 요약하면 이렇다. 1990년대 말 코소보는 법적으로 세르비아 공화국의 한 주에 속했다. 당시 코소보의 인구는 약 200만 명이었고 그중에서 거의 90퍼센트가 인종적으로는 알바니아계였다. 1998년 가을까지 세르비아인들은 약 25만 명의 알바니아계 주민들을 코소보에서 쫓아냈다. 프랑스 랑부예에서 열린 평화회담이 결렬되자, 평화안 서명을 거부할 시에는 공습을 감행하겠다는 최후통첩을 했던 나토는 예정된 공습을 개시했다. 이 공습이 시작되며 눈앞에 드러난 것은 "믿기 어려운 규모로 민간인 피해를 불러온 인도주의적 재앙"이었다. "세르비아 군대는 신속하고 조직적으로 움직이며 코소보에서 알바니아계 주민들의 존재를 지워나갔다"(Luban 2002, 80). "최종적으로 거의 85만 명이 코소보에서 강제 추방되거나 탈출했으며, 수십만 명이 넘는 사람들이 코소보 내의 다른 곳으로 쫓겨 갔다"(Judah 2002, 241). 1999년 "3월 24일, 나토가 개입하기 이전에 코소보 내전에서는 약 2,500명이 사망했다.……11주일의 공습이 진행되는 동안 대략 1만 명이 코소보에서 끔찍한 죽음을 당한 것으로 추산되는데, 그 대부분은 세르비아계에 의해서 살해된 알바니아계 민간인들이었다"(Mandelbaum 1999, 2-3). 나토는 민간인 사상자들을 최소화하려는 자신의 노력을 강조했고 사상자 집계를 공식적으로 발표하지 않았지만, 미국 합동참모본부 부의장 조지프 갤스턴 장군은 1999년 9월에 이렇게 논평했다. "공습에 투하된 폭탄의 규모에 비추어볼 때, 세르비아에서 민간인 사상자는 놀라울 정도로 경미하다. 대략 1,500명 이하의 민간인이 사망한 것으로 추정된다"(Amnesty International 2000, 33). 77일의 공습 이후 세르비아는 코소보로부터 모든 군대를 철수하겠다

고 동의했다. 1999년 말이 되자 대다수의 알바니아계 난민들은 집으로 돌아왔고, 코소보는 지금 국제연합의 보호국으로서 관리를 받고 있다.*

코소보 사태를 둘러싼 위와 같은 일반적 사실들은 심각한 논쟁의 대상이 아니지만, 사려 깊은 사람들은 과연 나토의 군사행동이 정당화될 수 있는지에 대해서 의견을 달리한다. 내가 강조하고 싶은 요점은, 이 문제를 심사숙고하게 되면 우리는 보다 추상적인 쟁점을 곧바로 고려할 수밖에 없게 된다는 사실이다. 일부 비판자들이 보기에 나토의 군사행동은 다음과 같은 간단하면서도 대단히 설득력 있는 도덕원칙을 위반했다. 촘스키는 이렇게 비판한다. "'첫째, 남에게 해를 끼치지 말라'는 원칙이 있다. 만일 당신이 이 초보적인 원칙을 지킬 수 있는 방법을 생각해낼 수 없다면 차라리 아무 일도 하지 말아야 한다. 남에게 해를 끼치기보다는 아무 행동도 안 하는 것이—최소한—더 낫다. 코소보의 경우 군사행동에 따르는 결과는 '예측되기' 이전에 이미 널리 알려져 있었고, 그 예측은 현실에서 충분히 입증되었다"(Chomsky 1999, 156). 그런데 이러한 히포크라테스적 원칙 그 자체는 옹호될 수 있는가? 더 큰 피해를 막으려는 의도에서 남에게 해를 끼치는 것조차도 도덕적으로 절대 용인될 수 없는가? 만약 그런 일이 때때로 용인될 수 있다고 한다면, '1,500명 이하의' 민간인 살해가 도덕적으로 용인되는 대가인지 우리가 어떻게 결정할 것인가? 더 나아가 국제연합 안전보장이사회의 승인을 받지 않았기

---

* 2008년에 코소보 의회는 세르비아로부터의 독립을 공식적으로 선포했으며, 2013년 6월 기준으로 국제연합 회원국 193개국 중에서 101개국이 코소보를 주권국가로 승인하고 있다. 2016년 리우 올림픽에서는 코소보의 이름으로 참가했다.

때문에 나토의 군사행동은 기존의 국제법을 위반했다는 것이 현재 널리 인정받고 있다는 사실을 고려해보자(나토의 군사행동을 승인해줄 것을 요청하는 결의안에 러시아가 거부권을 행사할 것임을 알았기 때문에, 미국과 그 동맹국들은 안전보장이사회에 무력사용 승인 결의안을 제출하지 않았다). 우리는 기존의 국제법에 어느 정도의 무게를 주어야 하는가? 마지막으로, 나토 사무총장 하비에르 솔라나가 지적했듯이, 이 군사행동은 나토라고 하는 "방위동맹이 인도주의적 비극을 방지하기 위해서 자체의 경계를 넘어 군사행동을 실시한" 최초의 사건이었다(Solana 1999, 114). 몇몇 비판자들에게는 이 인도주의적 동기 자체가 문제였다. 앞으로 보겠지만 현실주의자들은 각 나라들이 자신의 국가이익만을 우선적으로 고려해야 한다고 주장한다. 간단하게 말해서, 이와 같은 특정 군사행동이 과연 정당화될 수 있는가를 고려하고자 한다면, 우리는 도덕원칙들, 국제법의 의미와 중요성, 각 나라가 외부의 다른 사회들과 관계를 맺을 때 설정하는 적절한* 목표 등에 관한 보다 추상적인 논쟁들에 직면하게 된다는 것이다.

코소보에서 있었던 나토의 군사행동을 평가하는 것과 같이, 우리가 앞으로 이 책에서 관심을 가지게 되는 질문들도 그 성격상 기본적으로 **규범적**이다. 규범적 질문들은 행동, 특성, 정책 혹은 제도에 대한 **평가**를 내리는 작업을 수반한다. 도덕적 검토는 규범적이기 때문에 단순히 개인의 실제 행위나 기존 제도의 기획을 묘사하는 데에

---

* 이 책에서는 '적절한' 혹은 '적절하게'라는 용어가 대단히 많이 사용된다. 영어로 appropriate(ly), proper(ly)에 해당하는데, 약간 느슨한 의미를 가지고 있다. '올바른' 혹은 '옳은'이 하나의 답변을 전제로 한다면, '적절한'은 다원적(다중적)인 답변을 전제로 하는 용어이다.

목표를 두지 않는다. 도덕적 탐구는 인간 행위와 제도에 대한 비판의 가능성 그리고 새로운 방식으로 행위를 규율하거나 제도를 기획하는 가능성을 열어놓는다. 나는 철학자들이 자신의 작업을 수행하는 사회적 맥락의 중요성 그리고 사회적 환경이 철학적 탐구에 미치는 중요성을 강조해왔다. 그렇지만 철학과 시대의 관계를 지적하며 철학이란 "세계가 어떻게 존재해야 하는가에 대한 가르침"을 주기에는 너무 늦게 등장할 수 있을 뿐이라는 헤겔의 유명한 경구를 받아들이지는 않는다(Hegel [1821] 1991, 23).* 철학이 이미 일어난 변화를 단순히 성찰하고 용인하는 데에 그칠 필요는 없다. 대신 최선의 경우에 철학은 세계와 비판적으로 대면할 수 있고, 사물이 어떻게 존재하는지에 대한 반성적인 통찰은 물론 사물이 어떻게 존재할 수 있을 것인지에 대한 지침과 희망을 제공할 수 있다.

궁극적으로 우리는 적절하게 행동하고자 하기 때문에 규범적 문제에 관심을 가지는 것이다. 나토는 코소보에서 과연 군사행동을 할 것인지 선택에 직면했다. 우리는 그 결정을 이끈 원칙들이 옹호될 수 있는지, 그것들은 앞으로의 행위를 규율하는 원칙으로서 사용되어야 하는지 알기를 원한다. 다른 말로 하자면, 우리가 다듬은 도덕 원칙은 행위 지도(action-guiding) 원칙이 되어야 한다. 이 원칙은 철

---

* 헤겔은 『법철학(*Grundlinien der Philosophiie des Rechts*)』의 "서문"에서 철학자는 자기가 속한 시대를 뛰어넘을 수 없고, 모든 철학은 사건이 종료된 후에나 그에 대한 반성과 성찰을 할 수 있을 뿐이라고 지적한다. '여기가 로두스이다. 여기에서 뛰어보아라', '철학은 현실이 그 형성 과정을 완성하여 스스로를 마무리하고 난 다음에야 비로소 시간 속에서 형상화된다', '미네르바의 부엉이는 황혼이 깃들 무렵에야 비로소 날아오르기 시작한다'는 "서문"의 유명한 문장들은 바로 철학과 철학자의 이러한 상황을 지적한다.

학자들이 말하는 **실천이성**, 즉 인간이 어떤 방식으로든 행동해야 하거나 하지 말아야 하는 이유를 제시한다. 규범적 주장은 기존 상황과 실천들을 단순히 묘사하는 데에 그치는 것은 아니며, 그렇기 때문에 동시에 그 주장은 현실에 적용할 수 있는 조건들과 완전히 단절될 수 있는 위험에 처하기도 한다. 규범적 주장이 현실에 적용될 수 있는 가능성을 상실하면 그것은 더 이상 유용한 지침이—간접적 지침조차—되지 못하고 **망상**(utopia)에 그칠 것이다. 예를 들어보자. 우리는 세르비아에 대한 나토의 군사력 발동이 옳다고 주장할 수도 있다. 다만 민간인 사상자가 한 명도 발생되지 않게끔 군사행동이 취해져야 한다는 조건을 붙여서 말이다. 유감스럽게도 군사작전에 민간인 사상자가 전혀 발생하지 않으리라고 믿는 것은 희망사항에 불과하기 때문에, 민간인 피해를 최소화하기 위해서 노력했다는 나토 지휘관들의 발언은 진심이라고 충분히 인정받을 만하다. 모든 불쾌한 상황이 그저 없어지기만 바라는 이론이 현실에서 실질적인 지침이 되는 경우는 아주 드물며, 이런 이론은 오히려 위험할 수도 있다. 현실에서 가능한 것을 고려하는 현실주의적 관점과 비판적, 규범적 관점을 결합할 때, 우리는 롤스가 '현실적 유토피아(realistic utopia)'라고 부른 관점을 구축할 수 있게 될 것이다(Rawls 1999b, 6, 11-12, 126-128). 현실적 유토피아는 제8장의 끝부분에서 다시 다루겠다.

보다 추상적인 철학적 논변을 계속 만들고, 이 논변을 통해서 세상을 보다 좋은 곳으로 변화시키려는 노력은 가망이 없는 잘못된 일로 보일 법도 하다. 도덕은 추상적 논변의 이해에 국한되는 것이 아니라 적절한 감성과 공감적 일체화를 이끌어내는 것이라고 주장할 수도 있다. 철학적 논변들은 사람의 행위에 큰 영향을 끼칠 수 없다고 했던 로티의 주장은 바로 이와 같은 의미의 반론을 제기하고 있다. 로티는 "철학이 바랄 수 있는 가장 큰 희망은 다양한 상황 속에서 올바른 일을 하는 데에 관련된 직관들, 그중에서도 우리 문화의 영향을 받은 직관들을 정리, 요약하는 것이다"라고 주장한다(Rorty 1998, 171). 로티는 비도덕적인 사람들은 근원적으로 동일한 직관을 공유하지 않기 때문에, 그러한 요약은 비도덕적인 사람들이 도덕적으로 되도록 설득하는 데에 실제로 효과가 없다고 주장한다. 우리는 철학적 논변들을 만들기보다는 "우리의 에너지를 사람들의 감성을 조종하는 데에 집중해야 한다"는 것이다(Rorty 1998, 176). 철학이 조종(manipulation)에 비해서 별로 효과적이지 않다고 지적한 로티의 말은 분명히 옳다. 확실히 철학은 소설을 비롯한 그밖의 예술 작업들에 비해서 이런 면에서 별로 효과적이지 못하다.

그러나 로티는 도덕이 요구하는 것을 우리가 이미 알고 있으며, 이제 우리에게는 우리가 올바르다고 알고 있는 방식에 따라서 다른 사람들도 행동하도록 어떻게 조종할 것인지에 관련된 문제들만이 유일하게 남아 있을 뿐이라고 상정한다. 그가 든 사례들은 전형적으로 우리가 쉽사리 악으로 규정할 수 있는 태도와 행동에 관련된 문제들이다. 1990년대 초반 무슬림에 대한 세르비아의 행위, 노예제도 아래에서 흑인에 대한 백인의 행동, 1930년대 독일에서 유대인에게 저지른 나치의 행동 등이 그가 든 사례들이다. 그러나 로티의 언급과는 달리, 대부분의 철학자들은 철학적 논변들을 눈앞에서 흔들어대면 비도덕적 사람들이 마술처럼 설득당해서 도덕적으로 된다고 상정하지 않는다. 로티가 든 사례들의 유형은 분명히 중요한 경우이며,

우리는 그 사례들 속에서 정의의 기본 원칙이 가장 끔찍하고 노골적인 방식으로 위배되고 있음을 확인한다. 우리는 이 사례들에서 불의가 자행되고 있음을 대단히 확신하기 때문에, 잘못을 범한 자들을 비난하는 데에 아무런 어려움도 느끼지 않는다. 그러나 세르비아의 정책에 대한 우리의 도덕적 규탄 그리고 알바니아계 사람들이 겪고 있는 참상에 대한 우리의 감정적인 조율 그 자체만으로는 과연 나토의 공습작전이 정당화되는 것인지 판가름할 수 없다. 우리와 똑같이 강한 공감적 일체감을 느끼는 사려 깊은 사람들이라고 해도, 군사작전의 정당화 여부를 둘러싸고 서로 의견이 엇갈릴 수 있다. 실제로 우리 자신도 확신이 없어서 찬반의 어느 한편에 서서 다른 쪽보다 뛰어난 의견을 제기하기를 주저할 수 있다. 우리가 그런 딜레마에 직면하면 '우리의 감정에 비추어 판단하라' 혹은 '우리의 양심을 따르도록 하라'는 말을 들어봐야 별로 도움이 되지 않는다. 우리에게 필요한 것은 어떤 방향으로든 결심을 내릴 수 있도록 찬성과 반대 논거 각각의 본질과 논리적인 장단점을 신중히 고려하는 것이다.

도덕에 관한 질문들은 '그런데 누가 그런 말을 할 수 있어?'라는 반어(反語)적인 질문에 맞부딪히게 되는 경우가 종종 있다. 때때로 이 질문은 더 이상의 토론과 성찰을 차단하려는 의도로 제기된다. 이 질문에 담긴 내용을 보다 명확하게 다듬으면, 여기에 담겨 있는 회의적인 사고방식은 이렇게 표현될 수 있다. 즉 사람이 어떤 행위를 하는 것은 그 사람이 처한 특정 상황에 크게 달려 있으며, 그와 같은 판단을 내리는 데에 행위자 자신보다 유리한 위치에 서 있는 사람은 없다는 생각, 곧 각 개인은 자신의 유일한 심판자라는 사고방식이다. 그러한 입장은 '훈계자(moralizer)'가 될 위험성을 깨우쳐주는 유용한 가르침으로 활용될 수 있다. 실제 사건의 구체적인 세부사항을 균형 있게 혹은 치밀하게 파악하지 못하면서도 도덕적 판단을 내리는 사람이 훈계자이다. 많은 경우, 최소한 관련 정보를 보다 잘 알게 되기 전까지는 판단을 유보하는 것이 지극히 가능할 뿐만 아니라 적절한 태도이기도 하다. 그러나 때때로 우리는 개별 사건에 관해서 적합한 지식을 이미 가지고 있다고 확신하거나, 혹은 우리가 어떤 방식으로든 결정을 내릴 것을 상황이 요구하는 경우도 생긴다. '나토는 공습을 해야 하느냐, 말아야 하느냐?'도 그런 상황이다. 원론적으로 말하자면 '누가 그런 말을 할 수 있어?'라는 질문의 대답은 최대한 관련 정보를 모으고 면밀히 검토하는 우리 **모두**가 말할 수 있다는 것이다. 개별 사건에 적용될 수 있는 규범적 원칙 그리고 그 사건에 관련된 특징들을 깊이 성찰하고 최선의 판단을 내리는 데는 원칙적으로 어느 누구도 배제되지 않는다. 다른 한편, 도덕적 훈계자에 대한 회의에서 비롯된 겸손함은 여전히 적절한 태도이다.

'누가 그런 말을 할 수 있어?'라는 질문의 뒤에는 상대주의의 묵시적 가정이 숨어 있는 경우가 종종 있다. 상대주의는 여러 형태가 있어서 서로 잘 구분이 되지 않는 경우가 많은데, 우리가 여기에서 고려하는 유형은 이렇다. 즉 행위와 제도를 판단하는 유일한 도덕적 표준은, 그 행위가 실행되거나 제도가 놓여 있는 특정 사회의 구성원에 의해서 받아들여지고 있는 원칙들이라고 주장하는 것이다. 그 행위가 실행되고 제도가 놓여 있는 특정 사회의 표준에 따라서 특정 행위와 제도들을 평가하는 것은 타당하지만, 표준 자체를 평가하는 것은 불가능하거나 적합하지 않다고 상대주의자는 주장한다. 한 사회의 삶의 방식을 평가할 수 있는 외부의 관점은 없다는 의미에서 각 사회의 삶의 방식이 근본적 평가 기준이라는 것이다.

이런 의미에서의 상대주의를 부정하는 사람을 '보편주의자'라고 부르기로 하자. 여기에서 말하는 보편주의자란 현지 사회 내에서 공식적으로 확인된 표준이나 실천에 매달리지 않는 도덕적 판단을 내리는 것이 **때때로** 가능할 뿐만 아니라 적절하다고 말하는 정도의 사람을 가리킨다는 것이 중요하다. 달리 말하면 보편주의자 역시 **일부**의 도덕적 평가, 아마 **대부분**의 도덕적 평가들조차 현지 사회의 맥락과 실천에 근거하고 있음을 인정할 수 있다. 보편주의자는 설교자가 될 필요가 없으며 도덕적 평가를 내리는 데에 겸손할 수 있다. 우리가 묻고자 하는 질문은, 문제가 되는 한 사회에 대해서 그 사회가 널리 받아들이지 않을 도덕적 판단을 내리는 것이 적절한 경우가 과연 있는 것인가 하는 점이다. 이것을 부정하는 극단적인 형태의 상대주의만이 우리의 탐구 작업에 근본적으로 도전하기 때문에, 이런 형태의 상대주의를 고찰하는 것이 적절하다.[1]

상대주의의 옹호자들은 거의 항상 "동서고금을 통해서 발견되는 놀라울 정도로 다양한 윤리적 믿음들"을 자기 주장의 받침대로 사용한다(Wong 1991, 443). 서양 철학에서 그와 같은 주장이 가장 먼저 나타난 사례는 기원전 440년 그리스 역사가 헤로도토스의 기록에서 찾을 수 있다. 헤로도토스는 사회마다 관습이 다르다는 사실에 깊은 인상을 받은 페르시아 (현재의 이란) 왕 다리우스가 이 다양성을 실험하는 기회를 마련했음을 보고한다.

---

[1] 우리는 '평가자의 집단 상대주의'가 아니라 때때로 '행위자의 집단 상대주의'라고 부르는 상대주의를 다루고 있다(Lyons 1976, 109-111).

[다리우스는] 자신의 궁전에 와 있던 그리스인들을 불러놓고 그들에게 돈을 얼마나 주면 죽은 아버지의 시신을 먹을 용의가 있냐고 물었다. 그러자 그리스인들은 돈을 아무리 많이 주어도 그런 짓은 절대 하지 않겠다고 대답했다. 다음에 다리우스는 다시 그리스인들을 불러들이고 무슨 말이 오가는지 알아들을 수 있도록 통역을 배치한 후 칼리티아이족이라는 인도의 부족을 불렀다. 이 부족은 죽은 아버지의 시신을 먹는 풍습이 있었는데, 다리우스는 이들에게 돈을 얼마나 주면 부모의 시신을 화장하도록 허가하겠느냐고 물었다. 그들은 비명을 지르며 제발 그런 끔찍한 일은 언급도 말라고 부탁했다(Herodotus [440 BCE] 1954, 219-220).

헤로도토스는 이 일화가 관습이 "모든 것의 왕"이라는 격언을 확인해준다고 결론을 내렸다. 즉 한 사람의 행동을 정당화하는 최고의 기준은 그 사회의 지배적 실천이라는 뜻이다. 16세기에 와서는 몽테뉴가 이 주장을 다음과 같이 선명하게 표현했다. "모든 사람은 자신이 익숙하지 않은 것이라면 무엇이든지 다 야만적이라고 부른다. 우리 자신의 나라에서 받아들여지고 있는 의견 및 관습의 형태와 사례 외에는 진리 혹은 합리성을 판단하는 기준이 없다는 것은 실로 사실이다"(Montaigne [1580] 1987, 231).

다양성이 존재한다는 사실로부터 상대주의가 곧바로 결론으로 도출되지는 않는다. 헤로도토스는 그렇게 생각했을 것 같이 보이지만 말이다. 온건한 형태의 상대주의를 옹호하는 데이비드 웡이 지적하듯이, "믿음의 다양성이라는 단순한 사실은 어떤 믿음이 그외의 것들보다 더 진실에 가깝거나 더 정당화될 수 있기 때문에 더 뛰어난 것으로 받아들여질 가능성을 부정하는 증거가 아니다"(Wong 1991, 444). 그러나 상대주의의 옹호자들은 세 가지 추가 논변을 가지고 있다. 첫째, 때때로 그들은 도덕적 용어의 의미는 특정 사회 혹은 특정 언어집단에 따라서 상대적이라고 말한다. 둘째, 그들은 과학 분야는 그렇지 않은데 비해서 도덕에 관한 의견 차이는 계속 지속된다고 말한다. 셋째, 그들은 가치의 다양성과 관용을 인정하는 토대를 제공하는 데에 상대주의가 필요하다고 말한다. 나는 이 세 논변들이 설득력이 있다고 믿지 않지만, 왜 그런지 그 이유를 아는 것이 중요하다.

언어적 의미에 관한 주장에 바탕을 둔 첫째 논변은 애당초 설득의 가능성이 없다. 이런 식의 주장을 단호하게 내세우는 사람들이 이따금 보인다. 즉 "도덕은 모든 사회에서 다르고, 도덕이란 사회적으로 공인된 관습을 가리키는 편리한 용어에 불과하다. 사람은 항상 '관습적으로 그렇게 받아들여진다'고 말하기보다는 '도덕적으로 올바르다'고 말하기를 선호해왔다. 이런 식의 발언이 선호되었다는 사실은 비판적 윤리학의 소재가 되기에 충분하다. 그러나 역사적으로 두 발언은 같은 뜻이었다"(Benedict 2001, 87; Sumner 2001, 76 참조). 관습이나 도덕이라는 용어의 의미에 관한 주장으로서 이런 식의 서술은 오류에 불과하다. 자기모순에 빠지지 않고서 또는 도덕적 용어를 부정확하게 사용하지 않고서도 한 사회의 실천을 비판하는 것은 가능하다. 킴리카가 강력하게 주장하듯이, "이집트의 어떤 무슬림 여성이 '성차별은 잘못이다'라고 말할 때, 그녀는 '여기에서는 성차별이 없다'는 의미로 말하는 것이 아니다. 오히려 그 반대이다. 그녀는 이집트에서 성차별이 현재 이루어지고 있으며, 이 성차별은 실제로 이집트 역사와 사회의 모든 신화, 상징, 제도 속에 대단히 깊이 뿌리내린 것일 수도 있기 때문에 그렇게 말하는 것이다. 그녀는 또 이렇게 말할 수도 있다. '(이 지역에서는 승인되고 있다고 하더라도) 차별은 잘못이다'"(Kymlicka 1989, 66). '도덕적'이라는 말이 '한 공동체에서 관습적인 것'과 같은 뜻이라면, 무슬림 여성이 자신의 비판적인 의견을 표현하고자 할 때에는 스스로 자기모순을 범하게 되는 셈이다. 그러나 개인과 행위뿐만 아니라 사회를 평가할 때 그리고 한 사회에서 널리 받아들여지고 있는 실천들을 평가할 때조차도 우리가 도덕적 용어를 사용할 수 있다는 것은 의심의 여지가 없다고 보인다.

상대주의를 옹호하는 둘째 논변은 과학적 논쟁과 달리 도덕적 논쟁은 의견충돌이 끈질기게 지속되고, 심지어 해결될 수 없다는 주장이다. 옹호자들은 이러한 사실이 다양한 사회의 저마다 다른 사고방식과 독립되어 도덕의 내용을 공정하게 판정해주는 '명백한 기준'은 없음을 보여준다고 주장한다. 이 논변에 대한 여러 응답들이 있다. 그중에서 한 가지 대답은 일반적으로 과학적 탐구에서는 그렇지 않지만, 우리의 도덕적 판단에서 나타나는 오류의 원천을 발견함으로써 도덕적 문제에 관해서 의견충돌이 지속되는 이유를 설명하고자 시도한다. 예를 들면, 도덕적 문제의 탐구 작업은 과학적 탐구에 비해서 우리 자신의 특정 이해관계에서 비롯된 왜곡과 영향을 더 크게 받는다는 주장이 때때로 제기된다. 토머스 네이글은 "서로 다른 여러 대답들에 의해서 영향을 받게 될 강한 이해관계가 논쟁 대상이 되는 문제와 연관될" 경우, 우리는 "극단적으로 다양한 믿음과 근본적인 의견의 충돌을 예상해야" 한다고 지적한다. 그리고 그와 같은 이해관계는 "처음부터 끝까지 비길 데 없이 아주 높은 수준으로 윤리 전반에 걸쳐 존재한다"고 말한다(Nagel 1986, 148). 사람들은 스스로가 도덕적으로 행동한다고 보려는 매우 강한 심리적 경향을 가지고 있다. 이런 경향은 많은 형태의 합리화(경멸적인 의미에서의) 그리고 '담을 쌓아서 분리하려는(walling off)' 현상으로 이어지는데, 이렇게 되면 사람들은 여러 믿음들을 연결하지 못하게 된다. 이 믿음들이 함께 연결되면 사람들이 직면하고 싶어하지 않는 결론으로 이어질 수도 있는데, 사람들이 여러 믿음들을 연결하지 않음으로써 그러한 결론을 피하고자 하기 때문이다. 이 현상을 상세히 다룬 주디스 자비스 톰슨은 조지 워싱턴을 사례로 든다. 노예제도에 관한 자신의 견해를 밝혀달라는 질문을 받은 조지 워싱턴은 "솔직히 나는 이 문제에 관해서 생각하는 것조차 싫고 하물며 말하는 것은 더더욱 싫다는 점을 선언하고자 합니다"라고 대답했다는 것이다(Harman and Thompson, 1996, 205). 이런 식의 응답은 실천적 문제를 둘러싼 의견 충돌은 과학적 의견 충돌보다 훨씬 더 오래 지속된다는 점을 인정하지만, 상대주의로 빠져들지 않는 설명을 제공하고자 시도한다.

보편주의자들의 두 번째 전략은 도덕적 다양성이 상대주의자들이 제시하는 것처럼 심층적인 차이를 가지고 있지 않다고 지적하는 것이다. 여러 도덕적 평가들은 외견상으로는 서로 다르게 보이지만 실제로는 보다 심층적인 합의가 숨어 있을 수 있다. 예를 들면, 헤로도토스가 기술한 그리스인과 인도인은 죽은 사람을 대하는 상대방의 태도에 도덕적으로 큰 충격을 받았지만 그들 사이에는 보다 깊은 차원에서의 합의가 숨겨져 있었을 수도 있다. 예컨대 두 나라 사람들은 죽은 사람에게 적절한 경의를 표해야 하는 것이 도덕적 의무임을 믿었을 수도 있다. 그들 사이의 의견 차이는 어떤 장례 방법이 적절한 경의를 표현하는 것인가 하는 문제에 관련된 것이었다. 보편주의자는 이렇게 말할 수 있다. 즉 도덕이 요구하는 것은 존경이고, 그 존경은 다양한 관습적 실천에 따라서 서로 다른 방법으로 표현될 수 있으며, 그 어떤 나라의 예의나 격식도 다른 나라의 그것보다 내재적으로 우위에 있지 않다고 말이다. 이와 같은 도덕원칙을 고도로 추상적인 언어로 표현한다면, 모든 사회에는 (최소한 거의) 보편적인 도덕원칙이 있는 것으로 보인다는 문장으로 나타낼 수 있다. 조지 실버바우어가 관찰하듯이, "사교성은 인간의 보편적인 특질로 보이며, 호혜성은 인간관계를 지속시키는 기능적인 필수품인 것 같다. 인간의 삶에 대한 존중 역시 보편적인 가치로 간주될 수 있지만, 다른 관심사들에 비해서 삶의 보전에 부여되는 우선권과 인정의 정도는 사회마다 대단히 큰 차이가 난다"(Silberbauer 1991, 27; Moody-Adams 1997 참조). 이 전략은 말을 바꾸어 이렇게도 활용될 수 있다. 즉 한 사회의 구성원 전체를 놓고 본다면 과학적 문제에 관한 의견 차이는 보통 생각되는 것보다 훨씬 더 오래 지속된다. 예를 들면, 진화론은 현대 생물학의 핵심을 이루고 있을지도 모르지만, 최근 여론조사는 미국인 중에서 3분의 1만이 진화론이 증거로 잘 뒷받침된다고 믿는 반면, 45퍼센트는 "신은 약 1만 년 전에 인간을 거의 지금의 이 모습 그대로 창조했다"고 믿는다고 알려준다(Newport 2004). 과학적 문제에 관한 합의도 소수의 전문가들로 이루어진 집단에서나 찾아볼 수 있다. 문제의 초점을 상대적으로 좁게 맞출 경우, 우리는 윤리적 문제에 관해서도 실질적인 합의를 만들 수 있다.

상대주의를 지지하는 데에 자주 동원되는 셋째 논변은 상대주의만이 다양성의 존중이라는 이념을 보증할 수 있다는 주장이다. 나는 상대주의적 충동의 핵심에는 전형적으로 이러한 주장이 자리잡고 있다고 믿는다. 그렇지만 우리가 지금껏 보았듯이 보편주의자도 일부 도덕적 문제들, 예컨대 어떤 장례의식이 존경심을 가장 잘 표현하는가 하는 문제는 각 지역의 실천과 태도에 달려 있다는 점을 인정할 수 있다. 더 나아가 상대주의는 관용에 대한 귀중한 추진력을 떠받치는 데에 엉성하기 짝이 없는 토대를 제공한다. 사실 한 사회는 다른 사회의 삶의 방식이나 실천들을 관대하게 용인해야 한다고 말하는 자체가 규범적인 주장을 내세우는 것이다. 상대주의는 그와 같은 규범적인 주장은 특정 사회의 기존 실천의 토대 위에서만 정당화될 수 있다고 말한다. 상대주의에 따르면 한 사회가 다른 사회에 대하여 전통적으로 관용의 실천을 가지고 있다면, 그 사회는 다른 사회들을 널리 용인하는 것이 적절하다. 반면 한 사회가 다른 사회들에 대하여 불관용의 전통을 가지고 있다면 그 사회의 올바른 태도는 불관용이고, 관용적 태도는 실제로도 잘못이 될 것이다. 1835년에 뉴질랜드에서 동쪽으로 500마일 떨어진 채텀 제도에서 벌어졌던 사건을 통해서 이 문제를 다시 검토해보자. 이 사례는 재러드 다이아몬드의 책에 기록된 것이다(Jared Diamond 1997, 53-54). 모리오리족은 "지극히 간단한 기술과 무기만 갖추고 외딴 섬에 고립되어 살던 소수의 수렵채취 종족이었다. 그들은 전쟁 경험이 전혀 없었고 강력한 지도력이나 조직력이 부족했다." 이와 대조적으로 뉴질랜드에 살고 있던 마오리족은 "격렬한 전쟁이 만성적으로 되풀이되는 조밀한 농경민 사회에 속해 있었다. 그들은 모리오리족보다 발전된 기술과 무기를 갖추었고 강력한 지도층의 지휘 아래 움직였다."총, 곤봉, 도끼로 무장한 900명의 마오리족이 두 척의 배에 나누어 타고 섬에 도착했다. 침입자들은 모리오리족을 노예로 삼겠다고 선언하고 저항하는 사람들을 죽이기 시작했다. "만일 모리오리족이 조직적으로 저항했다면 수적으로 2 대 1의 열세에 있던 마오리족을 물리칠 수 있었을 것이다. 그러나 모리오리족에게는 분쟁을 평화롭게 해결하는 전통이 있었다." 그들은 싸우지 않기로 선택했다. 며칠 사이에 마오리족은 "수백 명의 모리오리족을 살해하고 많은 시체를 요리해서 먹었으며 남은 사람들을 노예로 삼았고, 더구나 그들마저 몇 년 동안에 걸쳐 기분 내키는 대로 마구 죽여서 대부분을 멸종시키고 말았다." 정복자인 마오리족은 이 사실을 이렇게 설명했다. "우리는 우리의 관습대로 그 섬을 점령했고 모두를 잡아들였다. 한 명도 벗어나지 못했다. 더러는 도망쳤지만 우리가 곧 죽여 버렸고 다른 녀석들도 죽였다. 그런데 뭐가 어쨌다고 그래? 우리는 관습에 따랐을 뿐이다." 마오리족의 행동이 부족의 관습과 일치한다고 가정한다면, 실제로도 그랬지만, 대량학살을 옹호하는 이런 발언을 상대주의의 틀 안에서는 반박할 수 없다.

간략하게 언급할 가치가 있는 추가적인 문제들이 있다. 상대주의에 대한 지금까지의 비판에서 묵시적으로 파악할 수 있겠지만, 상대주의는 극단적이면서도 잘못된 보수적 태도를 지지한다. 실제로 상대주의는 어떤 원칙이나 실천이 그 사회에서 현재 용인되지 않는 한 그 원칙이나 실천을 옹호할 근거는 전혀 없다고 말한다. 이것은 내부의 반대자들뿐만 아니라 외부의 비판자들에게도 모두 해당된다. 자기 동료들의 만행에 의문을 표하면서, 모리오리족은 평화적인 부족이며 우리 마오리족에게 아무런 잘못도 하지 않았고 그들은 자신이 원하는 방식으로 살아갈 권리가 있다는 등의 주장을 펴는 마오리족 전사를 상상해보자. 상대주의는 그러한 도전을 일소에 부쳐버릴 것이다. 이와 유사하게, 상대주의자에 따르면 미국 남부에서 19세기 중반에 노예폐지론자들이나 20세기 중반에 민권운동가들이 동원할 수 있는 도덕적 주장은 전혀 없게 되는 셈이다. 요점은 그러한 사회 개혁가들이 다수에 맞서 중과부적의 힘든 싸움을 벌이고 있다거나 다수에게 그들의 태도를 바꾸라고 설득하기 어렵다는 것이 아니다. 그보다는 개혁가들의 주장이 자기들 사회의 태도 및 실천과 충돌을 일으키기 때문에 그들의 대의명분은 **잘못된** 것이라는 판단에 상대주의가 실질적 근거를 마련해주고 있다는 점이다. 이것은 도저히 옹호될 수 없는 입장이다. 자기 사회에 깊이 뿌리 내린 실천에 개혁가들이 저항할 때 그들이 옳을 수 있다고 믿는 것은 최소한 가능하다. 심지어 급진적 개혁가들이라고 해도 그렇다.

상대주의의 또다른 문제는 실제로 모든 사회가 일정 정도의 내적인 다양성을 가지고 있으며, 사회의 특징은 바로 그러한 다양성이라는 사실로부터 나온다는 점이다. 현대의 다원적 국가뿐만 아니라 인류학의 선구자들이 연구했던 '이국적 열대' 사회도 이러한 특징을 가지고 있다(Moody-Adams 1997, 특히 제1장 참조). 상대주의자들은 전통과 실천들에 호소하지만, 이것들은 그 자체가 해석상의 충돌을 일으키기 때문에 문제에 봉착한다. 상대주의자는 어떤 해석에 기대야 하는가? 한 사회에서 받아들여지고 있는 실천이 새로운 환경에서 어떻게 확장되어야 하는가의 문제는 치열한 내부적 논쟁의 대상이 되는 경우가 종종 있다. 그런데 상대주의자는 이런 상황에서 아무런 도움도 제공할 수 없다. 도움이 가장 절실하게 필요한 경우가 바로 이럴 때인데도 말이다. 상대주의의 마지막 문제점은, 이 책의 관심사에서 보자면, 다음의 경우에 아마 가장 명백하게 드러날 것이다. 몇몇 제도와 실천들은 저마다 다른 사회와 전통들 사이의 협력을 수반한다. 우리가 그와 같은 제도들을 평가할 때 어떤 원칙을 이용해야 한다고 상대주의는 말하는가? 상대주의가 각 사회 단위는 스스로의 전통과 실천을 따라야 한다고 말할 때, 여기에는 이 단위들 각각의 내부에서 지배적인 단일 전통이나 실천이 식별될 수 있다는 가정이 포함되어 있다. 국제적 제도가 날로 증가하고 한 사회 내부에서도 내적인 다양성이 더욱 늘어나는 시대에서 이러한 가정은 오류이다.

이런 모든 비판에도 불구하고 상대주의자에게는 무엇인가 올바른 논점이 있으며, 그것이 무엇인지 아는 것이 중요하다. 19세기에 인류학 분야가 발전되고 있었을 때, 인류학은 사회들의 위계질서를 전제로 깔고 있었다. "초기 인류학 이론은 다윈 이론의 영향을 받아서 세계의 사람들과 사회제도를 원시인에서부터 19세기 유럽의 문명인에 이르는 진화론적 사슬에 따라서 배열하는 경향이 있었다"(Wong 1991, 447). 이 이론은 유럽 국가들의 제국주의를 떠받쳐주었다. 그러나 20세기 중반이 되면서 많은 인류학자들은 "그들이 연구했던 종족들을 각자 삶의 의미와 진실성을 가지고 살아가는 지적인 인간으로서 보게 되었다. 그리고 특히 제1차 세계대전에서 서로 야수와도 같은 투쟁을 벌인 문명국들의 참극을 목격한 이후, 그들의 삶의 방식을 열등하다고 판단하는 근거에 의문을 표하게 되었다"(Wong 1991, 447). 상대주의의 밑바탕에는 존경받아도 좋을 만한 생각이 자리잡고 있는 경우가 종종 있다. 인종주의와 제국주의를 거부하면서 인간의 가치 있는 삶은 그 형태가 다양하게 많으며, 그와 같은 삶은 저마다 다른 여러 상황들 속에서 발견될 수 있음을 확신하는 생각이 그것이다. 한 사회에 대해서 충분한 정보에 바탕을 둔 판단을 내리려면, 그 사회와 특수한 실천에 관련된 상세한 지식이 필요하다. 도덕적 훈계는 종종 추악한 것이고 무지의 소산일 수 있다. 그러나 나는 일관된 원칙에 입각하여 다양성의 관용을 옹호할 수 있는 적합한 틀을 상대주의가 제공하지 못한다고 지금까지 주장해왔다.

상대주의를 옹호하는 철학자들 중에서 우리가 지금껏 논해왔던 극단적인 형태의 상대주의를 수용하는 사람은 거의 없다. 대부분은 보다 온건하며, 자신들의 견해가 '나치 도덕'이나 마오리족의 행동을 옹호하는 데에 사용될 수 있다는 생각을 대단히 꺼리면서 거부할 것이다. 극단적인 상대주의를 피해서 그들은 "보다 납득할 만한 버전의 규범적 상대주의는 상당히 다른 가치들에 대해서 우리가 판단을 내리는 것을 허용해야 할 것이다"라고 말한다(Wong 1991, 448; 또한 Wong 1984, 59-60 참조). 따라서 보다 온건한 상대주의는 서로 다른 사회조직과 삶의 방식들을 우리가 관용해야 하지만, 이 다양한 실천들의 용인 가능성을 평가하는 데에 이용될 수 있는 적합한 틀을 마련하고, 그 틀 속에 이 관용의 근거를 두어야 한다고 말할 것이다. 결국 우리에게 필요한 것은 어설픈 도덕적 훈계의 수준으로 떨어지지 않으면서 규범적 판단을 내리는 데에 이용될 수 있는 원칙의 설명이다.

2

정의 개념

우리는 상대주의를 비판하면서 제1장의 결론을 내렸지만, 동시에 상대주의의 배후에는 관용에 대한 존경스러울 정도의 헌신적 태도가 기본 동력으로 자리잡고 있는 경우가 많다는 사실을 강조하면서 끝을 맺었다. 상대주의는 사람들이 의미 있고 가치 있는 삶을 영위하며 번영을 누릴 수 있는 삶의 방식은 광범위하게 다양하다는 점을 높이 인정해준다. 바로 이런 이유에서 일부 사람들은 상대주의에 끌릴 수도 있을 것이다. 그러나 그러한 외면적 인상과는 달리 상대주의, 적어도 우리가 논했던 세 가지 극단적인 형태의 상대주의는 이러한 칭찬을 감당할 수 없다. 우리가 필요한 것은 다양성을 인정하고, 그것이 제기하는 이론적, 현실적 문제에 적절하게 응답하는 도덕원칙이다. 자유주의적 정의의 개념, 특히 존 롤스의 정치적 자유주의 개념은 정확하게 이런 작업을 시도하고자 의도한다. 제2장에서 우리는 일국 차원에서의 정의의 문제에 일차적으로 초점을 맞추어 이 접근법을 살펴볼 것이다. 자유주의적 접근법이 과연 지구적 정의의 문제를 다루는 원칙이 될 수 있는지, 그러기 위해서는 어떻게 변용되어야 하는지 고찰하기 이전에, 먼저 일국 차원에서 정의의 문제와 정치적 자유주의를 연관시켜 살펴보고자 하는 것이다.

근대 자유주의는 17세기, 18세기 동안 유럽 철학에서 그 구체적 형태를 갖추기 시작했는데, 기본적으로 종교분쟁에 대한 대응책으로서 나타났다. 종교개혁 이후 유럽 사회에는 자신들이 믿는 종교만이 진정한 구원으로 향하는 길이라고 확신에 차서 단호하게 주장하는 경쟁 종교의 구성원들이 함께 거주하게 되었다. 그런 상황에서는 안정되고 관용성 있는 정치제도가 과연 가능한 것인지조차도 전혀 명확하지 않았다. 롤스는 "불관용이 바로 사회의 질서와 안정의 조건으로 받아들여졌다"고 지적한다(Rawls 1996, p. xxvii). 역사학자가 지적하듯이, 그 결과로 "1559년에서 1715년 사이 한 세기 반 동안 유럽은 거의 항상 전쟁 상태에 있었다. 국제적으로 평화가 유지된 것은 30년도 되지 못했고 유럽의 모든 혹은 대부분의 주요 국가들이 동시에 말려든 큰 전쟁은 100년 이상이나 지속되었다"(Dunn 1979, 1). 예를 들면, 1618년에서 1648년 사이에 벌어진 30년전쟁 동안 "독일 도시들은 인구의 3분의 1을 잃었고, 농촌 지역에서는 인구의 5분의 2가 사라졌다.……신성 로마 제국 전체를 놓고 보면, 1648년에는 1618년에 비해서 700만 혹은 800만의 인구가 줄어들었다"(Dunn 1979, 89). 이렇게 대재앙에 가까운 끔찍한 손실은 직접적으로는 전투 때문이었지만 간접적으로는 질병 그리고 군대가 쳐들어오자 농민들이 농토를 버리고 도망하면서 나타난 기근 때문이었다. 참상이 계속 이어지면서, 이제는 상대방에게 하나의 진정한 믿음을 강요하는 것이 아니라 어떤 형태의 종교적 관용을 통해서 평화적인 해결책이 마련되어야 한다는 생각이 점차 나타나게 되었다. 처음에 이러한 인식은 어쩔 수 없는 현실적 타협책으로 마지못해 받아들여졌다. 30년전쟁을 종결지은 베스트팔렌 평화조약은 독립된

주권국가들로 이루어진 근대 국제질서의 탄생을 의미하는 사건이라고 보통 받아들여지고 있지만, 사실 이것은 역사적으로 정확한 해석이라기보다는 상징적인 평가에 가깝다(Krasner 1999, 특히 77-81 참조). 이 평화조약으로 인해서 받아들여진 관용의 형태는 매우 제한적이었다. 이 조약은 국가가 내부적으로 종교적 관용을 실시할 것을 요구하지 않았으며, 단지 각 국가가 자신의 종교적 신념을 결정하고 그 주민에게 부과하는 것을 허용한 데에 지나지 않았기 때문이다. 보다 일반적인 역사적 맥락에서 볼 때 베스트팔렌 조약은 주권국가의 내정 불간섭이라는 생각을 국제법에 소중히 모셔놓았다. 이 원칙이 실제로는 (특히 식민화의 경우에) 자주 위반되었던 것이 사실이지만, 국가주권의 신성불가침이라는 완고한 원칙이 국제법에서 심각한 도전을 받게 된 것은 20세기 중반에 인권 원리가 등장한 이후의 일이었다.

점차 관용은 경쟁자들 사이의 세력균형에 의해서 어쩔 수 없이 마련된 타협 그 이상의 것으로 받아들여지게 되었다. 다양성의 관용은 그 자체로 도덕적 지지를 받게 되었으며 점차 시간이 지나며 사람들 사이에서뿐만 아니라 사회 내부에서도 널리 확장되었다. 롤스의 추측과도 같이 "정의로운 사회를 유지함에 있어 신뢰와 확신을 가지고 오랜 기간 동안 보람 있게 함께 협력해왔던 사람들을 비난하는 것이 옳다고 믿는 것이, 불가능하지는 않다고 할지라도, 곤란하기 때문에 신앙의 자유의 원칙이 아마도 발달하게 되었을 것이다"(Rawls 1996, p. xxvii).* 물론 자유주의의 발전에는 근대과학 초기의 성공적 업

---

* 롤스의 *Political Liberalism*은 다음의 국내 번역본을 참조로 했다. 존 롤스, 『정치적 자유주의』, 증보판, 장동진 옮김(동명사, 2016).

적, 중앙집권화된 관료제 국가의 등장 같은 또다른 중요 요인들이 있지만, 종교전쟁의 끔찍한 경험이 결정적인 요소였다.

유럽 사회들과 마찬가지로 철학자들 또한 세상에는 다양한 사회들이 존재하게 되었고 이 사회들은 저마다 독특한 문제들에 당면하고 있다는 새로운 현실에 조금씩 적응해나갔다. 고대 이래 윤리이론의 전형적인 관심사는 인간에게 선한 삶(good life)의 본질이 무엇인지 규정하려고 하는 것이었고, 대부분의 도덕철학은 오늘날에도 이 작업을 지속하고 있다. 그러나 종교개혁과 종교전쟁 이후에 새로운 질문이 대단히 시급한 현안으로 떠올랐다. (종교적 문제를 포함하여) 선한 삶의 본질에 관해서 서로 의견이 다른 사람들이 모여 정의로우면서도 안정된 사회를 이루는 것이 가능한가? 이것이 종교개혁 이후 새롭게 제기된 물음이었다. 이 질문을 다룰 때 문제의 핵심은 어떤 삶의 방식, 최고의 선, 종교적 신념, 혹은 포괄적 윤리이론이 올바른 것인지 규명하는 것이 아니다. 그보다는 이와 같은 본질적 문제에서 저마다 의견이 다른 사람들에게 공정한 그리고 공정하다고 인정될 수 있는 사회원칙을 발견하는 것이다. 예를 들면, 구원의 본질에 관해서 근본적이고 해소할 수 없는 의견 차이가 대립하는 상황에서, 모든 사람의 영혼을 구원하겠다는 목표를 가지고 조직된 사회들은 자신의 원리에 따르지 않는 사람들이나 사회에 대해서 사생결단의 싸움을 선동하면서 위협한다. 17세기에 유럽 사회를 휩쓸었던 종교전쟁이 바로 이런 것이었다. 이처럼 구원이나 선한 삶의 명확한 원칙 같은 특정 목표를 성취하기보다는, 철학자들은 새로운 지향점, 즉 좋은 사회란 그 시민을 공정하게 대우하려는 데에 목표를 두는 사회일 것이라는 이론을 전개하기 시작했다. 다른 말로 하자면,

이 자유주의적인 접근법은 사회적 정의의 덕목(virtue)에 초점을 두었다.

이와 같은 자유주의적 정의론에 대한 비판자들은 과거에도 존재했고 지금도 존재한다. 예컨대 마이클 샌델은 "어떤 경우에는 정의가 덕목이 아니라 악덕(vice)"이라고 주장한다(Sandel 1998, 34). 샌델은 정의가 "교정의 덕목(remedial virtue)이며, 이기적인 존재로서 인간의 타락한 조건들이 만들어내는 갈등을 교정하는 데에 정의의 도덕적 이득이 있다"고 믿는다(p. 32). 다른 말로 하자면, 샌델에 따르면 정의의 필요성 그 자체는 완벽한 정의가 성취될 경우에서조차도 바로잡을 수 없는 인간의 크나큰 도덕적 상실을 반영할 수 있다는 것이다. 샌델은 스스로를 서로 적대적이지는 않다고 하더라도 서로 고립되어 있고, 타인에게 무관심하다고 생각하는 개인들의 상호작용을 규제하는 원칙으로 정의를 파악한다. 사람들은 서로의 깊은 일체감에 의해서 움직이지 않기 때문에, 그들의 상호작용은 정의의 원칙에 의해서 인위적으로 규제되어야 한다는 것이다. 우리가 먼저 서로에게 일체감을 가지고 배려함으로써 정의를 깊이 고려해야만 해결되는 갈등을 피하는 것이 더 좋지 않을까? 샌델은 정의가 때로는 중요한 덕목이라는 점을 인정하지만 "불굴의 용기가 전쟁터에서 최고의 덕목인 것처럼 단지 제한된 조건에서만" 중요한 덕목이라고 주장한다(p. 31).

나는 샌델이 오류를 범했다고 믿지만 그의 반론은 중요한 논점을 제기한다. 샌델이 때때로 주장하는 것과는 달리, 정의는 인간이 이기적이라는 전제에 근거를 두고 있지 않으며, 정의는 인간들 사이의 갈등과 의견 차이의 가능성에 응답하고자 고안된 덕목이다. 구체적으로 말하자면, 정의는 포괄적인 윤리적 교리와 종교적 교리의 다양성 그리고 인간이 추구할 가치가 있다고 생각하는 서로 다른 여러 가치와 목표들에 관한 의문에 대답을 제시한다. 스튜어트 햄프셔가 『정의는 갈등이다(*Justice is Conflict*)』라는 저서에서 지적하듯 "상반되는 이익들, 특히 경제적 이익의 갈등뿐만 아니라 서로 경쟁하는 도덕적 세계관과 견고한 믿음들로 인해서 생기는 다툼은 모든 나라에서 항상 존재할 것이다"(Hampshire 2000, 79). 하나의 목적을 달성하는 것과 다른 목적을 달성하는 것이 논리적으로 양립할 수 없다는 의미에서, 어떤 목표들은 서로 직접적으로 갈등을 일으킨다. 여러분과 내가 세계에서 가장 빠른 육상 선수가 되려는 목표를 가지고 있을 경우, 여러분이 목표를 달성하면 나는 나의 목표를 달성할 수 없다. 그러나 선에 관한 관념들은 서로 간접적으로만 갈등을 일으키는 것이 보다 일반적이다. 사회적 자원이 어떤 사람의 목표를 달성하는 데에 유리하도록 쏠려 있다면, 다른 사람들에게는 자원이 별로 남아 있지 않을 것이다. 자원의 제한성이라는 사실은 인간의 존재조건의 불변의 사실이며, 이 숙명은 선한 삶에 관한 다양한 관점들과 함께 갈등의 가능성을 만든다. 인간이 어떤 지점에 도달하면 그와 같은 갈등을 초월할 수 있을 것이라는 가정에 바탕을 둔 정치이론은 망상이라고 불러도 좋을 것이다.

더 나아가 잠재적 갈등은 과도한 이기심(만)의 결과가 아니다. 경쟁하는 종교적 신념의 신봉자들은 신이 자신들에게 그렇게 하라고 위임했다고 믿기 때문에 목숨을 걸고 서로 싸움을 벌일 수도 있다. 그들이 다양성의 가치를 인정하지 않을 수 있고, 비윤리적이고 비이성적으로 행동할지도 모르겠지만, 그렇다고 이들을 이기적이라고 부르는 것은 부정확한 처사일 것이다. 그들은 편협한 사리사욕을 추구하고 있는 것이 아니다. 그 자체로는 비도덕적이거나 비이성적이지 않은 삶의 방식들 사이에서도 갈등이 빈번하게 나타날 수 있다는 것이 현실의 일반적인 모습이다. 자유로운 사회들은 대단히 다양한 삶의 방식들을 만들어내고, 각각의 방식들은 저마다 합리적이지만, 그럼에도 불구하고 서로 갈등을 일으킬 것임을 예상해야 한다. 통일성은 오직 탄압을 통해서만 이루어질 수 있다. 누군가 다양성의 존재, 이로 인한 갈등의 가능성은 이기적 존재로서의 인간의 타락상을 보여주는 것이고, 이러한 인간의 조건은 앞으로 극복되어야 할 것이라고 생각한다면, 샌델이 그러하듯 그 사람 역시 자유의 존재 그 자체를 한탄하고 있는 데에 불과하다.

자유로운 사회는 다양하면서도 서로 충돌하는 삶의 방식을 만들 것이라는 말은 이 갈등이 항상 공공연한 적대감을 통해서 혹은 심지어 목숨을 건 싸움을 통해서 표출될 것이라는 뜻은 아니다. 자유주의 사회는 모든 당사자들이 공정하다고 인정할 수 있는 방식으로 이 충돌과 갈등을 규제하고 매개하는 것을 목표로 한다. 그렇게 하면서 사회는 사회정의를 기본 덕목으로 받아들인다. 사려 깊음이 우리 인간 모두에게 너무나도 흔한 근시안적인 태도를 교정하는 덕목이듯, 관대함이 이기심을 지향하는 우리의 본능적인 경향을 조절하는 덕목이듯, 사회정의는 합당한 가치와 목적들 사이에서 갈등의 가능성을 조율하려는 덕목이다. 정치적 자유주의는 그러한 갈등과 충돌을 조정하고 규제하는 사회정의의 원칙을 옹호하지만, 어떤 삶의 방식 혹은 선한 삶의 관념이 최선인지 결정할 것을 요구하는 윤리적 삶의 치밀한 이론을 전개하는 것은 의식적으로 회피한다.

종교전쟁 이후에 시대를 지나며 자유주의는 점차 두 개의 요소들을 발전시키고 다듬었다. 첫째, 관용, 개인적인 자유, 평등을 보장하는 실질적인 원칙들이다. 여기에는 모든 시민의 시민적 권리와 정치적 권리를 보장하는 원칙과 제도들이 포함된다. 둘째 요소는 우리가 자유주의적인 정당화의 방법이라고 생각할 수도 있는 원칙에 있다. 이 접근법에 따르면 사회의 조직 원리들은 그 속에서 살게 될 인민이 받아들일 수 있는 조건으로 옹호되고 정당화되어야 한다. 이러한 정당화의 접근법이 가장 생생하게 나타난 사례는 사회계약 사상이다. 사회계약론도 여러 다양한 논변들이 있지만 그 공통점은 사회의 조직 원리들은 시민의 (명시적 혹은 묵시적, 현실적 혹은 가설적) 합의를 통해서 정당화되어야 한다는 것이다. 역사적으로 보면, 자유주의를 정당화하는 방법론의 탐구 그리고 자유주의를 실제로 보장하는 내용적 측면의 탐구가 항상 같이 전개되지는 않았다. 예컨대 홉스는 언론의 자유를 보장할 필요성을 전혀 인식하지 않았지만, 그럼에도 정치도덕의 원칙들은 각 개인이 수용할 수 있는 조건에서 받아들여져야 한다는 견해를 강하게 지지했다. 이와는 달리 벤담은 모든 행동이 지향하는 선의 본질을 과학적으로 확실히 알고 있다는 근거에서 종교적 관용을 옹호했다. 그렇지만 나는 이 둘이 모두 근대 자유주의 그리고 사회정의에 관한 자유주의적 접근법을 구성하는 기본 요소라고 본다. 사회정의를 평가하는 데에 적합한 원칙들의 내용을 간략하게 살펴보기 이전에, 먼저 정당화의 방법에 초점을 맞추기로 하자.

롤스(1996)는 한 사회의 기본적인 사회정의의 원칙들을 개발하려는 문제에 직면하게 되면, 그 자신이 '정의의 정치적 개념(political

conception of justice)'이라고 부르는 것을 우리가 구성해야 한다고
주장한다. 이것은 롤스가 자신의 정의론을 다듬기 위해서 내놓은 기
술적 용어이며, 이 원칙들이 정치적 문제에 관련된 것이라는 단순한
의미는 아니다. 그의 기본 생각은 선한 삶이 무엇인지 설명하는 그
어떤 특정한 포괄적 윤리이론이나 종교의 진리성에 의거해서 정의
의 원칙을 정당화해서는 안 된다는 것이다(Rawls 1996, 11-15). 그
대신 우리는 이러한 근본적인 문제들에 의견을 달리 하는 사려 깊은
사람들이 납득하고 받아들일 수 있는 정당화의 원칙을 제공할 수 있
어야 한다.[1] 누군가는 이렇게 반문할지도 모른다. 우리가 진심으로
품고 있는 (논쟁적이기는 하지만) 종교적 혹은 윤리적 신념에 기반
을 둔 논변들은 왜 정당화의 원칙이 되어서는 안 되는가?[2] 자유주의
의 역사적 기원을 살펴볼 때, 한 가지 가능한 답변이 떠오를 수도
있겠다. 즉 내부적으로 다양한 종교와 포괄적인 윤리적 교리들을 가
지고 있는 사회가 특정 종교의 구성원에게만 인정될 수 있는 원칙들
을 중심으로 스스로를 조직한다면, 그 사회는 필연적으로 내전에 빠
지게 될 것이라는 대답이다. 물론 이런 주장을 뒷받침하는 역사적

---

[1] 이러한 원칙들이 모든 사람들에게 받아들여져야 한다고 요구하는 것은 너무
지나치다. 그보다는 이 원칙들이 모든 **사려 깊은**(reasonable) 사람들에게 받아
들여질 수 있어야 한다는 요구가 적합하다. 이 한계를 어떻게 설정할 것인지는
어려운 질문이다. (방법론적 수준에서) 이 질문은 관용을 베푸는 사람이 누구
인지 내용적으로 규정하는 문제와 구분되면서도 유사하다(J. Mandle 1999).
[2] 정의의 정치적 개념은 특정한 포괄적인 윤리적 교리 혹은 종교적 교리들에
기반을 둔 정당화의 논리를 제기하는 데에 제약을 두지 않는다는 점에 유의하
자. 이 개념은 만일 그런 방식의 정당화가 제기된다면, **또한** 그것은 모든 사려
깊은 사람들에게 받아들여질 수 있는 정당화의 논리를 갖추어야만 한다고 지
적한다(Rawls 1999b, 152-156).

사례가 분명히 있지만, 또 일부 사회들에서는 그런 경향이 있을 수도 있겠지만, 그런 사례들을 들어 일반적인 가설로 내세우는 것은 분명히 지나친 주장이다. 정의롭지 못한 모든 사회가 필연적으로 내전 상태로 빠져드는 것은 아니며, 단일한 포괄적 교리에 기반을 둔 모든 사회들이 꼭 그렇게 되지는 않는다는 것은 말할 필요도 없다.

정의의 정치적 개념을 발전시켜야 하는 윤리적 이유를 이해하기 위해서, 우리는 평가 대상을 보다 상세하게 고찰해야 한다. 정의의 정치적 개념은 롤스가 '사회의 기본 구조(basic structure of society)'라고 부르는 것, 즉 한 사회의 근본적인 정치적, 사회적, 경제적 제도들에 의해서 형성된 시스템을 평가하려고 고안되었다. 이것을 평가의 기본 대상으로 삼아야 하는 데는 여러 이유가 있지만 우리에게는 두 가지가 특히 중요하다. 첫 번째 이유는, 한 사회의 기본 구조는 우리 삶의 실제 모든 측면에 심대한 영향을 끼친다는 점이다. 기본 구조는 누가 무엇을 얻는가 하는 문제에 결정적인 영향을 끼칠 뿐만 아니라 우리의 정체성과 자기인식을 근본적으로 형성한다. 한 개인이 태어나고 성장하는 정치적, 경제적, 사회적 환경들은 그 사람의 삶의 전망에 깊은 영향을 끼칠 것이며, 따라서 상당한 윤리적 중요성을 가진다는 사실을 부정할 사람은 없을 것이다.

두 번째로 중요한 사항은 이렇다. 사회의 모든 구성원에게 그처럼 깊은 영향을 끼친다는 점 외에도 사회의 기본 구조는 모든 구성원에게 강제적으로 부과된다는 점이다. 만일 시민들이 한 사회에서 함께 살아가야 한다면, 그들은 단일한 기본 구조를 공유하는 것 외에는 다른 선택이 없다. 반면 시민들은 선한 삶의 본질에 관해서 동의하거나 단일 종교를 공유할 필요는 없다. 앞에서 지적했듯이 종교적으로 관용적인 사회가 안정을 누릴 수 있었는지가 항상 명백했던 것은 아니지만, 역사는 종교적 관용이 사회의 안정을 이룰 수 있는 현실적인 가능성이라는 사실을 보여주어왔다. 그렇다고 해서 하나 이상의 기본 원칙을 가진 단일 사회에 관해서 논하는 것은 사리에 맞지 않다. 그런 식으로 구성된 사회는 단일 사회가 결코 아닐 것이다. 한 사회가 모든 구성원에게 단일한 신념을 부과하는 데에 반대하여 종교적 관용을 택하기로 한다면, 그 사회는 사회 전체의 규모에서 집단적인 결정을 내리는 것이라는 점에 주목하자. 자기의 사회가 종교적 박해를 가하기를 바랄 수도 있는 사람들에게 그 사회는 종교적 관용을 실행하겠다고 선택하는 것이다. 이와 유사하게 한 사회가 전쟁에 참가하거나, 특정한 종류의 재산권을 인정하고 집행하거나, 세금을 부과하거나, 특정한 멸종위기의 동식물을 보호한다고 결정할 때, 그 사회는 단일한 집단적 결정을 내리는 것이다. 여기에서 중요한 사항은 이런 종류의 집단적 결정을 내리면서 한 사회는 모든 사람들에게 그 결정을 부과하게 되고, 이 결정이 잘못이라고 믿을지 모르는 사람들도 여기에 따라야 한다는 것이다. 우리는 몇몇 경우에서 정의는 순응을 필요로 한다고 생각한다. 사회가 구성원들에게 폭력을 행사하는 것을 금지하는 경우가 여기에 속한다. 또다른 경우에서 우리는 사회가 순응을 강요하는 것은 정의에 크게 어긋난다고 생각할 수 있다. 모든 구성원이 동일한 종교적 실천에 참여해야 한다고 요구하는 것이 그런 사례에 속한다. 이 두 가지 극단적 사례 사이에, 한 사회가 스스로에게 단일한 결정을 부과할 것인지의 여부를 자신의 정치제도를 통해서 선택할 수 있는 경우가 많이 있다. 정치제도의 디자인은 그 자체가 집단적 선택이며, 이 선택은 사회 기본

구조의 한 부분을 이루면서 모든 사람에게 부과된다는 점에 주목하자. 이 집단적 선택은 일종의 상위의 집단적 결정이다. 그것은 또다른 집단적 결정들이 내려지는 절차를, 예컨대 법을 제정을 통해서, 구체적으로 명시한다.

특정 견해, 예를 들면 선한 삶이라든지 신의 본질에 관한 특정 관점이 옳다는 주장 그리고 이 특정 관점은 진리이기 때문에 여기에 따르지 않는 사람들에게 폭력을 쓰는 것이 정당화된다는 주장 사이에는 결정적인 차이가 있다. 예배의 올바른 형식에 관해서 서로 다른 믿음을 가지고 있는 두 명의 독실한 종교 신자들 사이에 논쟁이 벌어진다고 하자. 우리는 각자가 경전을 뒤져 자신이 동원할 수 있는 최고의 논변을 끌어 모으고 가장 좋아하는 구절들을 인용할 것임을 떠올릴 수 있다. 어느 한 쪽이 상대방에게 자신의 믿음과 실천을 설득하는 데에 성공하는 경우도 물론 가능하다. 그런데 그 어느 쪽도 상대방을 설득하지 못하고, 각자는 상대방이 대단히 잘못되었다고 계속 믿게 되는 경우를 상상해보자. 이런 상황이 되면 어느 한 쪽이 억지로라도 상대방의 실천들을 바꾸어 자신들이 올바르다고 믿는 예배 형식을 받아들이도록 강요하는 일이 벌어질 수 있다. 그러나 그와 같은 강제 행위가 정당화되려면 상대방이 잘못이라는 단순한 논리를 넘어 무엇인가 보다 고차원적인 다른 이유를 내세워야 한다. 강제 행위를 정당화하려면 이런 식으로 말해야 한다. 즉, 그릇된 예배 형식에 빠져듦으로써 그 사람은 자신의 영원한 영혼을 위태롭게 만들고 있다, 혹은 지금 당장은 그것이 잘못임을 모를 수도 있지만 잠깐이라도 올바른 실천을 접하면 그 진정한 가치를 인정하게 될 것이다, 혹은 그들의 예배 형식은 오류일 뿐만 아니라 사회질서를 뒤흔드는 위험한 것이다 등등의 이유를 내세워야 한다. 이런 주장들 중 어느 하나라도 과연 강제를 정당화는 데에 충분한 이유가 될 수 있는가 하는 것은 또다른 문제이다. 요점은 그저 **단순하게** 상대방이 잘못에 빠져 있다는 주장을 내세운다고 해서는 강제력의 동원이 절대 정당화되지 못한다는 점이다. 누군가 어떤 잘못을 저지르고 있다는 주장과 그 사람은 올바른 방식으로 행동하도록 강제되어야 한다는 주장에는 차이가 있다. 이것은 단순히 이론적인 논점이 아니라 사례를 들어 살펴볼 가치가 있는 문제이다.

제각각의 여러 종교와 포괄적 교리들은 특정한 종교적 신념이나 삶의 방식에 대한 헌신 그리고 특정 신념이나 삶의 방식에서만 정당화될 수 있는 강제의 강요, 이 둘의 차이를 인식한다. 한 가지 사례를 들어보자. 로마 가톨릭 교회는 자신들이 믿는 특정한 종교적 도그마가 참된 것이고 그것을 거부하는 사람은 누구라도 잘못이라는 믿음을 헌신적으로 고수하지만, 국가 수준에서는 종교적 관용을 포용한다. 1967년 제2차 바티칸 공의회의 결과물로 교황 바오로 6세는 '종교 자유에 관한 선언(Dignitatis Humane)'을 공표했다. 이 선언서는 "우리는 이 유일한 참 종교가 보편되고 사도로부터 이어져온 교회 안에 있음을 믿는다. 주 예수님께서는 이 종교를 모든 사람에게 전파할 의무를 교회에 맡기셨다"는 로마 가톨릭 교회의 전통적인 견해를 재확인했다. 그러나 동시에 이 문건은 이렇게 선언한다. 즉 "인간은 종교의 권리를 가지고 있다. 이 자유는, 모든 인간이 개인이나 사회단체의 강제, 온갖 인간 권력의 강제에서 벗어나는 데에 있다. 곧 종교 문제에서 자기의 양심을 거슬러 행동하도록 강요받지 않아야 하고, 또한 사적으로든 공적으로든, 혼자서나 여러 사람들과 단체로, 정당한 범위 안에서 자기의 양심에 따라서 행동하는 데에 방해받지 않아야 한다.……종교의 자유의 이러한 인간 권리는 사회의 법제도 안에서 인정을 받아 시민권이 되어야 한다." 더 나아가 "이성과 자유 의지를 가지고 태어난" 모든 인간에게 "종교의 자유의 권리는……인간의 본성 자체에 뿌리박고 있다.……그러므로 공권력이 폭력이나 위협 또는 다른 수단으로 시민들에게 어느 종교에 대한 신봉이나 배척을 강요하거나, 어느 종교단체에 가입하거나 이탈하는 것을 방해하는 것은 부당하다"(Paul VI 1967). 내부적으로 로마 가톨릭 교회가 자유주의 원칙에 따라 조직되지 않았음은 확실하다. 그러나 로마 가톨릭 교회는 어떤 견해가 진리라는 주장 그리고 그렇게 믿지 않는 사람에게 그 믿음을 (혹은 그와 같은 믿음 위에서만 존립할 수 있는 제도를) 강제로 부과하는 것은 구분되어야 한다는 사실을 인정할 능력이 있다.

어떤 특정한 삶의 방식이나 종교적 실천이 최선이라고 믿는 것과 다른 사람들에게 그것을 강제로 부과하는 것 사이에는 차이가 있지만, 사회 기본구조의 디자인에 관해서는 그러한 차이가 **없다**. 예를 들면 특정한 헌정 방식(constitutional arrangement)을 주장하는 논변은 사회의 모든 구성원에게 그 구조를 강제적으로 부과하겠다는 주장에 불과하고, 실제로도 그렇다. 그러한 주장은 구조가 설립되고 유지되는 방법을 상세히 규정하지 않을 수도 있다. 또한 그 제도가 초래할 수 있는 결과를 현실적으로나 도덕적으로나 받아들일 수 없다면, 설사 매력적으로 보인다고 하더라도 우리는 그 제도를 당연히 거부할 수 있다. 그러나 되풀이해서 말하지만, 사회의 기본구조는 시민이 개인적으로 여기에 동의하건 말건 결국에는 국가의 강제적 장치들을 통해서 모든 시민에게 부과되어야만 하는 것이라는 점이 핵심이다. 더 나아가 이러한 기본구조의 부과는 모든 사람의 삶의 전망에 크나큰 중요성을 가진다. 사람들에게 그와 같은 강제적 부과를 정당화하기 위해서는, 어떤 특정한 포괄적 윤리이론, 좋은 삶에 관한 특정 견해 혹은 특정 종교의 관점에서 볼 때 그것이 옳다는 식의 주장으로는 충분하지 않다. 특정한 기본구조를 옹호하는 논변은 결국 그 구조의 강제적 부과를 옹호하는 논변이고, 그런 논변이어야만 하기 때문에, 그 정당화에는 보다 높은 기준이 필요하다. 우리는 모든 사려 깊은 사람들이 받아들일 수 있는 조건으로 특정한 기본구조를 옹호하는 논변을 제시해야 한다. 그 사람들 또한 그외의 여러 가지 의견 충돌이 있겠지만, 그것은 고려 대상이 아니다. 다른 말로 하자면, 우리는 정의의 정치적 개념을 발전시켜야 한다.

다른 주제로 옮겨가기 전에 잠시 나는 대단히 중요하면서도 종종 잘못 이해되고 있는 한 가지 사항을 강조하고 싶다. 우리가 그 이유를 살펴보았듯이 자유주의는 사회적 정의의 덕목에 초점을 맞춘다. 그러나 자유주의는 불굴의 용기, 절제, 사려 깊음, 용기, 관대함, 겸손, 충성 같은 여타의 덕목들도 중요할 수 있다는 점을 부정하지 않는다.[3] 이 각각의 덕목은 다양한 상황에 따라서 요구되는 적절한 행동과 태도들로 규정될 수 있으며, 대부분의 포괄적인 윤리이론은 이와 같은 덕목들을 설명하고자 할 것이다. 반면 정의에 강조점을 두면서 자유주의는 이러한 덕목들이 어떻게 이해되어야 하는가 그리고 각각의 덕목은 다른 덕목들과 비교하여 그 무게를 어떻게 따져야

---

3) 불굴의 용기, 절제, 사려 깊음은 정의와 함께 아리스토텔레스의 4개 기본 덕목이다.

하는가에 관련된 논쟁에 말려들어가는 것을 피하고자 한다. 그런데 정의 외의 이러한 덕목들에 관여하지 않는 불가지론(不可知論)은 회의주의와 혼동되지 말아야 한다. 불가지론과 회의주의의 차이는 다음의 사례를 보면 분명히 알 수 있다. 종교의 자유를 허용하면서 그 어떤 특정 종교도 일체 강요하지 않는 국가 그리고 무신론이 올바르다고 내세우면서 전통적 종교의 실천을 부정하며 정부의 공직자들에게는 신의 존재를 부정할 것을 요구하는 국가는 분명히 다르다. 우리는 앞의 국가는 국가 수준에서 불가지론을 따르고 있으며, 후자의 국가는 무신론을 공개적으로 지지한다고 말함으로써 두 국가의 차이를 규정할 수 있다. 이와 유사하게 방법론적 수준에서 정의 원칙의 논변 역시 회의주의와 불가지론은 구분될 수 있다. 그 어떤 특정한 종교적 진리에도 일체 기대지 않는 정의 원칙의 논변 그리고 모든 (전통적) 종교적 믿음들은 허위라고 전제하는 정의 원칙의 논변은 구분되어야 한다. 제각기 다른 종교적 믿음을 가지고 있는 사람들에게도 받아들여질 수 있는 정의의 원칙을 정당화하고자 우리가 의도한다면, 어떤 특정 종교가 진리라고 가정하는 논변에 의거할 수 없다는 것은 당연한 일이다. 마찬가지로 우리는 모든 종교적 믿음은 허위라고 가정하는 논변에 기댈 수도 없다. 누가 보아도 그렇겠지만, 무신론에 근거한 논변은 종교적 믿음을 가지고 있는 사람들에게 받아들여질 수 없을 것이다. 그보다는 우리에게 가능한 유일한 전망은 종교 문제에 관해서는 일관되게 불가지론을 유지하고, 그외의 다른 전제들, 비종교적 전제들에 입각한 논변을 만들고자 시도하는 것이다. 포괄적인 윤리적, 정치적 교리와 선한 삶의 관념에 대해서도 이와 똑같은 논리가 보다 일반적으로 적용된다. 자유주의 사회는 그 어떤 특정 교리를 진리로서 인정하지도 부정하지도 않으면서 그 사회의 정의의 원칙을 정당화하고자 시도할 것이다.

따라서 자유주의적 정의 개념을 지지하는 사회는 대단히 광범위한 종교, 삶의 방식, 포괄적인 윤리적 교리들을 포용한다. 이 사회는 이러한 교리들의 진리에 관해서는 불가지론의 태도를 고수하지만, 그 불가지론이 회의주의와 혼동되어서는 안 된다. 국가 수준에서 이러한 문제들에 대해서 공식적으로 불가지론을 유지한다고 해서 개인들도 자신의 특정 믿음이나 교리를 포기해야 한다는 뜻이 아니다. 일반적으로 개별 시민들은 이와 같은 근본적인 문제들에 불가지론자가 아니다. 물론 그럴 수도 있겠지만 말이다. 개별 시민들은 자유롭게 각자의 종교적 믿음과 윤리적 믿음을 유지하고 성찰할 수 있고, 하고자 한다면 믿음을 바꿀 수도 있다. 시민들 각자의 믿음은 완전히 명확할 필요도 없고 일관성을 가져야 할 필요조차 없다.

이제 우리는 정의의 정치적 개념이 한 사회의 기본 구조를 평가하기 위해서 만들 원칙들의 내용을 간략하게 살펴볼 위치에 있다. 그 원칙들은 어떤 사회적, 정치적 제도들에 동의하고 있으며, 그 제도들은 모든 개인에게 앞으로 강제적으로 부과될 것이다. 따라서 우리는 특정 종교 혹은 포괄적 윤리에 따라서 그 원칙들이 받아들여질 수 있다는 단순한 주장을 넘어 보다 견고한 원칙을 세워야 한다. 사람들이 가지고 있는 특정한 종교 혹은 포괄적 윤리이론과 무관하게 모든 사려 깊은 사람들이 그 원칙을 수용할 수 있어야 한다고 주장해야 한다. 그 원칙들은 모든 사려 깊은 개인들에게 평등하게 정당화되어야 하기 때문에, 일종의 평등한 처우가 그 원칙에 포함된다는 것은 전혀 놀랍지 않다. 그 원칙이 누군가를 공정하지 않게 다룬다면, 그 사람은 실제로 그 원칙을 거부할 것이다. 그런데 그러한 이론에서 지속적으로 나타나는 논쟁 중의 하나는 **무엇이 평등화되어야 하는가**에 관한 것이다. 우리는 인간의 삶에서 무엇이 가치 있는가를 설명하는 그 어떤 특정 이론에 기댈 수 없다. 일부 사려 깊은 사람들은 그 주장에 공감하지 않을 것이기 때문이다. 롤스는 이렇게 말한다.

> 정부가 가톨릭이나 개신교 또는 다른 특정한 종교를 지지하는 행동을 할 수 없듯이, (공리주의에서처럼) 시민들의 합리적인 선호 또는 욕구들의 실현을 극대화하거나, (완전주의에서처럼) 인간의 탁월성 또는 완전의 가치들을 신장하기 위해서 행동할 수 없다는 것이다. 포괄적인 종교적 또는 철학적 교리들에 부합된다고 규정되는 인생의 의미와 가치 그리고 목적에 관한 어떤 견해도 시민들에 의해서 보편적으로 지지받을 수 없다. 따라서 기본적인 제도를 통하여 그중 어떤 하나를 추구한다면, 그것은 정치사회에 분파적인 성격을 부여하게 된다(Rawls 1996, 179-180).

롤스의 주장에서 볼 수 있듯이, 가장 유망한 접근법은 상당히 넓은 목적에서 활용될 수 있는 일정한 정도의 자원이나 능력에 사람들이 접근할 수 있는가 하는 데에 초점을 맞추는 것이다. 개인들이 자신의 다양한 목적을 추구하는 데에 사용하는 자원, 자유, 기회의 배경을 마련해주는 것은 바로 사회제도들이다. 그렇지만 정의로운 제도들이라고 해서 개인이 스스로의 노력을 통해서 그 사회에서 어떤 정도로 성공을 거둘 것인지 보장해줄 수는 없다. 개인과 사회 사이에는 책임의 분담이 존재한다. 롤스는 이렇게 말한다. "사회, 즉 집단체(collective body)로서의 시민은 평등한 기본적 자유와 공정한 기회의 평등을 유지하는 책임, 이러한 기본 틀 내에서 모든 이를 위한 기본적인 가치의 공정한 분배를 제공하는 책임을 받아들인다. 동시에, 개인과 단체로서의 시민들은, 자신들의 현재와 예측 가능한 상황을 전제로 하여, 그들이 기대할 수 있는 목적에 도움이 되는 수단들에 비추어 자신들의 목적과 열망을 수정하고 조정하는 데에 대한 책임감을 인정한다"(Rawls 1996, 189). 이 원칙들의 상세한 내용에 얽매일 필요는 없으며, 이와 다른 구상들도 정치적 관념으로 간주할 수 있다. 핵심은 그와 같은 원칙을 기반으로 삼는 모든 관념들이 넓게 보면 모두 자유주의에 속할 것이라는 점이다. 그 관념들 모두는 언론, 결사의 자유, 종교적 자유, 국가와 교회의 분리, 민주적 참여의 권리 같은 일련의 자유주의적인 시민적, 정치적 권리를 보장할 것이다. 또한 그 관념들은 시민들이 자신의 목표를 추구하는 데에 이용하는 자원의 공정한 몫을 보장할 것이다. 자원의 분배에 엄격한 평등이 있을 필요는 없지만, 용인될 수 있는 불평등에는 어떤 종류의 제한이 있을 것이다(롤스 자신의 원칙에 대해서는 다음을 참조할 것. Rawls 2001, 제2부; J. Mandle 2000b, 제2장).

나는 정치적 자유주의가 한 사회 내부의 사회정의에 접근하는 방식에 관해서 요약했다. 이제 우리는 비슷한 접근법이 지구적 정의의 경우에서도 적절한지 고려하기 시작하는 지점에 왔다. 일국 차원에서 정의의 원칙을 세울 때 적절한 정당화의 방법은 지구적 정의의 원칙을 세우는 경우에도 역시 적절한가? 나는 그렇다고 믿는다. 일국 차원의 경우, 우리가 받아들일 수 있는 정당화에 대한 제약은 두가지 특징으로부터 나온다. 첫째, 우리는 기본 구조의 강제적 부과를 평가하는 데에 목표를 두고 있다. 둘째, 사람들이 다양한 포괄적 윤리이론과 종교적 교리를 가지고 있다는 조건 속에서 그렇게 하고 있다. 둘째 조건과 관련시켜서 본다면, 지구적 맥락에서는 포괄적 윤리이론과 종교들이 단일 사회보다 훨씬 더 다양하다. 첫째 사항에 관해서 본다면, 지구적 정의의 원칙들은 국제적 제도를 설계하고 국가들 상호 간의 잠재적인 강제적 행위를 지도하는 데에 이용된다. 그런데 곧 우리가 다루겠지만, 세계의 기본 구조는 국내의 기본 구조와 다르다는 점이 중요하다. 특히 세계질서는 하나의 기본 원칙으로 이루어진 국가와 다르다. 나는 이 차이가 지구적 정의의 원칙의 내용에 영향을 끼친다는 사실을 제6장과 제7장에서 다룰 것이다. 지구적 정의의 원칙들은 일국 차원의 국내적 정의의 원칙들과 다르다. 그러나 일국 차원에서나 세계 차원에서나 모두 정의의 원칙들은 심층부에서부터 다른 여러 다양한 윤리와 믿음이 존재하는 현실을 마주하고 있다. 정의의 원칙들은 이 심층적 다양성의 환경 속에서 강제적으로 부과될 수 있고 또 그렇게 되어야 하는 제도와 정책들을 평가하는 데에 목표를 둔다. 따라서 일국 차원과 세계 차원 모두 그 어떤 단일한 종교 교리 혹은 포괄적인 윤리 교리에 입각하여 정의의 원칙을 세워서는 안 된다. 우리는 단일 종교 혹은 단일한 포괄적 윤리이론에 기대지 않은 원칙들을 정당화하는 데에 목표를 두어야 한다.

3

현실주의, 민족주의, 세계시민주의 : 정의에 관한 다른 견해들

제3장에서 우리는 한 사회에서 내부적으로 적용되는 정의의 원칙이 세계 차원에서 사회들 사이의 관계들에도 역시 적용되어야 하는가의 문제를 살펴보기 시작할 것이다. 우리는 이 문제에 대해서 세 가지 이론들이 제기하는 답변들을 살펴볼 것이다. 첫째, 도덕적 평가는 국내 정의의 문제에만 한정되어야 한다고 주장하는 '외교정책 현실주의(foreign policy realism)'(혹은 '현실주의')를 살펴볼 것이다. 둘째, 정의의 고려는 국경을 넘어서도 적용되지만 자신의 민족 구성원에 대해서 지고 있는 정의의 의무처럼 무겁지 않다고 주장하는 (온건한) 민족주의를 논할 것이다. 마지막으로 나는 한 사회에 내적으로 적용되어야 하는 원칙은 세계 차원에서도 똑같이 적용되어야 한다고 주장하는 '강한 세계시민주의(strong cosmopolitanism)'를 논하면서 마감하고자 한다.

보다 극단적인 형태의 외교정책 현실주의는 한 나라가 다른 나라들 및 외국인을 상대할 때에는 도덕적 고려 사항이 전혀 적용되지 않는다고 주장한다. 외교정책에서 한 나라의 유일한 의무는 자기 스스로의 이익을 추구하는 것이며, 이것은 기본적으로 자기 나라의 힘(power)

을 증대시킴으로써 달성된다고 주장한다. 이러한 입장은 제2차 세계대전 직후 미국 외교정책의 핵심부에서 크게 번성하여 냉전 기간 내내 지배적인 영향력을 행사했다. 한 논평가가 1986년에 지적했듯이 "1945년 이래 [미국에서] 외교정책은 대부분의 경우 정치적 현실주의의 언어 속에서 논의되어왔다. 즉 이상이나 규범이 아니라 힘과 국가 이익의 언어 속에서 논의되어왔던 것이다"(Keohane 1986, 9). 여러 증거들에 입각해서 본다면, 최근 들어 이러한 주장들은 국제관계의 학문적 논의에서는 그 토대를 상실하고 있는 중이지만, 정책 핵심부에서는 여전히 중심적인—더 이상 압도적이지는 않다고 하더라도—이론 틀로서 계속 남아 있다.

겉모습 그대로 현실주의는 완벽하게 직설적이다. 기원전 5세기, 펠로폰네소스 전쟁 당시 소위 아테네와 밀로스의 회담을 기록한 투키디데스의 책은 이 현실주의 관점을 여실히 보여준다.[1] 밀로스 섬은 당시 아테네와 전쟁을 벌이고 있던 스파르타의 식민지였다. 밀로스 사람들은 본래 중립을 견지하고 있었지만 아테네는 밀로스의 항복을 받아내기 위해서 이 섬에 군대와 사절단을 파견했다. 아테네 사절들은 퉁명스럽고도 단도직입적인 태도로 회담에 임했다. 아테네인들은 "미사여구"를 일체 동원하지 않고 "자신들이 밀로스를 지배할 권리가 있음"을 주장하며, 밀로스인들이 지금껏 중립을 유지하고 아테네에 아무런 부당한 행위도 하지 않았다는 주장은 이 회담과 아무런 관련이 없다고 거부했다(Thucydides 1998, 295; bk V, para.

---

1) 투키디데스가 아테네인의 속성이라고 묘사한 부분이 현실주의의 원형으로 간주되고 있지만, 투키디데스 자신도 정치적 현실주의자로 간주되는 경우가 많다. 이와 다른 견해는 Ahrensdorf 1997 참조.

89). 밀로스인들이 정의의 원칙에 호소하자, 아테네인들은 힘의 격차가 있을 때에는 정의가 아무 소용이 없으며 모든 인류는 "힘을 갖추기만 하면 언제라도 남을 지배하려는 내재적인 충동 아래" 놓여 있다고 주장하면서 자신들의 군사적 우위를 당당히 내세웠다(298; bk V, para. 105). 더 나아가 아테네인들은 밀로스인들이 스파르타로부터 도움을 기대해서는 안 된다고 주장하며 다음과 같은 사실을 지적했다. "자신들의 일과 내부의 제도들을 다룰 때 라케다이몬인[스파르타인]들은 선(virtue)의 가장 충실한 집행자이지만, 다른 나라들과 관련해서는……우리가 아는 한도 내에서 라케다이몬인들은 자신들의 마음에 드는 것은 고귀하다고 간주하고 자신들에게 편리한 것은 정의라고 주장하는 뻔뻔한 행동을 서슴지 않는 가장 대표적인 사람들입니다"(298; bk V, para. 105). 밀로스인들은 앞으로도 계속 중립을 허용해달라고 다시 한번 요청하면서 회담을 끝냈지만, 아테네인들은 이 제안을 거부하고 공격을 가해서 섬을 정복했다. 아테네는 "사로잡은 밀로스의 성인 남자들을 살해하고 여자와 아이들을 노예로 삼았고" 최종적으로는 자신의 식민지로 만들었다(301; bk V, para. 116).

현대의 현실주의 옹호자들은 아테네인의 냉정한 태도뿐만 아니라 아테네인이 그들의 적수인 스파르타인의 속성이라고 가져다 붙인 내용, 즉 정의는 한 사회의 내부에서는 선일 수 있지만 국가들 사이의 관계에서는 아무런 타당성도 없을 뿐이라는 관점에 감탄한다. 국제관계에서 각 나라는 스스로의 고유한 자기이익이라는 명확히 한정된 목표를 추구하며, 정의에 관련된 사항이나 다른 나라들의 이익은 고려 대상에 넣지 않는다는 것이다. 현실주의자에 따르면 정의에 호소한 밀로스인의 주장은 **당연히** 아테네인에게 아무런 설득력을 가지지 못한다. 현실주의자들은 윤리적 고려에 입각한 관점은 어느 하나 할 것 없이 모두 유치하다고 경멸감을 표현하는 냉정하고 단호한 언명들을 동원한다. 미국의 외교관 조지 케넌은 "국가의 행위가 도덕적 판단의 대상"이라고 상정하는 것은 근본적인 오류라는 유명한 말을 남겼다(Kennan 1951, 100). 죽기 몇 년 전에 나눈 인터뷰에서 케넌은 이렇게 말했다.

저는 우리 정부가 민주주의와 인권의 공개적 지지로부터 점점 물러서는 것을 즐겁게 보고 싶습니다. 저는 이런 점을 강조합니다. 저는 어느 개별 정당이 아니라 정부를 말하는 것입니다. 만일 우리나라에서 정부가 아닌 다른 누군가가 민주주의나 인권을 (그 용어의 의미가 무엇이든지간에 말입니다) 지지하고자 한다면, 그런 행동은 전적으로 옳다고 인정합니다. 그러나 저는 그러한 문제가 다른 나라들과 우리의 외교관계에 개입되어서는 안 된다고 생각합니다(Ullman 1999, 6).

20세기 중반에 현실주의를 학문의 한 분과로 발전시킨 데에 결정적인 공헌을 한 정치학자는 한스 모겐소였다. 그는 현실주의의 특징을 이렇게 규정했다.

경제학자, 법률가, 도덕주의자가 자기 영역의 독자성을 주장하듯이 정치적 현실주의자 역시 정치영역의 독자성을 일관되게 주장한다. 현실주의자는 힘으로 정의된 이익이라는 관점에서 생각한다. 이것은 경제학자들이 부(wealth)로서 정의되는 이익이라는 관점에서 보는 것, 법률가들이 법률 규칙과 행동의 일치라는 관점에서 보는 것, 도덕주의자가 도덕원칙과 행동의 일치라는 관점에서 보는 것과 마찬가지이다.……

정치적 현실주의가 정치적인 사고 이외의 사유 기준이 있다는 것과 그 타당성을 모르는 것은 아니다. 다만 정치적 현실주의자로서 그는 이와 같은 여타의 사유 기준을 정치적 사유 기준 아래 종속시킬 수밖에 없는 것이다. 그리고 그는 다른 영역에나 적합한 사유 기준을 정치의 영역에 적용하려는 다른 학파의 접근법에 반대한다. 정치적 현실주의가 국제정치에 대한 '법적-도덕적' 접근을 못마땅하게 생각하는 것이 바로 이 부분이다(Morgenthau and Thompson 1985, 13-14).

다른 말로 표현한다면 국제관계는 그 자체로 독자적 영역을 구성하며, 행위는 마땅히 이 영역의 고유한 비도덕적 기준에 의해서 규제받는다는 것이다. 국가는 다른 모든 고려 사항을 배제하고 '국가이익(national interest)'을 추구해야 한다고 지적하면서 모겐소는 다음과 같이 주장한다. "그리고 무엇보다도 다음과 같은 사실을 항상 기억하라. 한 나라가 다른 나라를 상대할 때에는 국가이익이라는 단 하나의 길잡이, 단 하나의 사유 기준, 단 하나의 행동규칙을 따르는 것이 정치적 필수 사항일 뿐만 아니라 도덕적 의무이기도 하다"(Morgenthau 1951, 242). 국가이익의 실현은 힘의 추구를 필요로 한다. "정치적 현실주의가 국제정치 현상을 이해하는 길을 찾는 데에 중심 지표로 삼는 것은 힘으로 정의되는 이익의 개념이다"(Morgenthau and Thompson 1985, 5). 따라서 현실주의는 국제문제에서는 다른 모든 것을 배제하고 국가이익만을 초점으로 삼아야 하며, 국가이익은 힘의 확장을 통해서 올바르게 추구된다고 주장한다. "국제정치는 다른 모든 정치와 마찬가지로 힘의 투쟁이다"(p. 31).

현실주의적 국제관계이론을 철저하게 평가하려는 모든 작업은 현실주의자들이 국가이익과 권력 개념을 지속적으로 모호하게 이해하고 있다는 점을 해결해야 할 것이다.[2] 나는 현실주의자들의 개념적 모호성은 성공적으로 논파될 수 있다고 본다. 일반적으로 현실주의자들은 자신의 이론은 국제관계의 실제 작동 방식을 그대로 보여준다고 주장한다. 현실주의 역사학자 중의 한 사람이 지적하듯이 "모든 무늬의 몽상가, 이상주의자, 낙관주의자들에 반대하여 현실주의자들은 세계를 존재하는 그 모습 그대로 받아들이고 이해한다. 이러한 이해 방식이 모든 현실주의적 사유의 토대를 마련한다"는 것이다

---

2) 현실주의자들은 자신들의 핵심 용어를 사용하는 데에 일관성이 크게 결여되어 있다. 때로는 '힘' 개념을 너무 포괄적으로 이해해서 한 나라가 행동하는 거의 모든 것이 그 개념상 힘의 행사로 파악된다. 모겐소는 개념적으로 힘을 '다른 사람들의 마음과 행동에 대한 통제'라고 간단하게 규정하고, 힘은 "이익의 기대, 불이익의 공포, 사람 혹은 제도에 대한 사랑이나 존경이라는 세 가지 원천으로부터 발생한다"고 지적한다(Morgenthau and Thompson 1985, 32). 그러면서도 또다른 경우들에서 그의 초점은 상당히 좁아지며 한 나라가 추구할 수 있는 경제적, 재정적, 군사적 목표와 힘을 구분한다(p. 36). 다른 현실주의자들, 예컨대 미어샤이머에게 힘은 "군사력을 구축하는 데에 투입되는 사회경제적 요소"와 군사력을 함께 의미할 뿐이다(Mearsheimer 2001, 55; 다음의 문헌도 참조, Waltz 1979. Keohane and Nye 2001, 20). 이처럼 힘을 넓게 해석함에 따라서, 국가들은 힘을 추구해야 하다는 현실주의자의 주장 자체가 별 의미를 가지지 못하게 된다. 경제적 교역의 확장, 문화적 헤게모니의 성취, 군사적 우위의 확보, 혹은 기본 인권 존중의 증진 등 국가가 하는 행동은 그 의도에 관계없이 모두 힘을 추구하는 행동이라고 규정되기 때문에 현실주의의 '냉정한 정신'은 흔적도 없이 사라지고 만다. 반면 힘 개념을 좁게 해석하면 현실주의의 설명적 적합성은 크게 줄어든다. 현실주의는 왜 다른 많은 목표들이 힘의 추구라는 단일 목적에 종속되어야 하는지 우리에게 설명할 의무가 있다.

(Smith 1986, 1). 현실주의자들은 국가들 간의 관계를 (아마도) 이 상화하는 도덕주의자들보다는 자신들이 그 관계를 보다 정확하게 설명한다고 주장한다. 여기에 관해서는 모겐소의 다음과 같은 대표적인 언명이 있다. "많은 저술가들은 정치가들과 외교관들이 국제관계를 더 평화스럽고 덜 무법 상태로 만들기 위해서……온 힘을 기울여야 한다는 도덕적 교훈을 주장해왔다. 그러한 주장은 그 자체로서 바람직하기는 하다. 그러나 과연 그런 교훈이 실제로 그리고 얼마나 인간의 행동을 지배하는지 물어본 사람은 거의 없었다"(Morgenthau and Thompson 1985, 248). 여기서 모겐소는 다른 국가들과의 상호작용에서 한 국가가 달성해야 할 원칙과 이상에 대한 규범적 관찰 그리고 국가들이 그와 같은 이상에 실제로 얼마나 충실했는지 규명하는 경험적인 역사적 관찰은 구분해야 한다는 인식을 보여준다. 그는 스스로를 이상적인 도덕 원칙의 호소에 흔들리지 않으며 순수하게 현상을 기술하는 냉정한 과학자로 묘사한다.

현실주의자들은 국가들이 어떤 이상적 원칙에 따라서 행동할 것이라고 가정하는 자신들의 적수들을 비난하는 데는 재빠르지만, 아무런 논증도 없이 자신들은 실제 행위의 기술(description)로부터 행위 규범을 도출할 수 있다고 가정한다. 이것이 그들의 전형적인 방식이다. 예를 들면, 미어샤이머는 현실주의가 이중의 역할을 수행한다고 명쾌하게 주장한다. "적극적 현실주의는 기본적으로 현실을 있는 그대로 묘사하는 기술적 이론이라는 점이 이 논의로부터 분명히 밝혀져야 한다.……그러나 그것은 동시에 행위를 지시하는 규범적 이론이기도 하다"는 것이다(Mearsheimer 2001, 11). 모겐소 자신도 현실주의를 현상 기술의 이론인 동시에 규범적 이론으로 다루었다.

한 논평가는 이렇게 말한다.

모겐소는 합리성의 가정이 현상을 기술하는 데에 정확하지 않다는
것을 분명히 인정했지만—실제로 그의 목적 중의 하나는 지도자들
이 보다 합리적으로 행동할 수 있도록 가르치는 것이었다—그는 합
리성의 가정이 기준선으로 이용될 수 있으며, 이 기준선은 '사실에
비추어 입증'될 수 있다고 믿었다.……현실주의 이론의 예측에 따라
서 마련된 기준선에 대항하여 우리는 잘못된 인식, 정보 부족, 외고
집 협상, 혹은 순전히 비합리성에 의해서 초래된 '불완전성'이 어떻
게 행위의 실제 패턴을 우리의 예측과 어긋나게 만들 수도 있었는지
질문을 제기할 수 있다(Keohane 1986, 12).

사회과학자들이 복잡한 현상에 관한 우리의 이해를 체계화하고
명료하게 다듬기 위해서 '이념형(ideal type)'이라는 유용한 수단을
활용하는 데는 하등의 잘못도 없다. 그 이념형이 현상의 기술에서
완벽하게 정확하지 않다고 해도 말이다. 그러나 이 이념형이 설정한
이상적인 상태로부터 어긋나는 실제 사례들을 무엇인가 잘못되었다
거나 결함이 있다거나 혹은 '비합리적'이라고 추론하는 것은, 이념형
에 규범적 위상의 특전을 부여하는 것이다. (소위 말하는) 현상을
기술하는 도구로서의 적합성이라는 본래의 위치를 넘어 이념형에 규
범적 위상을 부여하려면 추가적인 논증이 필요한데도, 현실주의자들
은 아무런 논증도 없이 현실에서 규범으로 옮겨 간다. 그 이론이 예
측하는 대로 한 나라가 행동하지 않는다고 해서 우리가 곧바로 그
행위가 잘못이거나 비합리적이라고 결론을 내릴 수는 없다. 그러한

결론이 성립되려면 이념형이 규범으로 옹호되는 것이 필요한데, 이렇게 될 경우 우리는 분명히 도덕의 영역으로 이동한다(Moellendorf 2002, 145).

왜 현실주의자들은 각 나라들이 국제관계에서 힘과 자기이익이라는 명확히 한정된 목표를 추구한다는 현상의 기술로부터 그렇게 하는 것이 올바르다는 규범적 설명으로 그토록 빨리 옮겨 가는가? 그저 부주의해서 벌어진 일이 아니라면, 이런 주장은 도덕과 법의 관계에 대한 특정한 관점으로부터 나온 것이다. 이 이론은 17세기 중반 토머스 홉스의 저작에서 가장 분명하게 전개되었다. 스스로의 규칙과 판단을 집행할 수 있는 강력한 중앙의 권위(central authority)가 없을 경우, 개인들이 자기이익의 추구를 그만둘 아무런 이유가 없다는 생각이 바로 그것이다. 홉스가 말하듯이 "공통의 권력이 없는 곳에서는 법도 없다. 법이 없는 곳에서는 불의(injustice)도 없다"는 것이다(Hobbes [1660] 1994, 78; ch. 13, para. 13). 홉스는 정치공동체(commonwealth)를 벗어난 자연상태에서 "만인은 만물에 대한 권리를 가지며, 심지어는 다른 사람의 신체에 대해서까지도 권리를 가진다"고 주장한다(p. 80; ch. 14, para. 4). 이런 조건 속에서는 자기 자신의 권리만 일방적으로 제약하는 것은 명백하게 비합리적이면서도 위험스러운 일이 될 것이다. "다른 사람들이 그러한 권리를 포기할 의사가 없는 경우에는, 어느 누구도 자신의 권리를 포기할 이유가 없다. 그것은 평화를 달성하는 일이 아니라 자기 자신을 타인의 먹이로 제공하는 일이기 때문이다. 어느 누구도 그렇게 해야 할 의무는 없다"(p. 80; ch. 14, para. 5). 이와 같은 자연상태에 계속 남아 있으면 비참한 상황을 면치 못할 것이기 때문에―평화는 지극히 고귀하다—모든 사람은 법을 제정하고 집행하기에 충분히 강력한 주권자를 갖춘 정치공동체를 설립하거나 혹은 그곳으로 들어가려고 한다고 홉스는 결론을 내렸다. 홉스에 따르면 정치공동체의 설립은 자신의 생명과 재산을 보존하려는 인간의 강력한 자기이익으로부터 발생한 것이며, 충분히 타당한 이유를 가지고 있다.

홉스의 지휘에 따라서 많은 현실주의자들은 세계국가의 부재는 홉스가 묘사한 자연상태와 유사한 무정부상태에 국제무대가 놓여 있음을 의미하며, 이 속에서 각 국가는 서로에 대해서 '전쟁 태세'에 놓여 있다고 주장한다(Milner 1993). 이 상황에서는 국제법을 집행할 수 있는 강력한 권위가 전혀 없기 때문에 자기이익을 추구하는 국가들의 행위가 제약을 받을 아무런 이유가 없다는 것이다. 이로부터 현실주의자들은 도덕적 고려는 국제관계에 적용되지 않으며, 이와 다른 방식으로 추정하면 다른 국가들이 자신의 이익추구 행위를 그만둘 것이라는 잘못된 추측에 빠져들 뿐이라고 결론을 내린다. 모겐소는 여기에 대해서 확고하다. "국가는 자신의 법률뿐만 아니라 도덕도 만든다는 것 그리고 국가의 밖에는 도덕도 법률도 존재하지 않는다는 홉스의 극단적 격언에는 심오하면서도 등한시되었던 진실이 숨어 있다"(Morgenthau 1951, 34). 만일 현실주의자들이 홉스의 논리를 결론으로까지 밀고 간다면 사실상 그들은 세계국가의 창설이 가장 시급한 목표임을 주장하게 된다는 점에 주목하자. 실제로 일부 현실주의자들은 이런 논리를 따르고 있다. 그런 목표는 가망 없는 공상에 불과하다고 곧바로 지적하기는 하지만 말이다. 모겐소의 전기를 쓴 크리스토프 프라이에 따르면 "일찍이 1934년에, 히로시마에 원자폭탄이 떨어지기 훨씬 이전에, 모겐소는 자기 이론의 논리적 요구조건으로서 세계국가를 상정했다. 모든 전제조건들이 '오늘날의 세계에서는 결여되어 있다'고 하면서 자신의 제안이 아직은 실현될 수 없음을 잘 알고 있었으면서도 그렇게 상정했던 것이다. 생애의 말까지 그는 '우리의 세계에서는 실현될 수 없지만 세계의 생존에 필수불가결한' 세계국가의 합리적 필요성에 대한 신념을 고수했을 것이다"(Frei 2001, 140-141). 또다른 사례를 보자. 최근의 현실주의자 미어샤이머는 이렇게 말한다. 20세기가 보여준 "폭력의 사이클"은 "새로운 천년까지도 계속 이어질 것이다.……비극적인 상황이기는 하지만 현재의 국제체제를 이루고 있는 국가들이 세계정부를 결성하기로 동의하지 않는 한 여기서 빠져나갈 도리는 없다. 그러나 그와 같이 어마어마한 전환은 현실적인 전망이라고 하기는 어렵다. 갈등과 전쟁은 세계정치의 지배적이고도 영속적인 특징으로 앞으로도 틀림없이 계속 남아 있을 것이다"(Mearsheimer 2001, p. xii).

국제질서가 홉스의 자연상태와 어느 정도로 유사한 것인가 하는 문제에 대해서는 많은 연구가 있다. 예를 들면, 홉스의 자연상태와 국제질서를 구분하는 특징으로서 일부 이론가들은 (적어도 많은) 국가들 사이에는 상당한 범위의 이익들이 중첩된다는 점을 지적하고, 또다른 이론가들은 국제기구, 국제단체, 국제적 기업의 성장을 지적하면서 현실주의자들의 논리를 반박한다(Beitz 1999, 42-47; Grieco 1993a, 1993b). 이러한 연구들은 국제관계의 현상을 기술하는 이론으로서 현실주의의 적합성에 관해서 중요한 비판들을 제기했지만, 여기에서 나는 논의를 위해서 현실주의자들이 국가의 행위에 관해서 납득할 만한 정도로 정확한 기술적 설명(descriptive account)을 제공할 수도 있다고 인정하겠다. 그렇지만 도덕에 관한 홉스의 설명이 부적합하기 때문에 지구적 정의의 원칙들에 관련된 현실주의자들의 회의적인 결론을 따르지는 않는다. 아래에서 나는 정치적 결사체는 우리의 정의의 의무를 중요한 측면에서 바꾸지만, 정치적 결사체와 무관한 도덕의 핵심이 계속 존재하며, 따라서 세계국가가 부재하는 상황에서조차도 정의의 원칙은 세계 차원에서도 적용된다고 주장할 것이다. 즉 법을 집행하기에 충분히 강력한 공통의 국가를 사람들이 공유하고 있는지와 무관하게, 도덕의 한 부분은 우리가 모든 인간을 어떻게 대우할 것인가의 문제에 깊이 관련되어 있으며, 정의의 원칙은 세계 차원에서도 적용될 수 있다는 것이다.

도덕을 비판할 때 모겐소 같은 현실주의자들은 자신의 반대자들을 광신적인 도덕적 십자군으로 취급하는 경우가 자주 있다. "외교정책에서 도덕적 추상을 동원하여 정치적으로 효과적인 호소를 펼치는 주장 안에 담겨 있는 비도덕성은 도덕적 십자군이라는 최근의 현상에서 더할 나위 없이 잘 드러나고 있다.……[십자군은] 국가이익을 반영해야 한다는 정당한 주장뿐만 아니라 구체적인 정치적 행동에서 모든 인류가 따라야 할 도덕적 표준을 제공한다는 정치적으로나 도덕적으로나 아무 근거도 없는 주장을 함께 내세우면서 국가의 도덕적 표준을 국제관계에 투영한다"는 주장은 그의 입장을 잘 보여준다(Morgenthau 1951, 36-37). 다시 말하지만, 현실주의자들은 소위 '도덕적' 목표의 실현에 수반되는 인적 비용(human cost)을 인식하지 못하고 그 목표의 광신적인 추구에 매달리는 주장들의 '도덕적 과잉'에 놀라서 뒷걸음을 친다. 이는 현실주의자들의 규범적 주장의 핵심에는 도덕적 고려 그 자체의 부정이 아니라 특정한 형태의 도덕을 거부하는 태도가 자리잡고 있음을 시사한다. 그들이 거부하

는 것은 우리가 제1장에서 논의했던 '도덕적 훈계자'이다. 현실주의
자들의 입장은 그들의 수사법에서 전형적으로 드러나는 도덕에 대한
근본적인 회의주의가 아니라 도덕의 **내용**에 관한 것이라고 보면 가
장 잘 이해될 수 있다. 자신들이 도덕을 거부하고 있다고 말할 때,
실제로 현실주의자들의 전형적인 태도는 대단히 편향되고 부적절한
형태의 도덕을 거부하고 있는 것이다(M. Cohen 1984). 현실주의 전
통의 옹호자가 지적하듯이 "도덕의 명시적 추구는 외교정책에서 설
자리가 없어야 한다는 분명한 주장에도 불구하고 모든 현실주의적
접근법에는 도덕적 비전이 영향을 미치고 있다"(Smith 1986, 21-
22). 이것은 조지 케넌의 경우 틀림없는 사실이다. 케넌의 기본적인
태도는 한 이론가가 미국을 제1차 세계대전으로 끌어들인 '십자군적
이상주의의 발작'이라고 불렀던 도덕적 열기에 대한 반작용 속에서
그리고 제2차 세계대전 이후 소련과의 핵 대치를 강요한 일부 인사
들과의 공감 속에서 형성되었다(Steel 2004, 8). 현실주의자인 마이
클 스미스도 "케넌은 현실주의의 주창자이며 일관되게 국가이익 정
책을 권고했음에도 불구하고 전통적 도덕의 굳센 옹호자였다"고 주
장한다(Smith 1986, 166). 이것은 개인적인 편지에서 자신의 저작은
잘못 이해되었으며, 자신은 도덕에 반대하지 않았다고 씁쓸하게 불
평했던 모겐소의 경우에도 해당한다(Frei 2001, 특히 204, 213 참
조). 모겐소 자신도 국제적인 도덕적 대의명분의 실현에 노력하는
단체라고 부를 수밖에 없는 곳에서 헌신적으로 활동했는데, '소련 유
대인 연구 학술위원회(Academic Committee on Soviet Jewry)'의 회
장도 그 경력 중의 하나이다(p. 170).

따라서 우리에게 필요한 것은 상대방들이 도덕적 고려에 응답하

기를 꺼려할 때 개인이나 사회들이 '강자의 먹이'가 되도록 만들지 않고, 우리에게 남겨진 유일한 수단이 받아들일 수 없을 정도로 높은 도덕적 비용을 치러야 할 때에는, 비록 도덕적으로 존경스러운 목적이라도 기꺼이 포기해야 한다는 것을 인정하는 정의론이다. 현실주의자들이 때때로 표출하는 근본적 회의주의를 거부하면서도, 지구적 정의에 관한 보다 치밀하고 비훈계조의 설명이 필요하다는 것을 받아들인다면, 우리가 취할 수 있는 가능한 행동의 범위는 어마어마할 정도로 넓다. 도덕적 고려는 외교정책의 심의에 포함되어야 한다. 그러나 외국인의 이익에도 우리가 민족구성원 동료에게 부여하는 것과 똑같은 고려와 무게를 두어야 하는가? 이 문제에 관해서 민족주의자들은 우리의 민족구성원 동료의 이익에 우선권을 두어야 한다고 말하는 반면, (강한) 세계시민주의자들은 모든 사람의 이익에는 동등한 무게가 주어져야 한다고 말한다.

민족주의는 뚜렷이 다른 여러 관점들로부터 접근될 수 있는 지극히 다양한 현상의 집합이다. 우리는 예컨대 민족주의의 역사, 사회학, 심리학에 관한 흥미로운 질문을 물어볼 수 있다. 그러나 여기에서는 우리가 어떤 국제적 정의의 원칙을 지지할 것인지, 특히 국제관계에 적용되는 정의의 원칙이 일국 차원의 정의의 원칙과 다른 것인지 결정하는 데에 도움을 주는 한에서만 민족주의를 고찰할 것이다. 먼저 우리는 두 가지 사항을 구분해야 한다. 첫째, 개별 민족주의와 보편 민족주의의 차이를 살펴보자(Pogge 2002, 119; 또한 D. Miller 1995, 9 참조). **개별 민족주의**는 하나의 특정 민족 혹은 인민, 예컨대 일본이나 그리스 혹은 아르헨티나 인민은 스스로의 도덕적 관점으로부터 볼 때 자신만이 특별하게 선택받은 고귀한 존재라고 주장하는 가설을 말한다. 이와 달리 **일반 민족주의**는 각 개인이 어떤 민족에 속해 있건 자신의 민족에게 보다 큰 도덕적 애착심을 부여하는 것은 적절하다고 인정한다. 이 견해에 따르면 도덕적 관점 그 자체는 그 어떤 특정 민족에게도 특별한 고려를 받을 수 있는 자격을 허용하지 않는다. 다만 개인들은 자신의 민족적 일체감(identification)에 기반을 두고 그렇게 행동해도 좋다고 인정해준다. 나는 현재 대부분의 민족주의 이론을 따라서 일반 민족주의에만 초점을 맞출 것이다. 모든 형태의 개별 민족주의를 거부하는 토머스 포기가 지적하듯이 "그 주장이 불러일으키는 쇼비니스트(chauvinist), 때로는 인종주의적 차별 때문에, 개별 민족주의는 진지한 도덕적 토론의 가치가 없다"(Pogge 2002, 119). 그러나 역사적으로 개별 민족주의는 가장 극단적인 정치적 영향을 발휘한 경우가 많았다는 사실만은 지적할 가치가 있다.

둘째의 근본적인 구분은 민족과 국가의 차이에 관한 것이다. 여기에서는 주권적 법률 체계를 갖춘 정치적 실체(entity)라고 국가를 정의한다. 국경 분쟁이 벌어지고, 정통성이 도전받을 수도 있지만 국가는 일정한 지리 영역에 대한 지배권을 주장한다. 민족 개념은 정의하기가 한층 더 어렵다. 민족과 그외의 여러 인간 집단들을 구분하는 것은 무엇인가? 거의 모든 논평자들은 한 집단이 민족을 구성하려면 구성원들 사이에 일정 정도의 주관적 일체감과 상호 인정이 필요하다는 데에, 충분조건은 아니라고 하더라도, 동의한다. 예를 들면, 프랑스 민족이 존재하기 위해서는 인민이 그들 자신을 그리고 서로를 프랑스인으로 인정해야 한다. 사회학자 크레이그 캘훈은 이 조건을 다음과 같이 서술한다. "민족으로서 인정받으려면 사회적인 연대, 즉 외견상 민족이라는 실체의 구성원들 사이에 집합적인 정체성과 일정 수준의 통합이 형성되는 것이 분명히 필요하다. 또한 그 구성원에게 민족이라는 전체가 인정되고, 구성원을 전체 속에 포괄하는 민족이라는 이름의 개별적 자아에 대한 인식이 필요하다"(Calhoun 1997, 4).

개인들은 어떤 근거에서 서로를 민족구성원 동료로 인정하고 스스로를 외국인과 구분하는가? 민족들은 저마다 다른 여러 특징들에 의거하여 일체감의 근거를 찾고 자신의 민족구성원을 외국인과 구분해 왔다. 19세기 중반에 존 스튜어트 밀은 "민족을 구성하는 감정은 여러 원인에 의해서 형성되었을 것"이라고 지적하면서 인종, 공동 혈통, 언어, 종교 같은 공통 요소들을 열거한 다음에, "이러한 조건들 중 어느 것도 그 자체로 필수적이지도 않고 반드시 충분한 것도 아니다"라고 지적했다(Mill [1861] 1991, 427; ch. 16, para. 1; 또한 Weber [1922] 1946, 172 참조). 민족주의에 관한 최근의 비판자가 지적하듯이 "민족(주의)적 일체감의 토대를 이룰 수 있는 특징들의 종류에는 원칙적으로 아무런 제약도 없다. 피부색, 식생활 습관, 성생활의 습관 등 아무것이라도 좋다. 민족으로서 인정되기를 요구하는 한 무리의 인민을 결집시키는 데에 앞으로 또 무엇이 타당한 기준으로서 동원될 것인지 아무도 모른다"(Miščević 2001, 11-12). 그러나 민족적 일체감에 그토록 제약이 없다면, 그밖의 다른 형태의 사회적 일체감과 민족적 일체감을 구분하는 것은 무엇인가?

첫째, 민족의 특징을 규정하는 것은 공통의 문화이며, 이 문화 자체는 여러 방식으로 분명하게 밖으로 드러날 수 있다. 철학자 아비샤이 마갤릿과 조지프 라즈가 지적하듯이 민족은 다음과 같은 특징을 가진다.

[민족은] 삶의 여러 다양하면서도 중요한 측면들을 포괄하는 공통의 특징과 공통의 문화, 즉 다양한 삶의 형태 혹은 스타일 그리고 활동, 직업, 취미, 관계들의 유형을 규정하거나 그 독특한 성격을 나타내는 공통의 문화를 가진다. 민족 집단들이 있으면 우리는 각 민족의 독특한 문화적, 예술적 전통, 건축 양식, 고유한 요리, 공동 언어, 민족 음악, 관습, 의복, 예의, 공휴일 등등을 발견할 것이라고 예측한다. 이것들 중 그 어느 것도 필수적이지는 않다. 이것들은 자신이 민족으로서의 자결권을 가지는 후보라고 진지하게 주장하는 사람들이나 그외 여러 집단들의 특성을 규정하는 대표적 사례들에 불과하다. 인간은 공통의 지배적인 문화를 가지고 있으며, 인간의 정체성은 적어도 부분적으로는 그들의 문화에 의해서 규정된다. 인간은 삶의 단일 혹은 일부 영역을 넘어 삶의 모든 영역에, 개인들의 복리에 대단히 큰 중요성을 가지는 영역들을 포함한 삶의 모든 영역에 스며들어 있는 문화전통을 보유한다(Margalit and Raz 1990, 443-444; D. Miller 1995, 25-26 참조).

민족문화는 삶의 모든 부분에 구석구석 스며들어 있기 때문에 어느 민족 안에서 태어나고 사회화된 개인들은 "집단문화를 습득하며 [그리고] 그 문화의 성격에 따른 특징을 부여받는다. 그들의 취향과 선택은 그 문화에 의해서 상당한 정도로 영향을 받는다." 사람들이 "본래 가지고 있던 문화를 버리고 새로운 문화를 습득"하는 것이 가능하기는 하지만, 그것은 "완성되는 경우가 별로 없는 대단히 고통스럽고 느리게 진행되는 과정"이다(Margalit and Raz 1990, 444). 개별적으로는 그 어느 것도 지배적인 문화를 형성하는 데에 필수적인 요소는 아니지만, 여러 이질적인 요소들이 함께 얽혀 그와 같은 문화를 만들 수 있다는 점에 주목하자. 이러한 사실은 민족들은 저마다의 사회적, 문화적 특징 속에 자기 일체감의 토대를 둘 수 있다는 밀의 통찰을 지지한다.

민족정체성을 그외 다른 유형의 사회적 일체감과 구분하는 둘째 요소는 민족이 정치적인 차원의 특징을 가진다는 점이다. 여기서도 또다시 밀은 예리한 통찰력을 제공한다. "인류의 한 부분이 다른 집단과 구별되게 공동 감정으로 한데 묶여 있을 때, 이 공동 감정으로 인해서 다른 사람들보다는 자기들끼리 기꺼이 더 잘 협력하고, 같은 정부 아래에 있기를 바라며, 그 정부는 자기들 또는 자기들 중 일부에 의해서 구성되어야 한다고 바랄" 때 인민은 민족을 구성한다는 것이다(Mill [1861] 1991, 427; ch. 16, para. 1; 또한 Weber [1922] 1946, 176 참조). 혹은 데이비드 밀러가 지적하듯이, "정치적 자결권을 가지기를 **열망하는** 인민의 공동체를 '민족'이라고 불러야 한다"(D. Miller 1995, 19). 이것은 국가를 형성(혹은 유지)하려는 열망 속에서 전형적으로 표출되는데, 특정 다민족국가의 경우에는 완전한 독립의 요구에는 미치지 못하지만 그 아래의 것들, 예를 들면 자신들에 대한 특별한 인정, 혹은 일정 정도의 자율성 획득, 다민족 연합 구조 속에서의 참여 등을 인정받는 것으로도 그 열망은 충분히 표출될 수 있다.

정치적 자치에 대한 설득력 있는 열망을 제시하고 지배적인 문화를 형성하려면 민족은 '서로 얼굴을 마주하는' 소수 집단이 아니라 구성원들이 서로 모를 정도로 대규모가 되어야 한다. 베네딕트 엔더슨은 그의 유명한 책에서 민족을 **상상의 공동체**(imagined community)라고 표현했다. "가장 작은 민족조차 그 구성원들은 앞으로도 동료 대부분을 절대 알지 못하고, 만나지 않을 것이고, 들어본 바도 없게 될 것이지만, 각자의 마음속에서는 동료들과의 성찬식이라는 이미지가 살아 있기 때문에 민족으로 **상상된다.**……각 민족 내부에 실제로 불평등과 착취가 얼마나 만연해 있는지와 관계없이, 민족은 깊은 수평적 동료애로 맺어져 있다고 항상 마음속으로 그려지기 때문에 **공동체로서 상상된다**"(Anderson 1991, 6-7). 따라서 민족의 구성원은 그들의 삶과 자기인식의 많은 영역에 영향을 끼치는 지배적 혹은 포괄적 문화를 공유하고, 이 문화에는 언어, 종교, 가치, 일상습관, 기호, 선호도 같은 것이 포함될 수 있다. 아울러 민족구성원으로서의 소속은 일반적으로 한 개인의 자기인식과 정체성의 중요한 부분을 형성할 것이다. 그리고 민족구성원 동료들끼리는 거의 대부분 인간적으로 서로 알지 못하는 상황에서조차도 그들 사이에는 상호 간의 연대적 유대관계가 앞으로도 계속 존재하게 되는 것이 보통이다. 마지막으로 민족은 정치적 자결권을 열망하기 때문에 정치적 성격을 가진다.[3]

근대국가는 영토국가라기보다는 당연히 민족국가이다, 혹은 국경의 사소한 재조정을 통해서 민족국가는 쉽게 형성될 수 있다는 가정에 의해서 지금껏 시도했던 국가와 민족의 구분이 흐려지는 경우가

---

[3] 이러한 요소들이 특정 민족의 구성원을 판정하는 적합한 기준으로 성급히 동원되어서는 안 된다는 점을 지적하고자 한다. 예를 들면, 누구를 세르비아인 혹은 짐바브웨인 혹은 이스라엘인으로 볼 것인가 하는 문제는 여전히 논쟁을 불러일으킬 수 있다. 이 부분의 설명 역시 이러한 기준들이 시간의 흐름에 따라서 변할 것임을 인정한다.

가끔 있다. 그러나 근대국가가 영토국가인 반면 민족은 정체성, 상호 인정, 문화와 관련된 문제라는 사실을 감안하면, 국가와 민족이 일치하지 않는 경우가 종종 있다는 것은 전혀 놀랍지 않다. 앨런 뷰캐넌이 지적하듯이 "국가들과 포괄적 문화들은……일대일 대응관계에 있지 않다. (아이슬란드는 예외일 수 있지만) 지금 존재하는 거의 모든 국가들은 그러한 포괄적 문화 집단들을 하나 이상 가지고 있다"(Buchanan 2004, 178). 포괄적 문화 집단들이 모두 민족인 것은 아니다. 그들이 모두 정치적 열망을 가지고 있는 것은 아니기 때문이다. 물론 많은 집단들은 그런 열망을 가지고 있으며, 따라서 다민족국가들이 많이 있기 마련인데, 벨기에, 캐나다, 중국, 구 소련, 구 유고슬라비아, 과거의 영국 제국, 오토만 제국 등이 여기에 속한다. 널리 알려진 정의에 따르면 **민족주의**는 "정치적 단위와 민족적 단위가 일치해야 한다고 주장하는 정치적 원리이다"(Gellner 1983, 1). 이것은 국가와 민족이 일치되도록 국가 경계가 설정 혹은 재조정되어야 **한다는** 규범적인 주장이라는 점을 강조하는 것이 중요하다. 우리는 제6장에서 분리독립의 문제를 다루겠지만, 현재로서는 민족주의자들이 민족으로 소속되었다는 사실에 부여하는 도덕적 중요성이 핵심적인 논점이다. 민족의 도덕적 중요성이라는 주장으로부터 동료 민족구성원에 대한 우리의 도덕적 의무는 외국인에 대한 도덕적 의무보다 우선권을 가진다고 추론하는 것이 민족주의자들의 전형적인 논리이다. 민족주의자들은 이 도덕적 우선권을 지지하는 여러 논변들을 만들었는데, 우리는 그중에서 두 개의 가장 일반적인 논변을 살펴볼 것이다.

내가 앞으로 '효율성 논변'이라고 부를 첫 번째 주장은 로버트 구딘의 경우에 분명하게 나타난다. 이 주장은 도덕적 보편주의의 입장, 즉 "타인들 역시 인간이라는 단순한 이유 때문에" 근본적인 수준에서 "우리는 타인들에 대해서 일반적인 의무만을 가진다"고 인정하는 입장에서 시작한다(Goodin 1988, 663; Nussbaum 1996, 135-136 참조). 그러나 모든 사람이 모든 타인에게 일반적인 의무들을 이행하려고 애쓰기보다는 특정 개인들에게 특정 책임들을 할당하는 시스템이 보다 효율적인 경우가 많기 때문에, 우리는 '우리의 동료 동포들'에게 '특별 의무'가 있다는 논변을 이끌어낼 수 있다는 것이다. 그리고 이와 유사한 경우로, 병원에서의 책임 할당을 사례로 든다. "병원의 모든 의사들이 환자 수 n에 맞추어 근무 시간 중 $1/n$을 할애하여 환자를 돌보는 경우보다 환자들이 특정한 의사들에게 배정될 때 보다 더 보살핌을 받게 된다"는 것이다(Goodin 1988, 681). 구딘은 또 이렇게 말한다. 따라서 "나의 설명에 따르면, 우리의 일반적 의무를 보다 효율적으로 이행하는 관리 장치로서만 특별 책임들이 배정된다"(p. 685).

나는 모든 특별 책임들이 이런 식으로 만들어질 수 있다는 것을 납득할 수 없다. 그러나 우리가 효율성 논변을 받아들인다고 하더라도, 구딘이 지적한 두 개의 함의는 충분히 강조할 가치가 있다. 첫째, 효율성 논변은 민족 정체성에 그 어떤 **근본적인** 도덕적 중요성도 부여하지 않는다. 구딘이 지적하듯이 이 주장에 따르면, "'우리의 동료 동포'가 결국은 그렇게 매우 특별하지는 않다는 것이 드러난다"(p. 679). 둘째, 현재 세계의 극단적인 불평등을 감안할 때(이 문제는 제7장에서 논하겠다), 사람들이 자신의 동료 민족구성원에게 우선권을 준다면, 부자 민족들은 가난한 민족을 돕는 부담에서 벗어나게 되는 반면, 가장 가난한 민족들은 자기 민족구성원을 부양할 수 없게 된다. 지금의 세계적인 부의 분배를 고려한다면, 동료 민족구성원들에게 높은 우선권을 배정하면 인간으로서의 일반적인 의무를 이행하는 우리의 능력은 향상되기보다는 오히려 방해받게 될 것이다. 구딘은 이러한 점을 잘 인식하고 있으며, "현재의 세계체제에서 우리 동포들의 요구에 우선권을 주는 것은 잘못인 경우가 종종 있다—아마 보통은 잘못일 것이다"라고 말하면서 글의 결론을 내린다(p. 686). 현재의 세계적인 불평등의 범위와 성격을 고려하면, 민족주의자들은 효율성 논변으로부터 거의 지지를 얻어낼 수 없다.

동료 민족구성원의 도덕적 우선권을 옹호하는 대안적 전략은 민족과의 일체감이 가족과의 일체감과 유사하다고 주장하는 것이다. 민족주의자들은 이렇게 주장한다. 즉 많은 사람들이 개인은 자신의 가족 구성원에게 특별한 의무를 지고 있다고 믿듯이(그리고 이 의무들은 효율성 논변을 통해서 일반 의무로부터 도출되지 않는다는 것도 믿듯이), 개인은 또한 동료 민족구성원에게 특별한 의무를 가진다고 믿는다는 것이다. 물론 같은 민족에 또 하나의 누군가로 속한다는 것과 같은 가족의 구성원이 되는 것이 말 그대로 같을 수는 없다. 우리가 보았지만, 사실 민족이란 서로 얼굴을 맞대는 소규모 공동체가 아니다. 그럼에도 일부 이론가들은 많은 사람들이 동료 민족구성원들과 강하게 공유하는 일체감을 도덕적 의무의 토대로 삼는다. 예를 들면 야엘 타미르는 "동료를 돕는 우리의 의무는 동료의식의 공유에서부터 나온다"고 주장한다(Tamir 1993, 102). 그리고 데이비드 밀러의 주장에 따르면 "분배적 정의의 원칙들이……제한된 범위만 가진다는 것은 실제로 엄연한 사실이다. 그러나 그 범위의 한계는 상호 이익을 위한 협동적 실천이 이루어지는 경계에 의해서 정해지지 않는다. 그보다는 구성원들이 같은 공동체에 속하는 사람들이라고 서로를 인정해주는 공동체의 경계에 의해서 그 한계가 정해진다"(D. Miller 1998b, 278).

타미르와 밀러 같은 자유주의적 민족주의자들은 우리가 동료 민족구성원에게 가지는 특별한 도덕적 고려는 보편적 인권의 근본적 존중과 병존할 수 있으며, 따라서 일부 중요한 도덕적 의무들은 민족의 경계를 넘어 확장된다는 것을 기꺼이 인정한다. 밀러는 여기에 대해서 명쾌하다. "우리가 우리의 동료 민족구성원에게 지닌 의무들은 인류의 일원으로서 우리가 인류에게 지니는 의무들과는 다르고, 그것보다 아주 넓다. 그러나 인류의 일원으로서 우리가 인류에게 아무런 의무도 지지 않는다는 말은 아니다"(D. Miller 1995, 11). 밀러는 기본권 보호 같은 비교불가원칙 그리고 부와 자원의 불평등의 한계를 정하는 데에 관련된 원칙 같은 비교원칙을 구분했다. 이 구분을 통해서 그는 "정의의 비교원칙은 민족의 경계 내에서만 작동하는 반면, 비교불가원칙은 민족의 경계들을 초월하여 작동할 수도 있다"고 주장하게 되었다(D. Miller 1998a, 171). 보다 좁혀서 말하자면, "보통 말하는 국제적 불평등 그 자체는 전혀 정의에 어긋나지 않는다"는 것이다(p. 179). 평등주의적 원칙에 입각하여 보다 엄격한 분배의 정의를 요구하는 주장은 밀러가 보기에는 스스로를 같은 민족의 일부라고 보는 개인들 사이에서만 적용된다.

반면 강한 세계시민주의자들은 동료 민족구성원에게 이처럼 보다 온건한 우선권을 주는 것조차도 반대한다. 그들은 도덕적 견지에서 보자면 소속 민족이나 시민권에 관계없이 모든 인간은 평등하게 취급되어야 한다고 주장한다. 찰스 존스가 설명하듯이 세계시민주의의 관점은 "불편부당하고, 보편적이며, 개인주의적이고, 평등주의적"이다(C. Jones 1999, 15). 근본적인 도덕 수준에서 모든 개인들은 소속 민족과 관계없이 평등하게 취급되어야 한다는 것이다. 그러나 이 넓은 접근법 안에도 중요한 차이들이 있다. 예를 들면, 일부에서는 어느 민족의 구성원에게 우선권을 주는 것은 인종주의나 다를 바 없다고 주장하거나(Gomberg 1990), 그런 생각은 '그릇된 신념'의 표현이라고 논박하기도 한다(Keller 2005). 보다 극단적인 세계시민주의자들은 우리에게는 민족과 민족정체성을 모두 없애는 데에 나서야 할 의무가 있다고 주장한다. 민족정체성의 중요성을 축소시키는 계획의 일부로서 때때로 세계시민주의자들은 (앞에서 보았듯이 일부 현실주의자들조차) 세계국가의 창설을 주장하거나, 혹은 최소한 국제적 정치구조들의 힘을 늘려야 한다고 주장한다. 그러나 또다른 세계시민주의자들은 민족적 애착과 충성을 없애지 않고 국제적 정치제도들을 강화하는 방안을 지지한다. 이러한 주장들을 통합하는 한 가지 방법은 고딘이 제시한 효율성 논변이다. 이 논변에 따르면 우리는 동료 민족구성원에게 특별한 의무들을 가지고 있지만, 그와 같은 시스템이 세계시민주의적 가치체계의 전반적인 성취에 공헌한다면 그리고 공헌할 경우에만 타당하다. 보다 온건한 형태의 세계시민주의는 민족적 일체감은 그 자체로서 잘못은 아니며 도덕적 의무들의 원천이 될 가능성까지도 있지만, 동료 민족구성원에 대한 이와 같은 추가적인 의무들은 세계시민주의적 정의 원칙에 의해서 부과된 한계 내에서 머물러야 한다고 주장한다. 존스가 주장하듯이 "한 사람이 자기의 나라에 애국하고 충성하는 것은 도덕적으로 허용될 수 있으며 심지어는 필요한 것이지만, 그것이 불편부당한 정의의 요구를 절대로 짓밟을 수 없다"(C. Jones 1999, 134). 정의의 요구를 넘어서는 도덕적 의무들이 존재한다는 사실을 기억하는 것이 중요하다. 다양한 민족주의적 애착도 이러한 추가적인 도덕적 의무들 중 일부를 발생시킬 수 있지만, 민족주의적 애착은 그 어떤 정의 의무에도 (근본적) 원천은 아니라는 주장이다(Moellendorf 2002, 35).

정의의 의무의 토대를 민족정체성에 두려는 시도가 가지는 문제점을 살펴보는 것은 우리가 정의의 원칙을 정당화할 때에는 단일한 종교 혹은 단일한 포괄적 가치체계를 공유하지 않는 사려 깊은 사람들에게도 받아들여질 수 있는 논변을 제시해야 한다는 사실을 상기시킨다. 어떤 특정 종교의 진리에 의거한 정의의 원칙을 거부해야 하는 것과 마찬가지로, 우리는 개별 민족주의의 원리, 즉 어떤 특정한 개별 민족의 구성원에게 도덕적 관점으로부터의 특전이 주어져야 한다는 가정에 의거한 원칙 또한 거부해야 한다. 그러나 또 우리는 일반 민족주의의 원리, 즉 모든 사람은 자기의 민족에게 도덕적으로 더 무거운 일체감을 가진다는 가정에 입각한 정의의 원칙 역시 거부해야 한다. 일부 사람들은 자신의 민족정체성이 근본적이라고 여기지만 모든 사람들이 다 그런 것은 아니다. 일부 사람들은 자신의 종교적 혹은 직업적 혹은 인종적 혹은 정치적 일체감을 근본적이라고 여기겠지만, 다른 많은 사람들은 충돌이 벌어질 경우에 어떤 하나의 특별한 소속감이나 정체성이 다른 것들을 압도한다고 인정하기를 주저할 것이다. 일부 도덕적 의무들의 토대를 특정한 개별적 관계와 일체감 속에 둘 수도 있겠지만, 그렇게 되면 모든 사려 깊은 사람들 사이에 갈등을 조정하는 정의의 능력은 반드시 훼손되기 마련이기 때문에 정의의 원칙의 토대를 그런 방식으로 구할 수 없다 (Buchanan 1998).

나는 정의의 의무의 근거를 주관적인 일체감에 두려는 모든 시도는 실패할 것이라고 보는 점에서는 강한 세계시민주의자들과 같은 의견이다. 우리는 그 누구보다도 (보통 말하는) 동료 민족구성원에게 한층 강한 정의의 의무를 가지고 있지 않다. 그러나 강한 세계시민주의자들과 달리 나는 정의의 관점에서 보면 시민권, 즉 (민족이 아니라) 국가의 정치적 구성원으로서의 소속은 정의의 의무의 근본적인 차이를 만들 수 있다고 믿는다. 실제로 나는 지구적 수준에서는 비교불가원칙이 적용된다고 주장하는 데이비드 밀러의 의견을 추종한다. 그러나 평등주의적 원칙에 입각하여 부와 자원의 불평등의 한계를 정하는 정의의 비교원칙은 (밀러가 주장하는 대로)[4] 민족 내에서 적용되는 것이 아니라 국가 내에서 적용되는 것이라고 주장하려는 점에서는 밀러와 다르다. 나는 이 주장을 제6장과 제7장에서 옹호할 것이다. 그러나 정치제도의 공유가 정의의 의무에 어떤 차이를 만드는지 살펴보기 이전에, 우리는 모든 정치제도에 적용되는 기본적인 세계시민주의적인 정의의 의무를 확립해야 한다. 이어지는 두 개의 장에서 나는 기본인권을 설명하려고 한다.

---

4) 때때로 밀러는 민족정체성보다는 정치구조를 강조한다. 예를 들면 D. Miller 1998a, 179. 그러나 보다 일반적으로 밀러는 내가 지금까지 강조해왔던 주관적 일체감을 강조한다.

4

인권과 정의

제4장에서는 지구적 정의 이론에 활용하기 위해서 내가 다듬은 기본
인권 개념을 설명하고자 한다. 내가 여기에서 앞으로 다룰 핵심 인권
은 모든 사람에 의해서 존중받아야 하며, 이 생각은 모든 사람이 "인
종, 피부색, 성, 언어, 종교, 정치적 견해 또는 그밖의 견해, 출신 민
족 또는 사회적 출신의 높낮이, 재산의 많고 적음, 혈통이나 가문,
그밖의 지위 등에 따른 어떤 구분도 없이 이 선언에 나와 있는 모든
권리와 모든 자유를 누릴 자격이 있다"는 세계인권선언의 조항을 통
해서 모든 인류에게 인정받고 있다(United Nations 1948b, 제2조).
여기에서 제기되는 인권에 대한 설명은 지구적 정의론에서 인권이
담당하게 될 특수한 역할을 밝히려는 목적에서 만들어졌기 때문에,
그 내용이 보다 제한적이다. 또한 인권의 옹호 역시 다른 맥락과 다
른 목적에서 적절하게 이용될 논리와는 다를 것이다. 정의의 정치적
개념의 요구에 따라서 나는 권리에 기반을 둔 포괄적 윤리이론을 전
개하려는 시도는 일체 하지 않을 것이다. 축복을 받아야 마땅한 세계
인권선언조차—제5장에서 이 선언문이 제정된 역사를 살펴볼 것이
다—내가 제시하는 것보다 방대한 권리 항목을 담고 있다. 물론 세
계인권선언에 담긴 보다 세부적인 권리들 중에서 많은 것이 내가 만

든 기본인권 항목 아래에 들어가기는 하지만, 내가 여기에서 주장하는 인권 개념은 그보다는 폭과 내용이 좁을 것이다. 지구적 정의론에서 인권이 담당하는 역할이라는 제한된 목표에 맞춘 나의 논의는 정의의 그밖의 다른 역할에 관해서는 불가지론의 입장을 견지하겠다.

나는 앞으로 기본인권의 개념을 이렇게 이해할 것이다. 즉 어떤 것을 기본인권이라고 주장하는 것은 인권에 대한 일반적인(standard) 침해와 위협에 맞서 그 권리의 내용을 안전하게 보장해주는 높은 수준의 사회적 장치가 마련되어야 한다고 주장하는 것이다.[1] 우리의 기본적인 사회제도들은 우리의 기본인권의 내용—실질적인 내용—을 가능한 최대로 보호할 수 있도록 고안되어야 한다. 누가 보아도 분명하지만, 어떤 것을 기본인권이라고 주장하는 것은 도덕적 주장을 제기하는 것이다. 그러한 주장을 제기하는 것은 사회적 실천, 정책, 법률 혹은 제도를 평가하는 토대를 확립하는 전형적인 방식이기도 하다. 기본권이라고 부르는 어떤 권리들을 한 사회가 보호하지 못하거나 심지어 때로는 침해하기까지 한다고 해도 그 권리의 존재가 부정되지는 않는다. 오히려 한 사회가 어떤 권리를 적절하게 보호하지 않는다고 우리가 규정하면, 이 규정은 그 사회의 제도나 정책들을 강하게

---

1) 기술적으로(technically) 보자면, 권리의 내용을 누리는 것 그리고 권리 자체를 누리는 것, 즉 권리의 내용을 사회적으로 보호하는 것은 차이가 있다. 권리가 침해된다는 말에는 두 개의 의미가 있다. 하나는 권리의 내용이 실제로 부정되는 것이고, 다른 하나는 한 사회가 권리에 대한 일반적인 위협으로부터 권리를 적합하게 보호하지 못한다는 의미이다. 우리가 앞으로 보게 되겠지만, 한쪽 의미에서 보면 권리 침해에 해당하지만, 다른 쪽에서 보면 권리 침해에 해당되지 않는 것이 가능하다. 그러나 대부분의 경우에 우리는 권리를 사회적으로 적절하게 보호하지 못하기 때문에 권리의 내용이 부정되는 것을 권리 침해라고 가정할 것이다.

비난하는 토대가 되는 경우가 많다. 또한 기본인권이 침해받을 때 개인에게는 어떤 도덕적 요구가 부여되는가, 인권 침해라는 비난으로부터 어떤 결론을 도출한 것인가 하는 질문도 추가적으로 제기된다. 그러나 일차적으로 기본인권은 사회 그리고 그 사회를 지지하고 영향을 끼칠 수 있는 개인들에게 똑같은 내용의 강한 도덕적 의무를 발생시킨다. 즉 기본인권은 개인과 사회 모두에게 기본인권들을 보호하는 구조와 정책을 수립하라는 강한 도덕적 의무를 발생시키는 것이다. 대표적으로 기본인권은 한 사회 내에서 경합할 수도 있는 여러 가지 도덕적 고려들보다 우선권을 가진다.

로널드 드워킨은 정치에서는 권리가 "으뜸패(trump)"로 간주되어야 한다고 주장하면서 다른 어떤 고려 사항보다 권리의 보호에 우선권이 주어져야 한다는 점을 지적한다(Dworkin 1977, p. xi; 또한 Dworkin 1984 참조). 몇몇 경우에는 유용한 지적이기는 하지만 '으뜸패로서의 권리'라는 주장은 두 개의 오해를 불러오기 쉽다. 첫째, 으뜸패라는 주장은 권리가 절대적이라는 의미를 함축하고 있으며, 따라서 그 어떤 고려 사항도 권리의 침해를 정당화하는 데에 결코 충분할 수 없다는 의미를 내포하고 있다는 오해이다. 이것은 드워킨의 입장이 아니며, 모든 권리까지는 아니라고 해도 대부분의 권리에 대해서도 이런 식의 주장은 타당하지 않을 것이다. 드워킨에 따르면 권리를 규정짓는 것은 오직 다음과 같은 사실 때문이다. 즉 권리는 "어떤 정치적인 목적이 집단적인 목표 일반에 대해서 가지는 특정한 문턱 비중(threshold weight)*"을 가진다는 데에 그 특징이 있다는

---

* 드워킨이 말하는 권리는 개인이 국가에 요구할 수 있고 또 국가는 보장할 의무가 있다는 의미에서 개인의 국가에 대한 권리이다. 권리가 '정치적 으뜸패'라

것이다. "예를 들면, 정치의 일상적인 목표를 수행한다는 근거에서 무시되는 것이 아니라 오직 특별한 긴급 목적에 의해서만 무시될 수 있다면" 권리로 부를 수 있다는 것이다(Dworkin 1977, 92). 이런 주장은 권리에는 얼마만큼의 무게가 주어져야 하는가의 문제를 미해결 상태로 남겨두지만, 드워킨은 권리가 모든 다른 고려 사항에 대해서 반드시 절대적인 것은 아니라고 분명하게 주장한다. "권리들은 또한 덜 절대적일 수도 있다. 어떤 원칙은 다른 원칙에 양보해야 할지도 모르고 심지어 개별 사실들에 따라서 그것과 경쟁하는 긴급한 정책에도 양보해야 할 수도 있다"는 것이다(같은 책).

둘째 오해도 이것과 연결되어 있다. 인권은 그밖의 보다 일상적인 고려 사항과는 달리 형이상학적으로 독특한 성격을 가진다거나 혹은 근본적인 위상을 가진다고 가정되기 때문에, 인권이 거론되면 더 이상 토론의 여지는 없다고 상정하는 경우가 가끔씩 나온다(Ignatieff 2001). 드워킨은 자신의 논리를 전개하면서, "권리는 어떤 특별한 형이상학적인 특징을 가진다고 가정하지 않는다"는 점에서 자신의 주장은 경쟁 논리들과 다르다고 말한다(Dworkin 1977, p. xi). 우리에게 중요한 사항은 우리가 어떤 것을 기본인권이라고 부를 때에는 그러한 주장을 옹호할 수 있어야 한다는 것이다. 우리가 내세우는 옹호의 논리는 도전을 불러오게 되고 토론의 대상이 된다. 우리는 왜 유

는 주장은 개인의 권리와 전체의 이익이 충돌할 때 권리가 그 이익을 누를 수 있다는 것을 의미한다. 그러나 국가적 재앙을 피하거나 전체의 큰 이익을 위해서는 개인의 권리가 무시될 수 있다. 드워킨에 따르면 권리를 무시하려면 전체의 이익이 권리를 무시할 수 있을 정도의 '문턱'을 넘어서야 하는데, 전체 이익이 권리의 중요성을 누를 수 있을 정도의 '비중'을 가질 때, 즉 오직 특별히 긴급한 목적에 의해서만 권리가 무시될 수 있다고 말한다.

독 몇몇 가치들에는 대단히 높은 수준의 사회적 보호가 필요한지 그 이유를 설명해야 한다. 또한 만일 권리라고 (주장되는) 두 권리가 갈등을 일으킨다고 해서 이것이 꼭 도덕적 교착상태로 귀착될 필요는 없다. 그러한 갈등이 벌어지면 우리는 각자 옹호하는 권리의 근거를 명확하게 제시함으로써 각 주장의 상대적인 장점이 평가될 수 있도록 해야 한다.

기본인권을 높은 수준으로 보호하기 위해서 사회적 제도와 정책들이 고안되어야 하지만, 기본인권의 보호가 절대적일 수는 없다. "어느 누구라도 권리가 박탈당하기 불가능하거나, 혹은 그 어느 누구도 권리를 결코 박탈당한 적이 없는 경우에만 권리가 완전히 실현되어왔다고 볼 수 있다"는 주장은 "황당한 기준"일 것이라고 지적하며, "어떤 납득할 만한 수준에서 권리를 보장하느냐에 기준을 둘 수밖에 없다는" 헨리 슈의 지적은 옳다(Shue 1996, 17; 또한 Scanlon 2003, 116 참조). 이 정도 수준의 사회적 보호가 성취되면 그 권리는 안전하게 확보되는 것이다. 예를 들면, 살해당하지 않을 권리는 분명히 정부에게 스스로 살인에 가담하지 않을 것을 요구한다. 또한 정부에 개인들이 살인을 저지르지 못하도록 적절한 조치를 취할 것을 요구한다. 그런데 이러한 조치들이 취해질 경우, 비록 소수의 무작위적인 폭력 행위가 계속 일어난다고 해도, 그 권리는 모든 사람들에게 안전하게 보장되는 것이다(Pogge 2002, 38). 역으로 말하자면 권리 보장이 충분히 이루어지지 않을 경우, 운 좋게도 권리의 내용이 침해받지 않는다고 해도, 권리는 안전하게 확보되지 않는다. 무엇을 충분한 보장으로 볼 것인가 하는 문제의 답은 개별 사회에서 위협의 성격이 무엇인지, 그것이 얼마나 만연하는지에 달려 있을 것이다. 법률 제정이 기본권 보호에 핵심 장치인 경우가 종종 있지만, 그것은 충분조건도 필요조건도 아니다. 예컨대 살인을 막는 법을 제정한다고 해도 그 법이 효과적으로 집행되지 않으면 적절한 조치가 마련된 것이 아니다.

어떤 것이 기본인권이라는 주장에는 그 권리의 실질적인 내용을 누리는 것이 옳다는 주장을 뛰어넘는 훨씬 더 많은 요구가 내포되어 있다. 거기에는 도덕적 요구, 특히 한 사회에서 일상적으로 존재하는 권리 침해의 위험에 맞서 높은 수준의 사회적 보호를 마련하라는 요구가 내포되어 있다. 기본인권이 존재하게 되면 모든 다른 개인들에게 그 권리의 내용을 존중하라는 의무가 만들어진다. 예컨대 살해당하지 않을 권리는 모든 개인에게 살인을 저지르지 말라는 의무를 발생시킨다. 그러나 여기에서 우리의 초점은 이렇게 직접적으로 발생되는 개인적인 의무가 아니라 사회제도들에 의해서 매개되는 의무들에 있다. 사회제도들만이, 특히 취약 계층에게 권리의 적절한 보호를 제공할 수 있다(Shue 1996, 16). 따라서 포기가 지적하듯이 "우리는 인권을 일차적으로는 강제적인 사회제도들에 관해서 제기되는 당연한 요구로, 이차적으로는 그러한 제도들을 지탱하는 사람들에게 맞서는 당연한 요구로 인식해야 한다"(Pogge 2002, 44-45). 이런 방식의 기본인권 이해에는 한 가지 의미가 함축되어 있다. 즉 기본인권은 개인이 사회 밖에서 혹은 자연상태에서 가지는 권리들로 이해되는 자연권 개념과 일치할 수도 일치하지 않을 수도 있다는 것이다.

기본인권의 존재는 인권과 관련된 사회제도들에 영향을 끼칠 수 있는 위치에 있는 모든 사람에게 의무를 부과하지만, 그렇다고 이 의무가 모든 사람에게 똑같이 요구되지는 않는다. 앨런 뷰캐넌은 기본권 개념을 그가 '정의의 자연적 의무(Natural Duty of Justice)'라고 부르는 것과 다음과 같은 방식으로 연결시킨다. 즉 "우리가 어떤 제도에 속해 있고 어떤 신념을 가지고 있는가에 상관없이, 우리 각자는 모든 사람이 자신의 기본권을 보호해주는 제도에 반드시 접근할 수 있도록 도와야 할 제한적인 도덕적 의무를 가지고 있다"는 것이다(Buchanan 2004, 12). 이러한 정의의 의무는 기본인권을 안전하게 지키는 제도들을 창설하고 유지하는 데에 도움을 줄 수 있는 일을 할 것을 우리에게 요구한다. 일반적으로, 이런 일을 하는 우리의 능력은 우리 자신들이 속해 있는 개별 사회에서 가장 크게 발휘될 것이다. 그러나 자신의 기본인권을 확보하려는 어느 누구에게라도 도움을 베풀 능력을 우리가 가지고 있다면 그리고 큰 희생을 치르지 않고서도 이런 일을 할 수 있다면, 우리는 그렇게 해야 할 의무가 있다. 이 의무의 강도, 의무 실행에 필요한 희생의 범위는 개별 사례마다, 각 사례에 수반된 여러 부수적인 특징에 따라서 달라질 것이다.

사회제도는 인간의 창작품이다. 롤스의 말과 같이 "사회체계는 인간의 통제를 벗어난 불변의 질서가 아니라 인간 행위의 패턴이다"(Rawls 1999a, 88; Buchanan 2004, 75 참조). 사회제도는 인간 행위의 산물이기 때문에 우리는 어떤 제도가 정의로운지, 정의롭지 않은지, 만일 정의로워야 한다면 그 제도는 어떻게 바뀌어야 하는지 물어볼 수 있다. 우리 모두는 사회제도들이 정의롭고 또한 기본인권을 적절하게 보호하도록 지키는 책임을 개인적으로도, 집단적으로도 가지고 있다. 그 어떤 특정 개인도 혼자서 사회제도를 완전히 통제하지 못하고, 현재의 제도 외에는 아무런 현실적인 대안도 알지 못하는 참여자들의 묵인 속에서 정의롭지 못한 제도들이 지속될 수도 있기 때문에, 제도에 대한 책임은 넓게 확산되어 있는 것이 일반적이다. 물론 다른 사람들도 정의롭지 못한 특정 제도의 존속과 형성에 어느 정도의 책임을 가지고 있을 수도 있다. 또한 다른 조건들이 동일하다면, 과도한 추가 비용 없이 정의로운 제도의 설립에 도움을 줄 수 있는 사람은, 그렇게 하려면 상당한 희생이 필요한 사람들에 비해서 그 제도의 설립에 더 큰 의무가 있다. 마찬가지로 다른 조건들이 동일하다면, 정의롭지 못한 제도를 적극적으로 설립하거나 지탱하는 사람들은 그 제도를 수동적으로 받아들인 사람들보다 제도를 바꾸는 데에 더 큰 책임이 있다.

이러한 대조법은 적극적 의무(positive duty)와 소극적 의무(negative duty)의 차이로 묘사되는 경우가 있다. 소극적 의무는 한 개인으로 하여금 어떤 행동을 하지 못하도록 금지하는 반면, 적극적 의무는 어떤 행동이 실행될 것을 요구한다. 용납될 수 없는 어떤 것을 누군가 적극적으로 실행할 경우, 그 사람은 소극적 의무를 위반하게 된다. 이와 달리 자신에게 요구되는 어떤 활동에 적극적으로 관여하지 않거나 아무 일도 하지 않을 경우, 그 사람은 적극적 의무를 위반하는 것으로 볼 수 있다. 무엇인가 나쁜 행동(예컨대 살인)을 적극적으로 하는 것은, 그에 상응하는 소극적 행동을 못하는 것보다 더 나쁘다는 생각이 일반적으로 널리 퍼져 있다. 예컨대 살인의 희생자를 구함으로써 살인을 막지 못하는 것보다는 살인이 더 나쁘다는 것이며, 따라서 소극적 의무의 위반이 그에 상응하는 적극적 의무의 위반보다 훨씬 더 나쁘다는 견해가 널리 받아들여지고 있다. 나는 이러한 일반적인 믿음의 배후에 있는 직관적인 감각에는 이의를 제기하고 싶지 않지만, 행동이 사회제도의 매개를 통해서 이루어지는 경우, 소극적 의무와 적극적 의무의 선명한 구분이 부적절한 경우가 종종 생긴다는 점을 간단히 살펴보고자 한다.

제도적인 책임에 관련된 복잡한 문제의 일부를 이해하기 위해서 기본인권이 부정되는 다음의 네 가지 경우를 살펴보자(Pogge 2002, 41-42 참조). 첫째, 살인과 고문을 통해서 조직적으로 자신의 주민들을 공포에 떨게 만드는 전체주의 국가가 한쪽 극단에 있다. 그러한 정책을 명령하고 실행하는 정부 공직자들은 극도로 비도덕적인 행위에 적극 개입하고 있음이 확실하다. 그들은 강한 적극적 의무를 위반하고 있다. 이 정책을 일선에서 실행하는 군인들도 도덕적 비난은 함께 받지만, 주된 책임은 그 정책을 고안하고 명령을 내린 정치적, 군사적 지도자들에게 있다. 이와 대조적으로 그런 사회의 시민들은 이와 같은 위반에 책임이 거의 없을 수 있다. 그 시민들도 기본적으로는 희생자이고 여기에 저항할 기회는 아예 없는 것이나 마찬가지일 수 있기 때문이다. 둘째 사례를 보자. 정부 자체는 그와 같은 행위를 저지르지는 않지만 비공식적인 암살단들(private death squads)이 아무 방해도 받지 않고 그런 일들을 처리할 수 있도록 허용하는 사회이다. 아마 그 사회들에는 그와 같은 행동을 금지하는 법률이 법전에 기록되어 있겠지만, 그러한 법률이 위배되어도 정부의 공직자들은 못 본 척한다. 이 경우, 정부의 공직자들에게는 적극적 의무의 위반과 일부 공통된 특징을 가지는 도덕적 실패의 책임이 주어진다. 공직자들 스스로는 살인과 고문을 저지르지는 않고 있다. 단지 심각한 침해를 막는 데에 필요한 적극적 조치, 예를 들면 법률 집행을 이행하지 않고 있을 뿐이다. 그렇지만 정부가 충분한 수준의 보호를 보장하지 못하고 있기 때문에 정부의 공직자들은 인권 위반에 부분적인 책임을 진다고 말하는 것이 적절하다. 셋째 경우는 암살단들이 제멋대로 살인과 고문을 저지르면서 주민을 공포에 떨게 하는 사회이다. 정부는 이러한 위협을 근절하는 데에 온 힘을 기울이지만 암살단들은 자금줄이 든든하고, 이들을 막기에 필요한 자원이 정부에게는 없다. 암살단들의 무법천지와 같은 행동을 막으려는 싸움에서 시민의 전폭적인 지지를 받고는 있지만, 정부는 그들의 위협을 막는 능력이 크게 결여되어 있다. 나의 생각으로는, 여기에서도 사회구조가 시민을 적절히 보호하지 못하고 있기 때문에, 이 사회는 인권 침해의 사례에 해당한다고 지적하고 싶은 사람들이 있을 것이다. 그러나 이 경우 침해의 책임은 전적으로 암살단들에게만 돌아간다. 정부 공직자들이 인권 침해를 막기 위해서 할 수 있는 모든 일을 실행하고 있다면, 인권의 안전한 확보에 대부분 실패했다고 하더라도 정부가 비난을 받아서는 안 된다. 이 경우에는 위협의 근원이 다르다는 점에 주목하자. 첫 번째 사례에서는 정부가 의도적이고 계획적으로 개인을 목표로 삼은 반면, 세 번째 경우에서는 비록 제대로 못하고는 있지만 정부가 시민을 보호하려고 한다. 앞으로 보겠지만 기본인권의 보호를 돕고자 하는 외국인들은 이러한 차이를 세심하게 살펴야 한다. 첫 번째 사례에는 압력이 적절할 수 있지만, 세 번째 사례는 도움을 필요로 한다.

마지막 사례를 보자. 정부는 자유롭고 민주적인 선거를 통해서 선출되어 사회 구성원 다수에게 완전히 책임을 다한다. 그런데 이 사회에서는 특정 지역에 인종적 소수가 거주하고, 비공식적인 암살단들이 그 지역에서 소수민족을 목표로 삼아 아무 처벌도 받지 않고 활동한다. 정부는 폭력집단을 단호하게 탄압하는 행동을 취할 수 있지만, 인구의 다수는 소수민족이 대부분 특정 지역에 국한되어 있기 때문에 폭력집단을 탄압하는 것은 우선 사항이 아니라고 믿는다. 인구의 다수가 암살단들을 적극적으로 후원하지는 않는다. 암살단은 대부분의 사람들에게는 중요한 관심사로 인식되지 않을 뿐이며, 정부 역시 이러한 다수의 무관심을 반영하여 별다른 행동을 취하지 않는다. 사회의 기본 구조가 다른 무엇보다도 기본인권을 효율적으로 보호하지 않고 있기 때문에 이 경우 역시 인권 침해의 사례에 속한다. 이 사례에서는 인권 침해의 책임이 암살단들과 정부의 공직자에게 주어질 뿐만 아니라 인구 전체에게도 공유된다. 내가 보기에 이 사례에서는 소극적 의무와 적극적 의무의 전통적 구분이 적합하지 않다. 한편에서, 일반 시민은 분명히 살인에 가담하지 않았다. 실제로도 정부의 공직자들은 그러한 명령을 내리지 않았다. 앞에서 든 두 번째 사례와 마찬가지로 여기에서도 일반적으로 정부의 공직자와 시민은 폭력이 일어나는 것을 허용하고 있었을 뿐이며, 바로 이것이 단순히 적극적 의무의 위반처럼 보이게 만든다. 여기에서 적극적 의무의 위반이란 인권 침해를 막지 못했음을 뜻한다. 다른 한편, 사회구조 자체는 그 영역 안에서 강제적으로 부과되고 있다. 사회구조는 강제적으로 부과되기 때문에 그리고 사회구조가 기본인권을 적절하게 보호하지 못하기 때문에, 그 사회구조는 정의롭지 못하다. 이것은 소극적 의무의 위반에 훨씬 가깝게 보이도록 만든다. 다시 말하면 이렇다. 이 시민들의 도덕적 위반은 소극적 의무와 일부 특징을 공유하며, 또한 적극적 의무와도 일부 특징을 공유한다. 시민들이 지지하는 부적절한 사회구조와 정부정책은 모든 시민에게 강제적으로 부과되고 있다는 점에서 그것은 소극적 의무와 일부 특징을 공유한다. 시민과 그들의 정부는 폭력이 일어나는 것을 허용하고 있을 뿐이라는 점에서 적극적 의무와도 일부 특징을 공유한다. 이처럼 복잡한 사례를 적극적 혹은 소극적 의무 중에서 어느 하나에 억지로 귀속시킬 근거는 없다. 여기서 본질적인 쟁점은 소극적 혹은 적극적 위반의 분류가 아니라, 개인과 집단이 인권 침해를 막도록 행동해야 할 이유들의 무게를 평가하는 것이다. 이것은 (강제적으로 부과된 사회제도들을 통해서 매개되는 책임도 포함하여) 인권 침해를 초래한 책임의 정도, 이 침해를 막기 위해서 필요한 희생의 정도에 달려 있다.

기본인권을 이렇게 이해했으니까, 이제부터 우리는 그 내용을 논할 수 있다. 기본인권의 내용을 알아내기 위해서 우리는 "이익들 (interests)은 인간의 풍요한 삶에 아주 중요하기 때문에 가장 기본적인 제도들이 그 이익들을 보호할 수 있도록 고안되어야 한다"는 뷰캐넌의 지적을 상기하고, 어떤 이익이 과연 그것에 속하는지 결정해야 한다(Buchanan 2004, 66). 우리는 지구적 정의가 요구하는 것이 무엇인지 결정하기 위해서 인권 개념을 사용할 것이기 때문에 우리의 논변은 그 어떤 특정한 포괄적인 윤리적 교리 혹은 종교적 교리에 기반을 두어서는 안 된다. 또한 그 논변은 인간의 풍요로운 삶에 관한 그 어떤 특정 관념에 기대서도 일체 안 된다. 이러한 근본적인 사안에 관해서 견해가 대단히 다른 사람들로부터 자유로운 지지를 끌어낼 수 있어야 한다. 무슬림의 관점에서 인권의 옹호자인 압둘라이 아흐메드 안나임은 이렇게 주장한다.

국제적인 인권 기준이 그 자체의 합리적인 근거와 일관되는 방식으로 이행되도록 하려면, 인민(이 기준을 이행하게 되는 인민)은 인권 개념과 인권의 내용을 자기 스스로의 것으로 여길 수 있어야 한다. 인권 기준을 실행하는 데에 인민이 진정으로 헌신하려면, 인민은 이 기준을 외부에서부터 자신에게 부과된 것이 아니라 자신의 세계관과 가치관에서 나온 것으로 받아들여야 한다(An-Na'Im 1992, 431).

인권이 인민의 광범위한 도덕적, 문화적 관점과 병존할 수 있어야 한다고 지적한 점에서 안나임은 옳다. 그러나 다양한 문화와 도덕이 존재하는 상황에서 권리를 그 어떤 단일한 포괄적 교리에 의거하여 정당화할 수는 없다. 단일의 궁극적인 토대에 인권을 결부시키면 그와 또다른 포괄적 교리를 지지하는 사람들에게 권리를 정당화하는 가능성을 훼손시키게 될 것이다. 세계인권선언의 작성 과정의 일환으로 유네스코(국제연합 교육과학문화기구)는 서로 다른 많은 문화적, 종교적, 지적 전통에서 인권이 어떻게 이해되고 고려되는지 조사했다(세계인권선언은 제5장에서 다룰 예정이다). 이와 관련된 많은 사실들을 기록한 책에서 자크 마리탱은 다음과 같은 이야기를 들려준다. "각국 유네스코 위원회의 대표들이 모인 회의들 중에서 있었던 일이다. 격렬하게 대립하는 이데올로기의 챔피언들이 인권 목록에 합의했다는 사실에 어떤 사람이 큰 놀라움을 표현했다. 그러자 그들은 이렇게 말했다. '물론이죠. 우리는 권리에는 동의했죠. 단 그 이유에 대해서 누구도 묻지 않는다는 조건에서요'"(Maritain 1949, 9). 이것은 잭 도널리가 롤스의 용어를 빌려 "국제인권의 상호중첩적 합의(overlapping consensus on international human rights)"라고

부르는 것이 존재하고 있음을 보여주는 훌륭한 사례이다(Donnelly 2003, 40).[2]

모든 분별력 있는 포괄적 교리들이 공통으로 지적하는 풍요로운 삶의 몇몇 특징을 찾아내는 작업도 문화와 종교를 달리하는 사람들에게 인권이 정당화될 수 있도록 만드는 한 가지 전략이 될 수 있다. 또다른 대안 전략은 모든 분별력 있는 교리들이 인간의 삶을 훼손시키는 잘못된 것이라고 공통적으로 지적하는 요소들을 찾아내는 작업이며, 나는 이것이 보다 유망한 전략이라고 믿는다. 마이클 이그나티에프가 지적하듯이 "서로 다른 문화적 배경을 가진 인민들은 선이 무엇인가 하는 문제에는 의견이 계속 일치하지 않을 수 있지만, 그럼에도 불구하고 참을 수 없을 정도로 논란의 여지 없이 나쁜 것이 무엇인가에 대해서는 동의한다"(Ignatieff 2001, 4; 또한 다음의 문헌 참조. Buchanan 2004, 128; Hampshire 1989, 90). 이러한 접근법을 따라서 나도 다음과 같은 기본인권의 항목을 제시한다.

1. 신체적인 안전과 관련된 권리들. 여기에는 살해당하거나 고문당하거나 노예가 되지 않을 권리 그리고 신체를 보전할 권리가 포함된다.
2. 법치와 정당한 법절차의 기본권들. 자의적인 구금이나 체포의 금지, 범죄로 기소되었을 경우에 공정한 발언의 기회를 보장받을 권리, 법 앞에서의 형식적인 평등이 여기에 포함된다.
3. 정치참여의 권리. 즉 자신에게 적용되는 법률의 제정에 직접적으

---

2) 롤스의 상호중첩적 합의라는 생각은 정의의 상세한 개념에 대한 합의를 지칭하지 단순히 인권에만 관련된 것은 아니다(Rawls 1996, 133-172).

로 혹은 대표를 선출함으로써 간접적으로 참여하는 권리를 말한다. 여기에는 또한 자유로운 (정치적) 발언과 결사의 권리가 수반된다.

4. 양심, 표현, 결사의 기본적 자유. 여기에는 (만일 선택한다면) 자신이 선택한 예배를 할 자유, 소속된 종교를 바꿀 권리, 적어도 최소한의 (자기 언어로 표현되는) 언론의 자유, 결혼을 포함하여 사적으로 그리고 정치적으로 평화적인 결사를 형성할 자유, 이주(移住)의 자유가 수반된다.[3]

5. 최소한 적절한 몫의 자원을 확보할 권리. 여기에는 개인적인 소유를 통제하는 능력, 적절하게 영양분이 높은 식품, 깨끗한 물, 기본적인 의료 서비스를 확보할 권리가 포함된다.

6. 기본 교육의 권리. 정보에 대한 자유로운 접근과 글을 이해할 수 있는 능력이 여기에 포함된다.

인간의 풍요로운 삶의 구체적인 내용에 대해서 저마다 어떤 생각을 가지고 있든지 간에, 이것들 중에서 어느 하나라도 거부되면 만족스러운 삶을 영위할 수 있는 전망은 (최소한이라도) 상당히 훼손될 것이다.

이것들 각각의 내용을 보다 상세히 검토하기 전에, 이러한 권리들이 필요로 하는 사회적 보호의 정확한 수준은 상황에 따라서 달라질 것임을 강조하고자 한다. 이 권리들의 내용을 침해하는 위협은 상황에 따라서 저마다 다르고, 또한 각 사회가 이 권리들을 보호하는 데

---

3) 내가 여기에서 서술한 내용은 롤스가 이해하는 양심의 자유보다는 더 포괄적이다(Beitz 2004, 203 참조).

에 사용할 수 있는 자원도 모두 다르기 때문이다. 예를 들면, 다섯 번째 기본인권을 적절하게 보호하기 위해서 한 사회가 제공해야 하는 의료 서비스의 범위와 성격은 여러 요소들에 따라서 달라지는데, 그중에서도 그 사회의 부(富), 시민의 건강을 위협하는 일상적인 질병의 종류, 그 사회가 이용할 수 있는 기술의 수준 등이 중요한 요소로 꼽힐 수 있다. 모든 상황에서 이러한 권리들의 내용을 보호하는 데에 어떤 단일한 제도적 구조가 최선의 것인가를 미리 추정하기는 불가능하다. 마이클 프리먼은 다음과 같이 서술하면서 이러한 논점을 강조한다. "인권 원칙은 추상적이고 일반적이지만, 항상 복합적인 특정 상황 속에서 실행되어야 한다.……따라서 인권의 실행은 국제협약이나 국제헌장으로부터 직접 도출될 수 없으며, 현지의 문화를 포함하여 개별 현지 상황에 대한 판단을 통해서 매개되어야 한다"(Freeman 2002, 109). 현지의 정치제도에 이러한 상세한 내용 규정과 적용을 맡기는 것이 타당한 경우가 많지만, 그렇다고 그들의 판단이 반드시 확실하다고 인정되는 것은 아니고 그렇게 되어서도 안 된다(Freeman 2002, 109; Buchanan 2004, 180-190).

첫 번째 신체적 안전의 권리에 관해서는 별다른 설명이 필요하지 않다고 생각한다. 사람들이 각자 어떤 특정한 종교 혹은 포괄적 윤리교리를 지지하고, 좋은 삶에 관한 견해가 저마다 다르다고 해도 살인, 고문, 노예화, 성폭력은 매우 심각한 피해라는 사실은 누가 보아도 명백하다. 더 나아가 이러한 위협들로부터 적절하게 보호하지 못해주는 사회 안에서의 삶은 그 자체가 좋은 삶을 영위하는 데에 심각한 장애물이다. 예를 들면, 직접 성폭력을 당하지 않을지라도 한 여성이 그러한 위협으로부터 보호받지 못한다는 사실은 그녀를 취약하게 만들고, 또다른 방식으로도 위협, 강요, 학대받기 쉽게 만든다. 정부 자신이 그와 같은 인권 침해에 적극 관여하지 않는 것으로는 충분하지 않다는 것은 누가 보아도 명백하다. 정부는 이러한 침해 행위에 다른 사람들이 관여하지 못하도록 단계적인 조치를 적극적으로 취해야 하고, 그렇게 함으로써 그러한 조치를 내리지 않을 경우에 예상되는 위협으로부터 시민을 보호해야 한다. 헨리 슈는 이렇게 지적한다. "신체적 안전의 요구는 단순히 혼자 내버려두라는 요구가 아니라 피해로부터 보호받으려는 요구이다. 그것은 적극적 행위에 대한 요구, 혹은 우리가 처음에 설명했던 인권의 용어로 표현하자면, 최소한 그 사회의 일반적인 위협으로부터 사회적 보장을 요구하는 것이다"(Shue 1996, 38-39). 법률이 그러한 침해에 맞서는 유용한 도구인 경우가 많지만, 우리가 보았듯이 법을 집행하고 인권 침해를 막는 데는 자원이 동원되어야 하기 때문에 법률 그 자체만으로는 충분하지 않다.

법률 집행을 위한 권력 동원은 그 자체가 위험을 내포하고 있으며, 그 권력의 사용을 떠맡은 사람에게는 분명하고도 실질적인 제도적 제약이 있어야 한다. 이러한 제약들의 가장 기본적인 요소를 포착하는 것이 법치의 이상이다. 국가의 이름으로 체포 및 처벌의 권한을 부여받은 공직자들은 공정하고 편견 없이 집행되는 공공 법률의 기초 위에서만 그와 같은 행동을 해야 한다. 이것을 보장하는 구체적인 제도적 장치들은 저마다 다를 수 있지만, 법 앞에서의 형식적 평등과 정당한 법절차의 기본 권리들은 확보되어야 한다. 공직자들이 자의적으로 체포 혹은 처벌을 부과할 수 있는 반면 당사자는 호소할 곳이 전혀 없다면, 이 사회는 법치체계가 아니라, 바로 그와 같은 권력 남용으로부터 보호받고자 하는 인민을 권력 앞에 취약한 상태로 방치하는, 정당하지 못한 권력체계를 가지고 있는 것이다. 다행스럽게도 공직자들이 우연히 전반적으로 자비롭기 때문에 인민의 권리가 침해받지 않는 경우라고 하더라도 이 사회가 기본권을 보호하지 못한다는 사실은 변함이 없다. 인민이 자기 지도자의 변덕에 의존한다는 사실은 인민을 권리 침해 앞에 노출시킨다는 것을 의미하며, 설사 그와 같은 권리의 내용이 침해되지 않는 경우에서조차도 인민의 기본인권이 보호받고 있다고는 평가될 수 없다. 슈는 이렇게 지적한다. "이상적으로 계몽된 전제자 아래 있는 인민은 자신의 기본권들을 계속 누리는 데에 필요한 무엇인가를 가지지 못하고 있다.……그들에게는 기본인권의 향유와 상관관계를 가지는 의무들, 그중에서도 특히 기본권 보호를 위해서 꼭 필요한 한 가지 필수적인 의무를 이행할 것을 정부에 권리로서 요구할 수 있는 사회제도가 결여되어 있다. 정부가 점점 덜 계몽되고 덜 자비로워질 경우 정부 자체에 의한 권리 박탈로부터 인민을 보호하는 의무가 이곳의 정부에는 없는 것이다"(Shue 1996, 76).

이와 똑같은 논변이 정치참여의 기본권을 지지하는 바탕이 된다. 권력 남용의 심각한 위험성을 만드는 것은 법의 적용과 집행만이 아니다. 법이 제정되는 절차 역시 타락할 수 있기 때문에 그 법률의 적용 대상이 되는 인민이 법률 제정에 영향을 끼칠 수 있도록 허용하는 제도적 메커니즘이 반드시 존재해야 한다. 나는 아래에서 이 메커니즘은 정당한 정치질서와 정당한 법률의 필수적인 요구 사항이라는 점을 논하겠다. 누가 보아도 분명한 한 가지 메커니즘은 '1인 1표' 원칙에 기반을 둔 민주적 입법이다. 그러나 우리가 보게 되겠지만, 이것이 유일한 가능성은 아니다. 그 메커니즘의 구체적 형태가 무엇이든지간에, 그것은 개인들로 하여금 법률과 정책에 관한 자신들의 판단을 형성하고 표명할 수 있도록 허용해야 하며, 여기에는 언론의 자유, 적어도 정치적 발언의 자유를 보장하는 방책들이 필요하다. 더 나아가 정부의 공직자들은 그러한 도전을 진지하게 받아들이고 자신들이 이해하는 일반 선(general good)의 관점에서 작성된 공적인(public) 답변을 보낼 의무를 가지고 있다. 이러한 요구 조건들이 충족되지 않으면, 법률 제정자의 권력에 대한 충분한 견제는 존재하지 못하게 되는 것이다. 그리고 그러한 제약이 없으면 제도적 구조는 다른 기본 권리들의 내용이 앞으로 보호받게 될 충분한 보장책을 제공하지 못한다. 다시 말하지만, 정치참여의 권리가 없는 모든 사회는 고문과 살인이 일상적으로 벌어지는 독재정치로 필연적으로 떨어질 것이라는 뜻은 아니다. 그러나 우리가 지금까지 보았듯이 권리의 존중에는 권리 침해를 방지하는 적절한 구조적인 보호 장치를 사회가 제공하는 것이 필요하며, 지도자가 자비로운 정치를 펼치기는 하지만 정치참여를 허용하지 않는 온정주의적인 사회는 지도자의 자의적 재량에 지나칠 정도로 크게 의존하게 된다. 그러한 사회에서는 기본인권의 내용이 일시적으로 침해받지 않는 경우에서조차도 기본인권은 적절하게 보호받지 못하는 것이다.

정치참여의 권리를 인권 보호의 수단으로서 정당화하는 주장이 정치적 삶의 본질적인 가치를 깎아내리는 것으로 받아들여져서는 안 된다. 일부는 인간의 삶이 꽃을 피우려면 자기 공동체의 정치 생활에 대한 개인의 적극적인 참여가 필요하다고 주장하지만, 다른 사람들은 여기에 동의하지 않을 것이다. 나는 이 문제에 대해서는 불가지론을 고수하겠지만, 삶의 모든 방식에서 보호를 확보하기 위해서는 정치참여의 권리가 필수적이라고 주장하겠다. 정치참여의 인권이 존재한다고 말하는 것은 참여의 의무가 있음을 암시하지는 않는다. 슈는 이 점을 잘 정리했다. "내가 행동의 자유의 권리를 가지고 있다는 것은 어떤 사안에 대해서, 내가 원하지도 않는데 계속 행동해야 한다거나, 혹은 조금이라도 행동해야 한다는 뜻은 아니다"(Shue 1996, 73). 마지막으로, 이 설명은 단순히 형식적인 정치참여의 권리 이상의 것이 필요하다는 의미를 함축하고 있다. 한 사회의 정치적 결정에 참여하고 영향을 끼칠 수 있는 진정한 기회와 능력이 존재해야 한다. 이 권리를 침해하는 것은 참여 권리의 배제만이 아니다. 한 개인이 투표소에 도착할 수 없게 되거나 혹은 일단 들어가서도 후보자의 이름을 읽을 수 없다면, 그 사람의 정치참여의 권리는 효과적으로 확보되고 있지 못한 것이다.

내가 이 맥락에서 설명하는 양심의 자유는 광범위하게 이해되어야 한다. 양심의 자유는 전통적인 종교의 신자가 되는 것과 그 예배 의식뿐만 아니라 그들이 진지하게 지키는 광범위한 교리와 실천도 보호해야 한다. 보호의 범위가 넓기는 하지만 보호의 정도는 자유주의적인 국내적 정의의 원칙이 요구하는 것만큼 강할 필요는 없다. 예를 들면, 최악의 형태의 종교적 박해는 배제되지만, 그렇다고 기본인권이 모든 형태의 차별을 배제하는 것은 아니다. 심지어 공식적인 차별조차 배제되지는 않는다. 공직자가 종교적인 이유에서 높은 정치적 권위의 위치로 올라서지 못한다고 하면, 이것은 자유주의적인 국내 정의의 원칙에 비추면 정의롭지 않을 수 있어도, 그 어떤 기본인권도 일체 침해하지 않을 것이다. 그와 같은 차별은 비록 정의롭지는 못하지만 (아주 특별한 상황을 제외한다면) 삶을 훼손시킬 것 같은 수준으로까지 올라오지는 않는다는 단순한 이유 때문에 그렇다. 뷰캐넌이 지적하듯이 "품위 있는 인간의 삶이라는 개념은 인간이 엄격히 평등하게 대우받아야 한다는 식의 강한 요구를 일체 내세우지 않는다.……이도 저도 아닌 애매한 경우가 있기는 하지만, 우리는 보다 해로운 형태의 차별과 덜 해로운 형태의 차별 그리고 덜 해로운 형태의 불평등 중에서도 차별이라고 인정되는 불평등의 형태와 박해를 구성하는 불평등의 형태를 구분할 수 있고 실제로 그렇게 한다"(Buchanan 2004, 130).

다른 한편, 개인들은 자신의 신념 때문에 박해당하지 않도록 반드시 보호받아야 하며 종교나 단체의 가입, 탈퇴 혹은 혼인 관계의 시작, 해소에 공식적인 금지 규정이 있어서는 절대 안 된다. 개인이 자신의 양심과 스스로가 가장 소중하게 여기는 가치관에 위배되는 삶을 살도록 강제될 때 그 삶이 만족스럽게 이루어지리라는 희망은 거의 없다. 윌 킴리카는 "내면으로부터", 즉 자신이 간직하고 있는 이상과 가치관에 따라서 삶이 영위되는 것이 좋은 삶을 이루기 위한 필요조건이라고―충분조건은 아니다―주장한다. "자신이 지지하지 않는 가치관에 따라서 외부로부터 이끌려 살아가는 삶은 앞으로 더 나아질 수 없다. 가치에 대한 스스로의 믿음에 따라서 내면으로부터 삶을 이끌어 갈 때에만 나의 삶은 더 나아진다"는 것이다(Kymlicka 1990, 203-204). 물론 어떤 가치와 이상들은 다른 것들에 비해서 더 훌륭하다는 점을 부정할 필요는 전혀 없다. 핵심은 자유의 조건 아래에서 공개적으로 지지받지 못하는 한 그 가치와 이상들은 삶의 번영을 적절하게 이끌 수 없다는 것이다. 또한 엄청나게 많은 경우에서 사람들은 다른 사람들과 조화를 이루며 자신의 이상을 추구하는 것이 대단히 중요하다는 사실을 알게 될 것이다. 따라서 자신의 이상과 일치하는 삶을 영위할 수 있는 능력의 보호는 타인들과 평화적인 단체를 형성하는 능력, 타인들과 자유롭게 의사소통할 수 있는 능력의 보호를 또한 필요로 한다. 물론 그러한 능력의 보호에 사회적 비용이 필요할 수도 있으며, 비용이 증가함에 따라서 어떤 제한을 받아들여야 할 경우도 생길 수 있다. 그러나 모든 사회는 양심의 자유를 보호하는 데에 어떤 최소한의 표준을 제공해야 한다.

필수적 자원의 문제를 논하기로 하자. 제임스 니클은 "세계인권선언에 수록된 인권 목록은 초기와 후기가 다르다. 내용이 달라지는 가장 중요한 방식 중의 하나는 후기로 들어가며 경제적 서비스와 수익(benefit)의 권리가 포함된다는 것이다"라고 주장한다(Nickel 1987, 147). 이것은 중요한 사항인데, 니클은 "모든 인간이 자신의 신체적 필요의 공급에 대한 권리를 가진다는 것은 이 [20]세기에 들어와서 광범위한 동의를 받게 되었다"고 주장하면서 지나칠 정도로 낙관적인 태도를 보인다. 그러나 실제로는 생존 수준의 자원에 대한 권리조차 과연 기본인권으로 인정받아야 하는가에 대해서도 상당한 논쟁이 여전히 벌어지고 있다. 우리는 제5장에서 이 권리를 반대하는 몇몇 주장들을 다룰 것이다. 현재로서 나는 최소한의 적절한 몫의 자원에 접근하지 못하면 충분한 삶을 영위할 희망은 거의 있을 수 없다는 사실에 대해서는 누구도 진지하게 의심할 수 없다는 점만을 강조하고자 한다. 또한 정치참여의 권리, 기본교육의 권리와 같은 여타 권리들을 안전하게 확보하기 위해서도 가장 기초적인 생물학적 수준보다는 높은 수준에서 자원이 제공될 필요가 있다. 따라서 내가 최소한 적절한 몫의 자원의 제공이라고 말할 때는 생물학적 생존에 필요한 자원뿐만 아니라 그외의 기본인권들을 의미 있게 행사할 수 있기 위해서 필요한 자원이 제공되어야 한다는 뜻이다.

여기서 다시 한번 강조되어야 할 요점은, 이 접근이 **안전하게 확보**되어야 한다는 것이다. 적절한 몫의 자원에 대한 권리와 정치적 권리 사이에는 상호관계가 실제로 존재한다. 우리가 살펴왔듯이 적절한 자원이 없으면 정치참여의 권리는 공허한 구호일 뿐이며 정치적 권위체의 권력을 견제할 수 없다. 그러나 이와 똑같이 정치참여의 권리가 없으면 필요 자원에 대한 접근 역시 안전하게 확보되지 않는다. 슈는 이렇게 강조한다.

> 안전과 생계의 통제에 효과적으로 참여하는 권리를 가지지 못하고 안전 혹은 생계에 대한 완전한 권리를 향유하는 것은 가능하지 않다. 권리는 어떤 종류의 요구, 즉 그 권리의 실현을 사회적으로 보장받아야 한다는 요구의 근거가 된다. 요구의 실행을 보장하고 있어야 하는 담당자에게 그 요구가 알려지고 전달될 수 있는 채널들이 없으면, 즉 사실상 요구가 무시되고 있으면, 우리는 그 권리를 행사할 수 없다(Shue 1986, 76-77).

자신의 신민(臣民)에게 신체적 안전과 기본 자원을 제공하는 자비로운 독재자가 결여하고 있는 것이 바로 사회적 보장이다. 사회적 보장이 결여되면 개인은 다른 형태의 권력 남용에 계속 취약하게 남는다. "자신의 신체적 안전의 침해에 대한 보호를 결여한 인민은, 만일 그들이 자유롭다면, 그 공격자에 맞서 반격하거나 혹은 피신할 수 있다. 그러나 자신들의 통제를 넘어선 강제적인 힘 때문에 식량 같은 필수 자원을 결여한 인민은 아무것도 할 수 없으며, 그들 혼자 만으로는 완전히 속수무책의 상태에 빠지게 되는 경우가 자주 있다"(Shue 1986, 25). 정치참여의 권리가 없으면 안전에 대한 권리, 양심의 기본적 자유, 필요 자원에 대한 접근이 안전하게 확보되지 못하듯이, 이 권리들은 또한 개인적인 소유권이 없으면 불안정하다. 사적소유권이 없는 개인은, 그 순간에는 먹고 사는 데에 충분하다고 해도, 다른 사람들의 호의에 의존하게 되고, 따라서 그들에게 속박 당하게 된다. 나는 이 논변이 아주 제한된 사적소유의 권리만을 만든다는 점을 지적하고자 한다. 특히 이 논변은 생산수단의 소유에 대한 기본권, 혹은 이 문제에 관련하여 생산수단의 사용 방법에 관한 집단적 결정에 참여하는 권리를 확립하지 않는다. 또한 이 논변은 그 어떤 특정한 경제체제나 과세체계를 옹호하는 논리를 만들지도 않는다.

마지막으로 기본 교육의 권리는 한 사회를 외부의 모든 영향으로부터 격리시키려는 시도 혹은 여성에 대한 기본 교육의 금지 같은 극단적인 경우는 아예 논의의 대상에서 배제한다. 그러나 다른 기본 권리들과 마찬가지로 이 권리가 요구하는 내용의 정확한 형태와 범위는 부분적으로는 사회적 환경과 그 사회의 가용 자원에 달려 있게될 것이다. 대부분의 다른 권리들과 마찬가지로 이 권리는 그 자체로서도 그리고 다른 기본 권리들을 지탱하기 위해서도 가치 있는 것이다. 사람이 세계의―자연세계와 인간세계 모두― 움직임을 기본 수준에서 이해하는 데에 필요한 도구를 가지지 못하면, 만족스러운 삶을 영위할 기회도 거의 가지지 못한다. 앞의 권리들과 유사하게,

이 권리가 침해되면, 예컨대 글도 읽지 못하고 무지의 상태에 놓여 있다면, 사람들은 자신의 다른 권리들도 확보할 수 없고, 타인의 변덕스러운 결정에 취약하게 된다. 다시 말하지만, 우리가 인권을 보장하는 제도적 장치에 초점을 맞추면 기본인권들 사이에는 많은 상호관계가 존재함을 보게 된다.

5

인권에 대한 도전들

내가 제4장에서 제시한 인권 목록은 어느 방향에서라도 도전을 받을 수 있다. 너무 제한적이며 배타적이라고 비판받을 수도 있고, 너무 넓으며 포괄적이라는 반박을 받을 수도 있다. 첫째, 왜 다른 가치들은 내가 열거한 권리들과 같은 방식으로 보호되어서는 안 되냐고 묻는 사람들도 있을 것이다. 이런 주장을 펴는 사람들이 제안하는 세 개의 추가적인 권리는 상당한 논의가 필요하다. 첫째는 (단순히 정치참여의 권리가 아니라) 민주적 정치제도에 대한 권리이고, 둘째는 (최소한의 생계 수준 문턱의 몫만이 아니라) 자원의 평등주의적(egalitarian) 분배에 대한 권리이며, 셋째는 (양심의 자유에 의해서 금지된 최악의 박해를 넘어) 문화적 보호에 대한 권리이다. 우리는 이 주장이 제기하는 각 문제를 앞으로 다룰 예정이다. 제6장에서는 민주주의, 제7장에서는 경제적 분배, 제8장에서는 문화를 다룰 것이다. 제5장에서는 그 반대쪽의 도전, 즉 내가 제시한 인권 목록이 보편적으로 중요하지도 않은 이익들을 보호하려고 하며, 지나치게 광범위하다는 비판, 혹은 인권이라는 것은 아예 존재하지 않는다는 반론에 초점을 맞추고자 한다.

인권에 대해서 가장 급진적인 도전은 인권이라는 것의 존재를 간단하게 부정하는 것이다. 이런 반론도 오랜 역사를 가지고 있는데 (Waldron 1987), 우리는 여기에서 한 가지 유명한 논변만 살펴볼 것이다. 이 주장을 선명하게 다듬은 사람이 알래스데어 매킨타이어이다. 그는 다음과 같은 것은 "명백하다"고 주장한다.

> 권리 같은 것은 존재하지 않는다. 권리가 존재한다는 믿음은 마녀나 유니콘이 존재한다는 믿음과 같은 것이다.
>
> 권리 같은 것은 없다고 직설적으로 주장하는 최상의 근거는 마녀는 없다고 주장하면서 우리가 가지고 있는 최상의 근거, 또 유니콘은 없다고 주장하면서 우리가 가지고 있는 최상의 근거와 같은 유형의 것이다. 그러한 것들이 있다는 신념에 정당한 근거를 제공하고자 하는 모든 시도들은 실패했다(MacIntyre 1984, 69).

물론 기본인권을 옹호하는 최상의 논변이 얼마나 강한 설득력을 가지고 있는지에 대해서는 논쟁의 여지가 있지만, 매킨타이어의 독단적인 묵살은 잘못된 생각이다. 인권은 마녀나 유니콘과는 본질적으로 그 성격이 매우 다르다. 마녀나 유니콘은 물리적 대상을 가리키고, 따라서 자연과학의 측면에서 설명의 대상이 되는 반면 인권은 규범이나 기준 혹은 이상을 가리킨다. 사실 매킨타이어가 마녀와 유니콘의 존재를 부정하는 아주 올바른 논변을 가지고 있는 것처럼 보이지도 않는다. 우리가 마녀와 유니콘을 믿지 않는 이유는 그들의 존재를 **지지하는** 논변이 실패했기 때문만이 아니다. 그들의 존재를 **부정하는** 논변이 강한 설득력을 가지기 때문이기도 하다. 세계의 작동 방식에 관한 우리의 최선의 이해 방식은 마녀와 유니콘의 존재와 병존할 수 없다. 그들이 가지고 있다는 마술적인 힘은 과학이 제시하는 세계의 설명 방식과 충돌을 일으킨다. 이와는 달리, 여러 도덕적 주장들은 과학적 주장과 충돌하지 않으며, 마찬가지로 인권에 대한 주장도 과학적 주장과 충돌하지 않는다. 우리가 지금까지 보았듯이 인권에 그 어떤 종류의 특별한 형이상학적인 지위를 부여하는 것은 오류이다.

보다 온건한 도전은 신체적 안전에 대한 권리 그리고 특정한 정치적 권리 같은 일부 인권의 존재를 받아들이지만, 소위 말하는 사회적 권리와 경제적 권리들은 거부하는 주장이다. 예를 들면 철학자 모리스 크랜스턴은 그 자신이 "부주의하고 혼란스러운 사유 방식"이라고 부르는 것을 비판하는데, 이런 사유 방식이 세계인권선언 속에 정치적 권리뿐만 아니라 경제적 권리와 사회적 권리를 인정받도록 이끌었다는 것이다(Cranston 1962, 35). 크랜스턴은 "'정치적 권리'는 입법을 통해서 쉽게 확보될 수 있지만, 경제적 권리와 사회적 권리가 입법만으로 확보되는 경우는 설사 있다고 하더라도 대단히 드물다"는 점이 문제라고 주장한다(p. 37). 또한 그는 "사회보장을 제공하려는 정부는 법률 제정보다 더 많은 것을 해야 한다. 정부는 대단히 큰 부에 접근해야 하는데, 오늘날 세계에서 대부분의 정부는 가난하고 자금을 마련할 수 없다"고 지적한다(p. 38). (소위 말하는) 경제적 권리라고 하는 것들을 충족시키는 데에 필요한 물질적 자원은 가난한 나라에서는 마련될 수 없기 때문에 경제적 권리는 "실행 가능성"의 테스트를 통과하지 못하며(p. 36), 따라서 권리가 전혀 아니라는 것이다. 크랜스턴은 "기껏해야" 경제적 권리들은 "가상의 권리(들), 만일 사람들이 가질 수 있다면 가져야 할 어떤 것"일 뿐이라고 설명한다(p. 37).

그의 주장에 답장을 보낼 차례이다. 무엇보다 먼저 크랜스턴은 정치적 권리들을 보호하는 데는 단순히 법률 제정으로 충분한 반면 (소위 말하는) 경제적, 사회적 권리들을 충족시키는 데는 물질적 자원이 필요하다고 가정하고 있는 듯이 보인다는 점에 주목하자. 법률을 집행하는 데도 적절한 자원이 투입되지 않으면 법률만으로는 그 어떤 기본인권도 안전하게 확보될 수 없기 때문에 이러한 대조법은 상당히 과장된 것이다. 둘째, 그가 '가설적 권리'라고 부르는 것의 중요성을 깎아내리지 않는 것이 중요하다. 현재의 사회적 조건 아래에서는 특정한 기본인권들이 적절하게 보호받을 수 없다는 것이 사실일 수 있지만, 그렇다고 이 사실이 기본인권을 폄하하는 근거가 되어서는 안 되며, 오히려 사회적 조건을 바꾸는 작업의 중요성을 인정하는 근거가 되어야 한다. 그러나 크랜스턴의 논변에서 가장 심각한 문제점은 논의의 초점이 개별 나라가 자신의 인구에 충분한 보호를 제공할 능력을 갖추고 있느냐 하는 점에 전적으로 맞추어져 있다는 것이다. 그렇지만 기본인권은 나라를 공유하는 사람들 사이에서만 의무를 발생시킨다고 가정할 이유는 전혀 없다. 고문을 받지 않을 기본권은 세계의 모든 인민에게 어느 누구도 고문하지 말아야 하는 의무, 세계의 모든 곳에서 고문 방지 제도의 창설을 도와야 하는 의무를 발생시킨다(물론 우리가 보았듯이 이러한 의무들은 사람마다 그 무게가 각각 다르게 부여될 수 있다). 이와 비슷하게, 필수적 자원에 대한 기본권은 모든 사람이 자원에 접근할 수 있도록 보장하는 제도들을 설립하는 데에 도와야 한다는 의무를 모든 사람에게 발생시킨다(여기에서도 이 의무들의 무게감은 사람에 따라서 서로 다를 수 있다). 1960년대와 1970년대에는 세계의 모든 인민을 먹여 살리는 것은 물리적으로 불가능하다는 주장이 종종 제기되었다(Hardin 1996). 누가 보아도 사실이 아니기 때문에 오늘날에도 이런 식의 주장을 하는 사람은 거의 없다. 그러나 불행하게도 일부 국가들은 자기 인구의 기본 욕구를 충족시켜줄 능력이 없다는 사실이 여전히 타당하다. 이런 점을 감안할 때 적절한 결론은, 가난한 나라에서는 필수적 자원에 대한 기본인권이 전혀 존재하지 않는다는 것이 아니라, 때로는 이 권리가 외국인의 도움을 받아서만 확보될 수 있다는 것이다. 이 논변을 약간 바꾸어 이런 식으로 말하는 경우도 종종 있다. 즉 생존에 대한 기본인권이 모든 나라에 일정한 의무를 발생시킨다는 점을 부유한 나라들이 만일 인정한다면, 부유한 나라에 재정 부담을 부과하자는 주장이 그것이다. 그러나 이것은 너무 지나친 요구이다. 우리는 이 주장을 제7장에서 보다 자세히 살펴보겠지만, 그러한 논변은 전형적으로 "터무니없는 허튼소리"라고 비판한 헨리 슈의 지적이 옳은 것으로 보인다(Shue 1996, 104).

그런데 가끔씩 크랜스턴은 기본인권에 의해서 발생된 의무들은 한 나라의 국경을 넘지 못한다는 별로 옹호받지 못하는 가정을 버리고, 보다 일반적인 인권 논변을 슬며시 비친다. 이 대안 논변은 "대부분의 경우" 기본인권은 "인간의 활동에 간섭하는 정부에 맞서는 권리들"이라는 그의 주장 속에서 넌지시 나타난다(Cranston 1962, 37).[1] 때때로 이런 생각은 소위 적극적 권리에 관한 회의적 입장으로 표현

---

1) 그러나 곧바로 배심 재판의 권리를 논하고 있는 것으로 보아, 크랜스턴조차 일부 권리들은 정부로부터의 보호만이 아니라 정부 측의 적극적인 행동을 필요로 한다는 점을 인정하고 있음을 알 수 있다.

되기도 한다. 적극적 권리는 (고문이나 살해 같은) 어떤 것에 맞서서 보호받는 권리뿐만 아니라 (음식이나 마실 물처럼) 어떤 것에 접근하는 권리와 관련된다(Bedau 1979, 36-39). 이 구분은 제4장에서 논의된 적극적 의무와 소극적 의무의 구분과 같지 않다는 점에 주의하자. 우리는 소극적 권리와 소극적 의무 사이에 그리고 적극적 권리와 적극적 의무 사이에는 밀접한 관련성이 있다고 생각할 수도 있지만, 그것은 잘못이다. 신체적 안전은 소극적 권리의 가장 분명한 사례로 생각되는 경우가 종종 있다. 그러나 신체적 안전의 존중은 소극적 의무와 적극적 의무를 모두 발생시킨다. 물론 이것은 정부의 공직자에게 고문이나 성폭력을 자신들의 공식적인 업무의 한 부분으로서 인가하거나 적극 관여하지 말아야 한다는 소극적 의무를 발생시킨다. 그러나 이 권리의 확보에는 보다 많은 것이 분명하게 필요하다. 정부는 고문과 성폭력으로부터 인민을 보호하는 적극적이고 활발한 조치들을 취해야 한다는 것이다. 또한 크랜스턴의 주장과는 달리 이러한 조치들에는 비용이 크게 소요될 수 있으며, 정부가 이러한 보호를 제공할 수 있도록 시민은 자신의 정당한 몫을 (세금을 통해서) 지불해야 할 것이다(Buchanan 2004, 184, 196; Holmes and Sunstein, 1999). 슈의 다음과 같은 주장은 설득력이 있다. "자제하는 권리(소위 소극적 권리)와 돕는 권리(소위 적극적 권리)로 권리들이 나누어질 수 있다는 일반적인 관념은 완전히 잘못된 것이다. 소극적 권리는 그것과 상관관계를 이루는 소극적 의무, 즉 박탈하지 않을 의무를 발생시키고, 적극적 권리는 그것과 상관관계를 이루는 적극적 의무, 즉 도움을 주는 의무를 발생시킨다는 생각 또한 완전히 잘못된 것이다.⋯⋯회피, 도움, 보호 등으로 구분될 수 있는 것은 권리가 아니라 의무이다"(Shue 1996, 53). 적극적 권리들의 존재에 대한 회의론은 주로 권리와 의무의 혼동에 그 기반을 두고 있다. 마지막으로, 우리는 뷰캐넌의 다음과 같은 지적에 주목해야 한다. 이 모든 것은 "일부 도덕 이론가들이 주장하는 견해, 즉 소위 소극적 의무들(예컨대 살인, 상해를 저지르지 않을 의무들)은 소위 적극적 의무보다 더 '엄격하고' 중요성이 더 크다는 견해와 일관된다. 그러나 소극적 의무들이 (때때로) 적극적 의무에 비해서 어떤 종류의 우선권을 가진다고 말하는 것과, 우리는 사람들에 관해서 아무런 적극적 의무가 없다고 말하는 것은 전혀 별개의 것이다"(Buchanan 2004, 91).

우리가 제3장에서 보았듯이 외부 사회에서 벌어지고 있는 인권 침해를 막으려는 외국인의 의무와 전략은 기본권의 유형에 따라서 위협의 본질적인 성격이 달라진다는 점을 예민하게 인식해야 한다. 식량을 비롯한 여러 필수 자원이 의도적인 전략의 일환으로서 파괴되거나 공급이 보류되는 경우가 국제적으로 때때로 발생되는 것은 사실이지만, 필수 자원에 대한 안전한 접근권을 위협하는 가장 대표적인 요소는 빈곤이다. 물론 빈곤의 원인은 복잡하고 논쟁적인 경우가 종종 있다. 그러나 다음의 두 가지 대표적 경우, 즉 필수 자원에 대한 접근권이 불안정한 경우 그리고 예컨대 정부의 공직자들이 인종적 소수를 조직적으로 공포에 떨게 만드는 경우는 크게 다르다. 이는 두 유형의 권리들 사이에 그 어떤 형이상학적인 차이가 있어서가 아니라, 각 권리가 직면하는 대표적인 위협의 본질적인 성격이 다르기 때문이다. 조직적인 고문에 적극적으로 관여하는 정부의 공직자들의 행동을 중지시키기 위해서는 압력을 행사하는 것이 외국인에게 타당한 전략일 수 있는 반면, 한 사회가 필요 자원을 공급할 능력이 없을 경우에는 그 사회에 도움을 제공하는 것이 외국인으로서 옳은 전략일 수 있다. 식량 공급의 보류가 전쟁 무기로 수용될 때에는 당연히 첫 번째 경우와 훨씬 가깝게 된다. 이러한 사실은 쟁점이 되는 권리들의 본질적인 성격에 어떤 근본적인 차이가 있다는 점이 아니라, 권리 확보를 침해하는 위협들의 종류 그리고 그러한 권리 박탈에 대처하는 가장 효과적인 전략들에는 근본적인 차이가 있음을 보여준다.

다른 많은 비판자들은 인권을 전면 부정하지는 않지만, 인권의 보편성에 이의를 제기하며, 인권은 문화적 편견에 물들어 있다고 주장한다. 소위 아시아적 가치는 서구의 인권 개념과 병존할 수 없다는 주장이 이런 비판의 단골 메뉴이다. 우리는 인권이 이의의 여지가 없을 정도로 서구 편향적이며 문화적으로 특수한 것이라고 주장하는 반론들의 사례로서 아시아적 가치와 인권 논쟁을 다룰 것이다. 그러나 나는 인권의 보편성에 대한 비판이 아시아적 가치의 옹호자로부터만 제기되지 않았음을 강조해야 하겠다. 아래에서 살펴보겠지만, 세계인권선언의 제정자들은 진정한 세계시민주의 집단이었고 서구에 완전히 편향된 사람들이 절대 아니었음에도 불구하고, 일부 비판자들은 인권이 "근본적으로 유럽중심주의적"이라거나(Mutua 2002, 11) 또는 "제한된 적용 가능성만 지닌 서구의 축조물"이라고 이의를 제기한다(Pollis and Schwab 1979). 우리는 크게 세 가지 주장으로 나누어서 이 논쟁에 관한 우리의 생각을 정리할 수 있다. 첫 번째 주장은 전통적인 아시아적 가치는 실제로 보편적 인권과 병존할 수 있다는 주장이다. 두 번째 주장은 전통적인 아시아적 가치는 인권과 병존할 수 없으며, 이러한 사실은 보편적 인권이라고 추정되는 것들은 (기껏해야) 특정 서구 사회들에만 적절하게 적용될 뿐임을 보여준다는 주장이다. 세 번째 주장은 전통적인 아시아적 가치는 보편적 인권과 병존할 수 없다는 데에 동의하면서도, 이 사실은 그와 같은 전통적 가치들이 수정 혹은 포기될 필요가 있음을 보여준다는 주장이다.

앞에서 살펴보았지만, 우리의 인권 개념은 정당하게 납득할 수 있는 사회적 차이와 문화적 다양성을 용인해야 한다는 점이 중요하다. 특히 우리는 서로 갈등을 빚기는 하지만 여러 타당성이 있는 포괄적 종교 및 윤리적 교리들과 인권의 정당화가 병존할 수 있기를 원한다. 다른 한편, 서로 다른 여러 사회들이 우연히 공유하고 있는 가치들을 경험적으로 연구함으로써 기본인권들을 찾아내려는 시도는 잘못일 것이다(J. Cohen 2004, 200). 예컨대 모든 사회가 노예제에 반대하는 규범을 가지고 있을 수 있다. 그러나 우리가 노예제 금지를 기본인권으로 포함시키는 이유는 모든 사회가 우연히 그런 규범을 가지고 있어서가 아니다. 만일 한 사회가 노예제 금지 규범을 점차 느슨하게 완화시킨다면, 그 사회에 맞추기 위해서 우리의 인권 개념을 수정하고 싶지는 않을 것이다. 대신에 우리는 그 사회의 실천을 비난할 것이고, 그것이 올바르다. 인권 개념의 공간적인 기원 그리고 현재 인권 위반의 정도와 규모만으로는 기본인권의 보편성을 부인하지 못한다(Donnelly 1999, 69; Nussbaum 2004, 153). 만일 우리가 기본인권이라고 찾아낸 것이 세계의 상당 부분에서 거부되고 있다는 사실이 밝혀지면, 이것은 상황을 보다 면밀히 조사해야 할 충분한 이유를 우리에게 제공할 것이다. 이런 상황을 꼼꼼하게 검토한 후 아마 우리는 선하고 가치 있는 삶을 가능하게 하고 고취시킬 수 있는 그 나름의 사회 조직 방식을 갖추었다고 평가될 수 있는 사회를 낯설다는 이유에서 그동안 그릇되게 배척했다고 결론을 내리게 될 지도 모른다.

'아시아적 가치'에 입각하여 인권을 비판하는 논변들이 가지고 있는 한 가지 난점은 그 용어나 개념의 애매함이다. 이 주장의 옹호자들은 보편적 인권과 병존할 수 없다고 가정되는 아시아 고유의 가치들이 무엇인지 규정해야 한다. 아마르티아 센이 지적하듯이 "아시아를 하나의 단위로 보려는 유혹은 사실상 뚜렷한 유럽중심주의적인 관점이다"(Sen 1997, 13). 그는 계속해서 이렇게 지적한다. "실제로는 아시아적 가치의 주창자들은 이 가치가 특별히 적용되는 지역을 기본적으로 동아시아로 보려는 경향을 나타내왔다." 그런데 "동아시아 자체에도 수많은 다양성이 있으며, 일본, 중국, 한국과 그외 동아시아 지역 사이에는 많은 차이가 있다"는 점 때문에 여전히 문제가 남는다(pp. 13-14). 우리가 단일 사회 혹은 단일 전통에 초점을 맞추더라도, 이 문제와 관련된 실천과 문헌에 대한 해석들이 그 내부에서도 크게 다르다는 점을 발견할 수 있다. 싱가포르의 외교관 빌라하리 카우시칸이 지적하듯이, "대부분의 아시아 사회들은 아주 긴 역사와 풍부한 문화를 가지고 있기 때문에, 찾아낸 준거의 맥락이 무시되면, 아시아에 관해서 거의 아무것이나 다 '증명할' 수 있을 정도이다"(Kausikan 1997, 30). 서구 전통까지 포함하여 모든 전통 속에서 인권에 대한 우리의 현대적인 이해 방식과 조화되지 않는 실천과 문헌이 발견될 수 있다는 사실에 놀라서는 안 된다. 그러한 실천과 문헌이 그 전통의 중심 혹은 핵심 요소임을 보여줄 수 없다면, 실천과 문헌 자체만으로는 그 전통이 인권과 병존할 수 없다는 점을 밝히지 못한다.

전통 혹은 가치체계의 어떤 해석이 진짜인가 하는 논쟁에 빠져드는 대신 우리는 비판자들이 인권의 보편성에 도전할 때 동원하는 주장들의 내용적 측면을 검토할 것이다. 우리가 고려할 만한 세 가지 중요 논변이 있다. 첫째, 인권은 경제발전을 저해하고, 각 사회는 인권보다 발전을 주요 가치로서 정당하게 선택할 수 있다는 주장들이 가끔 제기된다. 둘째, 많은 비판자들은 인권은 지나치게 개인주의적이라고 주장한다. 셋째, 일부에서는 보편적 인권의 인정은 다양성을 충분히 고려하지 않으며, 제국주의적 외교정책으로 이어진다고 비판한다. 첫째 쟁점에 관해서는 인권은, 적어도 일시적으로는, 경제발전의 이익을 위해서 희생되어야 한다는 주장들이 가끔씩 제기된다. 싱가포르의 전 수상인 리콴유는 이런 의견을 펼쳤다. "싱가포르의 수상으로서 나의 첫 번째 과제는 빈곤, 무지, 질병이 초래한 수모로부터 내 조국을 끌어올리는 것이었다. 인간의 생명이 경시될 정도로 그렇게 절박한 빈곤이었기 때문에 다른 모든 고려 사항은 부차적인 것이 되었다"(Bell 1996, 643에서 재인용).

나는 필수적인 자원에 대한 권리를 기본인권으로 포함시켰으며, 따라서 리콴유 역시 이 개념의 틀 안에서 자신이 중요하다고 생각하는 일련의 가치에 보다 더 우선권을 부여한 것으로 이해될 수 있다. 권리들이 서로 충돌하는 것은 가능하다. 그러나 우리가 가지고 있는 최선의 증거는 경제적 권리와 시민적, 정치적 권리들 사이에는 근본적인 갈등이 전혀 존재하지 않는다는 것이다. 일반적으로 말하자면, 하나를 위해서 다른 하나가 희생되는 식으로 이 권리들이 교환될 필요가 없다. 기본인권의 존중이 경제발전에 지장을 준다는 증거는 거의 없다고 아마르티아 센은 지적한다.

체계적인 경험적 연구들은 정치적 권리와 경제적 성취가 상충한다는 주장을 실제로 떠받치는 증거들을 전혀 제시하지 못한다. 두 권리가 어떤 방향으로 연계되었는가 하는 것은 그외의 많은 다른 상황에 달려 있는 것처럼 보이는데, 일부 통계조사들에서는 약한 부(負)의 관계가 지적된 반면, 또다른 조사들에서는 강한 정(正)의 관계가 발견된다. 모든 것을 감안하면, 정치적 권리와 경제적 권리는 어느 쪽의 방향으로도 아무런 관계가 없다는 가설은 거부하기 어렵다(Sen 1997, 11; Przeworski and Limongi 1993 참조).

모턴 핼퍼린, 조지프 시글, 마이클 와인스타인의 최신 연구에서는 보다 강한 주장을 내세운다. 그들은 "저소득 민주주의 국가와 저소득 민주화 이행 국가들은 발전 지표의 폭넓은 범위에서 권위주의 국가들보다 더 뛰어난 결과를 내놓았다.……개발도상국 전체의 사례를 놓고 본다면, 보다 대의민주주의적이고 다원적인 정치체계를 갖춘 나라들이 폐쇄된 정치체계의 나라들보다 더 빠르고 광범위하며 꾸준하게 발전했다"고 주장한다(Halperin et al. 2005, 10-11). 이 책의 저자들은 민주주의와 발전은 서로 양립할 수 있음을 밝히고자 할 뿐이지 필연적으로 하나가 다른 하나로 이어진다는 점을 규명하려는 의도는 아니라고 조심스럽게 지적한다(pp. 29-30). 그럼에도 불구하고 그들의 연구 결과는 권위주의 국가의 경제적 우월성에 대한 통념을 반박하는 데에 주목할 만하다.

일반적으로 인권과 경제발전 사이에는 직접적인 관계가 거의 없는 것처럼 보이지만, 민주적인 제도들이 경제적 대재앙을 막는 데에 기여한다는 증거는 있다(Halperin et al. 2005, 33). 센은 다음과 같은 유명한 주장을 남겼다.

원활하게 기능하는 민주주의에서 대기근이 발생한 사례는 세계역사에서 없었다. (오늘날의 서유럽이나 북미 대륙처럼) 경제적으로 부유한 곳이든, 혹은 (독립 이후의 인도, 보츠와나, 짐바브웨 같은) 상대적으로 가난한 곳이든 말이다. (영국이 지배하던 시절의 인도, 혹은 주민들과는 단절된 영국 지배자에 의해서 통치되던 아일랜드같이) 외부로부터 들어온 지배자에 의해서 통치되는 식민지 영토, 혹은 (1930년대 우크라이나, 1958-1961년의 중국, 1970년대 캄보디아 같은) 일당(一黨) 국가, 혹은 (에티오피아, 소말리아, 혹은 얼마 전까지만 해도 사하라 사막 남쪽의 일부 국가들에서 유지되던) 군사독재에서 대기근이 발생하는 경향을 보여왔다(Sen 1999, 16; 또한 Sen 1981 참고).

모든 것을 감안할 때 정치적, 시민적 권리가 경제발전을 위해서 희생되어야 한다는 주장은 경험적으로 지지받지 못하고 있다. 더 나아가 설사 하나를 위해서 다른 하나가 반드시 희생되어야 하는 관계가 있다고 해도, 인권의 보편성에 이의를 제기하지는 못할 것이다. 우리가 내릴 수 있을 만한 최선의 결론은 기본인권들 사이의 충돌을 해결해야 한다는 것이지 기본인권들이 모두 거부되어야 한다는 것은 아니다.

기본인권을 반대하는 둘째 논변은 그것이 어떤 점에서는 지나치게 개인주의적이라고 주장하거나 혹은 동아시아 사회에 특유한 (특유하다고 추정되는) 책임이나 공동체적 가치를 훼손시킨다고 강조한다. 카우시칸은 "권위를 억압적인 것으로 보는 경향이 있고 권리를 국가보다 더 중요한 개인의 '으뜸패'로 여기는 서구의 삭막한 개인주의적 기풍을 많은 동아시아인과 동남아시아인은 미심쩍은 눈으로 쳐다본다"고 주장한다(Kausikan 1993, 36; Donnelly 1999, 78 참조). 인권이 경제발전을 저해한다는 주장에 덧붙여 리콴유 역시 이런 식의 반개인주의적인 논변을 내놓는다.

서구식 사회 및 정부 개념과 동아시아 개념 사이의 근본적인 차이는……동아시아 사회들은 개인이 자기 가족의 맥락 속에서 존재한다고 믿는다는 점이다. 개인은 공동체를 벗어나 따로 떨어진 존재가 아니다. 가족은 대가족의 일부분이고, 다시 친구들의 일부분이고, 보다 넓은 사회의 일부분이다. 정부나 지도자는 가족이 가장 잘 제공하는 것을 개인에게 제공하려고 노력하지 않는다(Zakaria 1994, 113).

경제발전 논변과 함께 리콴유는 자아의 '공동체주의적' 이해를 근거로 삼아 "시민의 사적인 삶에 대한 간섭"을 이렇게 정당화한다. "당신의 생활 방식, 당신이 만드는 소음, 침 뱉는 법, 당신이 사용하는 언어, 당신의 이웃이 누구인지……이 모든 사적인 삶에 우리가 개입한다. 이 모든 것에서 무엇이 옳은지는 우리가 결정한다. 국민들의 생각에는 신경 쓰지 말라"(Englehart 2000, 554에서 인용).
이러한 입장을 단순하게 반개인주의적이라고 규정하는 것은 중대한 왜곡이다. 사실상 이 주장은 반개인주의적일 뿐만 아니라 가족에서부터 시민사회단체와 종교제도를 망라하는 모든 집단들과 공동체들에게도 똑같이 적대적이다. 국가 그 자체만이 단 하나의 예외이다. 이 맥락에서 본다면 가족과 친구를 찬양하는 리콴유의 발언은 공허한 수사에 불과하다. 정부가 기본인권을 침해하면 개인적 자유만 제한되는 것이 아니다. 정부는 또한 가족과 그외의 모든 단체로부터 권위를 빼앗아 스스로에게 무제한적이고 자의적인 권력을 부여하는 것이다. 앨런 뷰캐넌은 바로 이 점을 직설적으로 지적한다.

> 유럽에서는 16세기와 17세기의 종교전쟁이 끝난 이래 표현과 결사의 자유에 대한 권리, 종교의 자유에 대한 권리가 **공동체들**을 보호하는 데에 귀중한 역할을 해왔다. 오늘날에는 이 권리들이 국제적인 사법제도에 의해서 지원되기 때문에 한층 더 효율적으로 보호받는다. 따라서 핵심적인 인권들은 원자론적인 개인을 위한 권리들에 불과하다고 주장하려면 고의적인 어리석음이라고 부를 수밖에 없는 그어떤 것이 필요하다. 종교 공동체이건 정치 공동체이건 아니면 '특수한 생활양식' 공동체이건, 공동체들의 번영에 크게 기여하는 것이 바로 이 핵심적인 인권들이다(Buchanan 2004, 156).

개인적인 자유를 제한하는 정책들이 스스로를 공동체주의적이라고 내세우는 경우가 종종 있지만, 사실상 그런 정책들은 권위주의적 정치구조에 공간을 마련해줄 뿐이다. 강제의 사용은 필연적으로 외적인 강요로 보이게 될 것이기 때문에, 그런 방식이 협소한 자기이익에 사로잡힌 원자론의 손아귀로부터 사람들을 벗어나게 해서 공동체적인 일체감을 강화할 가능성은 거의 없다. 오히려 그 반대이다.

오직 기본인권이 존중받을 때에만 개인들은 자신의 공동체들과 깊고 영속적이며 도덕적으로 존경할 만한 일체감을 자유롭게 발전시켜 나갈 수 있다.

인권 존중이 경제발전을 저해한다는 미심쩍은 주장 그리고 인권 존중이 공동체를 어떻게든 약화시킨다는 잘못된 주장을 무시해버리면, 우리에게 마지막 하나의 고려 사항이 남는다. 아시아적 가치의 옹호자들이 비정부기구와 서구의 정부들을 비판하는 단골 메뉴가 있다. 즉 비정부기구와 서구의 정부들은 인권이 적용되는 문화적, 사회적 맥락을 적절하고 세심하게 고려하지 않고 추상적 인권을 신장시키려 한다는 것이다.[2] 이런 논변은 진정한 보편적 인권들이 어느 정도 있다는 사실을 마지못해 수긍하면서 제기된다. 카우시칸 같은 비판자도 "비록 제한된 영향력으로 인해서 완화된다고 하더라도 서구는 그와 같은 핵심적 인권들을 증진시킬 정당한 권리와 도덕적 의무를 가지고 있다"고 수긍한다(Kausikan 1993, 39-40). 그렇지만 또 이렇게도 주장한다. "서구, 특히 미국의 언론, 비정부기구, 인권 활동가들은 한 나라의 독특한 문화적, 사회적, 경제적, 정치적 상황을 고려하지 않고 추상적 인권 개념이 즉각적으로 실행되기만을 요구함으로써, 행위의 인도적 기준에 대한 정당한 주장을 훨씬 넘어 인권 대화를 확대시키는 경향이 있다"(Kausikan 1993, 33). 이와 유

---

2) 조지 케넌을 포함한 일부 현실주의자들 역시 그들의 태도 뒤에는 오만함이 자리잡고 있다는 비판을 받은 것으로 보인다. 케넌은 이렇게 말한다. "우리 현실주의자들의 전반적인 경향, 즉 스스로를 마치 대부분의 나머지 세계에 대해서 정치적 계몽의 중심이자 교사로서 보려는 경향은 나에게는 전혀 뜻밖의 일이다. 나는 그처럼 자만심에 가득 찬 바람직하지 못한 경향에 충격을 받는다"(Ullman 1999, 6에서 인용).

사하게 다니엘 벨 역시 보편적 인권들 중에는 결코 빼놓을 수 없는 핵심 권리들이 있음을 인정하지만, "대부분의 영향력 있는 영미 정치철학자들은 이상적인 정치체제의 문제에 최종 해결책을 제시하려는 보편주의적인 도덕적 사유의 전통에 여전히 강요받고 있는 듯이 보인다. 그러나 이 사유 전통은 서구 사회에서 발견되는 도덕적 열망과 정치적 실천에만 의존하고 있다는 자기모순을 가지고 있다"고 반박한다(Bell 2000, 6). 이런 모든 비판을 반박하기 위해서 우리는 앞에서 살펴보았던 것, 즉 핵심 인권들을 효과적으로 보호하기 위해서 고안될 수 있는 제도적 장치는 단 하나가 아니라는 점만 상기하면 된다. 핵심 인권들이 침해당하지 않도록 보장하는 가장 효과적인 전략을 결정하는 데는 현지 사회의 고유한 문화적 가치와 역사가 분명히 밀접한 관련성을 가진다. 그런 점에서 "인권외교의 궁극적인 목적이 다른 나라들에 인권의 가치를 설득하는 것이라면, 타자의 고유한 문화전통에 도전하기보다는 그 전통을 기반으로 인권을 증진하는 투쟁이 치러질 때 승리의 가능성이 좀더 높아진다"는 벨의 주장은 옳다(Bell 1996, 651).

그러나 벨의 주장에서 시사된 것과는 달리 대부분의 인권이론가들도 그와 같은 사실을 인정한다. 벨에게 비판 대상으로 지목된 잭 도널리 역시 "국제적으로 인정된 인권들은 그것이 독특한 아시아적 방식으로 실행되는 데에 상당한 여지를 남겨준다"고 강조한다. 그는 자신이 지지하는 접근법에 따르면, "인권은 본질적으로 보편적인 것으로 다루어지지만, 이들 보편적 규범의 이행에서는 다양한 변이가 충분히 허용된다"고 주장한다(Donnelly 1999, 83). 예를 들면, 모든 사람이 필수 자원을 받도록 보장하는 데에 이용될 수 있는 제도적 메커니즘은 다양하며, 각 사회는 자신들이 중요하다고 여기는 그밖의 규범 및 가치와 가장 일관성을 가진다고 믿는 메커니즘을 어느 것이라도 자유롭게 선택할 수 있어야 한다. 비정부기구들의 활동을 대략적으로 묶어 그들이 일반적으로 현지의 고려 사항에 무감각하다고 선언하는 것 또한 정확하지 못하다. 마이클 프리먼이 관찰하듯이 "비정부기구들은 우리와 동떨어진 법, 정치, 관료제의 세계와 인권 침해의 실제 경험 사이에 중요한 다리를 제공한다.……역설적으로 비정부기구들의 서구 편향성을 불평하는 정부들은 자기의 나라에서 비정부기구가 형성되는 것을 막는 경우가 종종 있다"(Freeman 2002, 146).

'아시아적 가치'에 입각한 인권 비판의 옹호자들 중에서 상당수가 정부의 공직자들이라는 사실을 알리지 않기란 불가능하다. 이들은 정치적 반대자에게 자신들의 지배를 비판하고 도전할 것을 허용할 수 있는 기본적인 정치적 권리를 바로 이렇게 부정함으로써 자기의 권력을 유지할 수 있다. 아시아적 가치는 인권과 병존할 수 없다는 주장은 "쇠퇴하는 경우가 많은 자신들의 정통성을 끌어올리고 권위주의 정치체제의 안전을 확보하기 위해서 그 지역에서 특정 정치체제를 옹호하는 장치로서 기여하는 경우가" 종종 있다는 케네스 크리스티의 주장에 동의하고 싶은 유혹이 너무 크다(Christie 1995, 204). 예를 들면, 미얀마(버마)의 지배자이자 악명 높은 인권 침해자인 탄슈웨 장군의 "우리에게 악의를 드러내는 외부 세력들은 인권과 민주주의를 구실로 내세워 인민을 선동하고 있다. 서구 국가의 민주주의 기준과 인권이 우리 아시아적 기준과 같을 수는 없다"는 발언은 바로 그와 같은 사례를 선명하게 보여준다(Christie 1995, 205에서 인용).

그러나 이러한 지적은 집권 정부가 정기적으로 정치적 반대자들을 체포, 구금하는 싱가포르 같은 '연성(soft)' 권위주의 사회에도 그대로 해당된다(Englehart 2000, 549). 실제로 도널드 에머슨은 싱가포르 당국이 자신들의 공식적인 '아시아적 가치' 논변을 간접적으로 비판하는 사람들까지 종종 체포해왔다고 지적한다(Emmerson 1995). 벨조차도 다음과 같은 사실을 인정한다. "국내적, 국제적으로 민주주의를 요구하는 목소리가 점점 높아지는 현실에 직면한 정부 지도자들이 자신의 권위주의적 지배를 정당화하고자 동원한 이기적인 변명에 불과하다고 아시아적 가치의 항변을 묵살하기는 쉬웠다. 대부분의 경우 사실이 그랬다"(Bell 2000, 8).

서구 인권의 제국주의를 비판하면서 아시아적 가치를 옹호하고자 시도한 사람들은 힘 있는 정치가들만이 아니었다(Bell 2000, 9-10). 우리는 "바른 길을 따라서 가도록 이교도를 채찍질하고 세계를 자신의 이미지대로 다시 만들고자 하는 서구의 선교사적인 열의"와 서구의 실패를 비판하는 목소리를 거듭거듭 듣는다(Kausikan 1993, 33). 미국과 서구의 외교정책의 많은 측면을 비판하는 것은 분명히 옳지만, 이들 비판에서 가장 주목할 점은 서구 국가들이 기본인권의 보호에 **실패했다는** 데에 바로 그 비판의 근거를 두고 있다는 것이다. 따라서 이 비판들은 무심코 무엇인가를, 즉 자기를 비판하는 외국에 대한 그 사회의 심리적인 자기방어를 드러내고 있다. 그러한 반응은 아주 흔한 현상이며 아시아적 사회들만의 특징은 분명히 아니다. 외국의 비판에 대한 이 본능적인 저항이 핵심 인권의 보편성을 믿는 우리의 신념을 포기하도록 이끌어서는 안 된다. 그러나 이러한 비판은 외국인으로서 성취할 수 있는 것이 무엇인지 그리고 올바른 비판이라고 하더라도 그 비판을 어떻게 제시할 것인지의 문제에 특히 우리가 주의해야 한다는 사실을 환기시켜준다. 가장 잘될 경우, 외국의 비판은 대안을 성찰하고 가능성 있는 변화의 길을 여는 데에 대단히 필요한 기회이자 자극제의 역할을 할 수 있다. 최악의 경우, 외국과 결탁했다는 죄목을 씌워서 국내의 인권 옹호자의 명성을 더럽히려는 데에 불과한 자기 방어적이며 민족주의적인 반발을 불러일으킬 수 있다. 다시 말하지만, 최선과 최악 그 어느 것도 기본인권의 보편성을 훼손시키지 못하지만, 인권이 다른 나라에서 침해받을 때 외국인으로서 우리가 취할 수 있는 최선의 행동 경로에 관련된 중요한 현실적 고려 사항을 제기한다.

인권 개념을 반대하는 마지막 주장은 제3장에서 논했던 외교정책 현실주의로부터 영감을 받은 것이다. 이 주장은 논변이라기보다는 도덕적 이상의 힘에 대한 일반적 비관론의 표현에 불과하다. 인권은 전 세계적으로 보통 무시되고 있으며, 오늘날 세계의 대다수 인민은 자신의 생존을 유지하는 데에 필수적인 자원을 안전하게 제공받지 못한 채 살고 있기 때문에 인권은 지나치게 이상적이라는 것이다. 사실 인권은 스스로 집행되지 못하고, 인권 침해를 방지하기에 충분히 강력한 국제적 메커니즘은 전혀 없다. 우리가 20세기의 참상을 되돌아보면,[3] 그리고 오늘날 세계의 심각한 빈곤 규모를 되돌아본다면(제7장 참조), 절망을 느끼지 않기란 어려운 일이다.

나는 세계인권선언의 제정과 그 영향력의 일부를 간략하게 재검토함으로써 이 비판에 답하고자 한다. 기본인권의 광범위한 인정은 인권 보호의 역사에서 매우 최근에야 이루어진 결실이라는 점을 기

---

3) 20세기의 참상들을 정리한 암울한 목록은 Rummel 1994 및 Glover 1999 참조.

억하는 것이 중요하다. 관용의 원칙과 국가권력의 제약의 원칙은 그 역사가 아주 오래되었으며 다른 많은 전통들 속에서도 발견되지만, 모든 사람은 바로 인간이라는 사실 때문에 (자기 집단의 구성원만이 아니라) 모든 사람들이 존중해야 하는 권리들을 가진다는 생각은 아주 최근의 것이다. 국제적으로 사회들 사이에서뿐만 아니라 한 사회 내에서도 권력의 정당한 사용에 한계를 둘 수 있도록 이 권리들이 국제법에서 성문화되어야 한다는 생각은 훨씬 더 최근의 일이다. 20세기에 들어와서도 인권은 국제관계에서 본질적으로 아무 역할도 하지 못한다고 여겨졌다. 예를 들면 (제1차 세계대전을 끝낸 베르사유 조약의 일부로서) 국제연맹을 창설하도록 이끈 1919년 규약은 인권에 대해서 전혀 언급하지 않았다. 당시 국제관계의 지배적인 논리에 따라서 그 어떤 나라도 다른 나라의 내부 문제에 간여하는 것은 옳지 않다고 가정되었다. 정치학자 스티븐 크래스너는 강력한 국가주권의 개념은 "18세기 말까지도 그 내용이 분명하게 정리되지 않았다"고 주장하지만, 이 개념은 때로는 '베스트팔렌 주권(Westphalian sover-eignty)'이라는 이름으로 알려져 있다(Krasner 1999, 20). 우리가 제2장에서 보았듯이 실제로는 위반되는 경우가 많았지만, 내정 불간섭의 원칙은 각 국가의 자결권을 재는 중요한 척도였다. 문제는 이 원칙이 외국의 간섭을 배제하는 것 외에도 국내적인 인권 침해의 문제에 외국인이 일체 관여하지 못하도록 한다는 점이었다.

이처럼 베스트팔렌 방식으로 국제관계를 이해하는 관점은 1945년에 채택된 국제연합 헌장에서도 여전히 명확하게 나타난다. 이 국내 문제의 불간섭 원칙은 "이 헌장의 어떤 규정도 본질상 그 어떤 국가의 국내 관할권 안에 있는 사항에 간섭할 권한을 국제연합에 부여하지 않는다"고 선언한 제2조 7항에서 아마 가장 분명할 것이다(United Nations 1945).[4] 메리 앤 글렌던에 따르면 그 실상은 이렇다.

국제연합의 형태와 목적을 논의할 때 근본 권리와 자유의 증진은 3대 강국(미국, 영국, 소련) 중 그 어느 나라에게도 핵심 고려 사항이 아니었다. 놀랄 일도 아니었다. 당시 제안되던 국제기구가 그러한 문제에 관여해야 하는지 자체가 분명하지 않았다. 우선 한 가지 이유는, 한 국가가 자신의 시민을 대우하는 문제는, 아주 드문 경우를 제외하고, 그 국가 고유의 소관이라고 국제법률가들이 보았기 때문이다.
　그러나 전쟁이 막바지로 치달으며 나치의 공포 통치의 끔찍한 실상이 세세하게 드러나고 연합국들이 주요 전범을 어떻게 처리할 것인가 하는 문제에 직면하면서 상황이 변하기 시작했다(Glendon 2001, 9; Morsink 1999, 제2장 참고).

뉘른베르크 강령(Nuremberg Principle)의 제정, 나치 전범과 일본 전범의 재판, 1948년 '대량학살 예방 및 처벌 협약(Convention on the Prevention and Punishment of the Crime of Genocide)'의 통과, 이 모든 것은 전통적인 완고한 국가주권 개념이 침식되었음을 의미한다. 그중에서도 이 협약의 체결국은 "평화 시 혹은 전시에 자행되었는

---

4) 제7항은 "이 원칙은 제7장에 의한 강제조치의 적용을 침해하지 않는다"는 말로 끝난다. 제7장은 무력 사용을 허가하는 안전보장이사회의 능력에 관한 조항들이다. 제7장의 39조는 안전보장이사회가 "평화에 대한 위협, 평화의 파괴 또는 침략 행위의 존재"를 발견할 때 무력 사용을 허가할 것인지 결정한다고 되어 있다. 이 조항들이 국제적 차원을 함의하는 것인지의 여부는 지속적인 논쟁거리이다.

가를 불문하고" 대량학살을 "예방하고 처벌하는 책임을 가진다"고 제1조에서 선언한 '대량학살 예방 및 처벌 협약'이 특히 중요하다(United Nations 1948a).[5] 여기에 덧붙여 인권에 관련된 여러 언급들이 국제연합헌장에 추가되었다. 예들 들면, 국제연합헌장 전문(前文)에서 "국제연합 가입국의 국민들은……기본인권, 인간의 존엄 및 가치, 남성과 여성의 평등한 권리, 크고 작은 나라들의 평등한 권리에 대한 신념을 재확인한다"고 선언했다(Freeman 2002, 33 참조). 그러나 기본인권을 지지하는 세계의 여론을 불러일으키는 데에 가장 중요한 행동은 최근 한 논평가가 "세계역사에서 가장 중요한 법률 문서"라고 부른 세계인권선언의 제정이었다(Drinan 2001, 9).

국제연합헌장은 단 하나의 특별위원회, 즉 인권위원회(Human Rights Commission)만을 설립했다. 위원회에는 미국, 소련, 영국, 프랑스, 중국 등 5대 상임이사국의 대표, 3년 임기의 13개국 윤번제 대표들이 소속되었다. 위원회는 국제연합 총회에 제출할 세계인권선언을 작성하는 임무를 맡았다. 회장에는 (최근 남편을 잃은) 엘리너 루스벨트, 부회장에는 "전통 중국 음악과 문학의 열광적인 지지자이면서 이슬람 및 서구 문화와도 대화가 통하는……중국의 르네상스적인 인간"으로 평가받던 장펑춘, 서기에는 레바논의 철학교수 찰스 말리크가 임명된 위원회의 지도부는 "서양과 동양을, 그리고 말리크의 경우에는 여러 문화들의 교차로를 상징적으로 대표했다"(Glendon 2001, 33). 세계인권선언을 작성하면서 위원회는 유네스

5) 이 협약은 1951년에 발효되었다. 미국은 처음부터 이 협약의 서명국이었지만 1988년에야 비준했다. 그것도 사건이 국제사법재판소로 회부될 수 있기 이전에 [미국이 당사국인] 모든 경우에는 미국의 특별한 동의가 요구된다"는 유보 조건을 붙여서 사실상 구속력을 제거한 채 비준했다.

코가 만든 '인권의 이론적 기초 위원회'의 도움을 받았다. 이 기초위원회는 전 세계에 걸친 전문가와 정치인들로부터 세계인권선언의 이상에 관한 그들의 생각을 듣고자 애썼다. 글렌던에 따르면 다음과 같은 결론을 얻었다고 한다.

인권선언 초안의 밑바탕을 이루는 원칙들은, 항상 권리의 개념으로 표현되지는 않았다고 하더라도, 많은 문화적, 종교적 전통 속에 이미 존재하고 있었다. 유네스코 소속 위원회들은 좀 놀랐는데, 광범위한 서한을 통해서 세계 각지에서 제출된 기본인권과 가치들의 목록은 대략적으로 비슷했다. 이를 바탕으로 유네스코가 작성한 범세계적으로 공유되는 규범의 목록에는 정치적, 시민적 권리와 사회적, 경제적 권리가 함께 포함되었다(Glendon 2001, 76).

때로는 고성이 오고 갔던 1년 반의 회의를 거쳐서 인권위원회는 세계인권선언을 국제연합 총회에 제출했고, 1948년 12월 10일 ('대량학살 예방 및 처벌 협약'이 통과된 다음 날) 총회는 찬성 48개국, 반대 0, 기권 8개국의 표결을 거쳐서 이 선언을 채택했다.

세계인권선언은 그 선언의 법적인 강제를 위한 메커니즘을 전혀 가지고 있지 못했다. 먼저 인권위원회는 세 개의 기초위원회를 만들어 인권에 관련된 작업을 동시에 진행하도록 했다. 세계인권선언 분과의 기초위원회는 인권 원칙과 이상을 천명하는 작업을 맡았고, '대량학살 예방 및 처벌 협약' 분과의 기초위원회는 이 협약을 법적으로 구속력이 있는 국제법의 선언으로 만들고자 준비했으며, 세 번째 기초위원회는 실행 메커니즘을 연구하는 임무를 맡았다(Glendon

2001, 86). 그러나 "모든 주요 강대국들이 자기의 주권을 보호하고자, 특히 영국은 자기의 식민지 제국에 대한 주권을 보호하고자 격렬하게 저항한다는 점이" 곧 명백하게 드러났다(Glendon 2001, 87). 그중에서도 강대국, 특히 미국, 영국, 소련은 국제적으로 구속력이 있는 제한을 아예 받아들이지 않을 태세였다. 미국의 경우, 1953년에 국무부장관 존 포스터 덜레스는 법적으로 구속력이 있는 인권 협약은 그 어떤 것이라도 반대하겠다고 분명하게 선언했다(Glendon 2001, 205). 그 결과, 세계인권선언은 인권 보호의 가치와 중요성을 자극하는 도덕적 이상으로 표현되었을 뿐 아무런 실행 메커니즘도 없었고 법적인 구속력을 갖추지도 못했다. 그렇지만 엘리너 루스벨트는 "인권선언이 비록 법적인 구속력은 없지만 모호한 선언문을 훨씬 뛰어넘는 원칙이 될 것이라고 진심으로 믿었다. 미국 독립선언서와 마찬가지로 그것은 모든 나라들이 스스로 책임지고 추구할 앞으로의 목표를 선언하게 될 것이었다"(Glendon 2001, 86). 모싱크가 지적한 바 있듯이, 돌이켜보면 법적인 집행의 메커니즘이 없었다는 것이 "뜻밖의 좋은 결과를 가져왔던 것인지도 모른다. 인권선언은 모든 지역적, 토착적 개별성과 우연성을 초월하는 다소 추상적인 도덕적 권리와 원칙의 천명이었다. 바로 그 때문에 인권선언은 그밖의 보다 구체적이고 세부적인 수단들의……탄생에 산파 역할을 했다"(Morsink 1999, p. xi; 같은 책 19-20 참고). 예를 들면, "인권선언은 약 90개에 달하는 헌정의 권리 조항의 모델로서 기여했거나 혹은 그 기본 정신을 불어넣었다고 추정되어왔다"는 것이다(Glendon 2001, 228; Morsink 1999, p. ix 참고). 또한 기본인권의 준수를 감시하고 그 침해를 일반에게 널리 알리는 일에 전념하는 수백만 명의

회원이 있는 국제인권감시단(Human Rights Watch), 국제사면위원회(Amnesty International) 같은 수많은 초국적 비정부기구들이 현재 존재하고 있다. "세계인권선언은 이 범세계적 운동의 도덕적 지주"라는 모싱크의 주장이 옳다는 데에 별로 의심의 여지가 없다(Morsink 1999, p. xii).

냉전이 가열됨에 따라 미국과 소련은 상대방을 겨냥하여 서로 홍보 점수를 올리려는 도구로서 세계인권선언을 주로 보게 되었다. 글렌던은 이렇게 설명한다.

냉전 기간 내내 미국과 소련은 자신들과 그 영향권 아래에 있는 국가들의 인권 보호 실패에는 눈을 감고 상대방에게는 인권을 침해한다는 비난을 서로 퍼부었다. 소련은 미국과 그 우방국을 깎아내리는 데에 인권선언의 차별금지 조항과 사회적, 경제적 자원의 제공 조항을 이용했고, 서방은 자유로운 표현과 자유로운 선거를 보호하지 못한다고 공산국가들을 물고 늘어졌다. 이처럼 인권선언의 핵심 전체에 쐐기를 박은 결과, 자유와 연대의 굳은 연계가 단절되고 말았다. 이렇게 해서 30개의 통합 조항을 하나하나씩 분리해서 해석하는 현재의 지배적인 접근법이 시작되었다(Glendon 2001, 214).

1951년, 세계인권선언을 구속력이 있는 국제법으로 전환시킬 협약을 제정하려는 계획에 따라서 관련 작업이 진행되는 동안, 국제연합은 동서냉전의 정치적 압력에 굴복하여 협약을 둘로 나누었다. 하나는 정치적, 시민적 자유에 관련된 협약이고, 다른 하나는 경제적, 사회적, 문화적 권리에만 한정된 협약이다. 글렌던은 이렇게 주장한다.

이 분리 작업은 실용적인 측면에서 타당성은 있었다. 그러나 정치적, 시민적 권리와 사회적, 경제적 권리의 분리는 매우 비싼 대가를 치렀다. 그것은 한 무리의 가치들은 다른 한 무리의 가치들이 없으면 오래 지속될 수 없다는 인권선언의 메시지를 약화시켰다. 이것은 보다 나은 삶의 기준은 보다 큰 자유가 없으면 성취될 수 없으며, 삶의 조건을 비참하게 만들 때 자유는 위협받는다는 명제로부터의 후퇴를 의미했다(Glendon 2001, 202).

두 개의 규약은 1966년 총회에서 최종 승인을 받아 1976년에 발효되었다. '세계인권선언', '경제적, 사회적, 문화적 권리에 관한 국제 협약', '시민적, 정치적 권리에 관한 국제 협약'은 함께 묶어 '국제 인권장전(International Bill of Rights)'으로 알려져 있다. 1999년까지 141개 나라들이 '시민적, 정치적 권리에 관한 국제 협약'의 당사국이 되었고, 144개 나라들이 '경제적, 사회적, 문화적 권리에 관한 국제 협약'의 당사국이 되었다.[6]

냉전이 끝나고 많은 사람들은 인권 존중의 새로운 시대가 나타날

---

6) 국제적인 인권 협약의 비준에 관해서 미국은 누가 보더라도 국외자의 위치를 고수해왔다. 1995년에는 국제형사재판소의 설립을 거부했고, 1992년에야 '시민적, 정치적 권리에 관한 국제 협약'을 비준했다. 그것도 "국내적으로는 효력을 거의 혹은 전혀 미치지 않을 것임을 보장한다는 유보 조항을 버팀목으로 대놓고 말이다"(Glendon 2001, 213). 카터 대통령이 1976년에 '경제적, 사회적, 문화적 권리에 관한 국제 협약'에 서명했지만 아직껏 비준을 받지 못했고, 상원에서는 아예 고려의 대상이 되어본 적도 없었다. 미국이 서명하지 않거나 비준하지 않은 국제 협약의 사례들은 많다. 그중에는 1951년 '난민 지위에 관한 협약', 1969년 '미주 대륙 인권 협약', 1979년 '여성의 권리에 관한 협약', 1989년 '아동의 권리에 관한 협약', 1997년 '육상 지뢰 금지 협약' 등이 포함되어 있다(각 연도는 국제연합 총회에서 채택된 연도를 가리킨다/옮긴이).

수 있다고 희망했다. 그 희망 중의 하나는 1993년에 빈에서 열린 국제연합 인권회의(UN Conference on Human Rights)로 결실을 맺었다. 처음에는 일부 대표자들이 인권에 반대하는 '아시아적 가치'의 논변을 내세우기도 했지만, 결국 171개 참가국 대표 전원은 "국제연합 헌장과 세계인권선언에 담긴 목적과 원칙에 대한 자신들의 진지한 헌신"을 재확인하고, "모든 사람에게 모든 인권과 모든 근본적 자유가 보편적으로 존중되도록 촉진하고, 그 권리와 자유들을 존중하고 보호하는 자신의 의무를 이행할 것"을 선서했다. 그리고 계속해서 "이 권리와 자유들의 보편성은 의심의 여지가 없다"고 선언했다(United Nations 1993).[7] 오늘날에는 세계의 어떤 나라도 자신이 기본인권을 침해한다거나 혹은 자기 시민의 이익에 반대되는 것을 용인한다고 공개적으로 흔쾌히 내세우지는 않는다. 역사적인 관점에 본다면, 이 도덕적 이상에 관한 현재의 거의 만장일치 합의는 정말 놀랄 일이다. 물론 그 이상에 동의한다는 발언은 그것을 실현하는 것과는 전혀 다르며, 심지어 도덕적 이상의 실현을 향한 신뢰할 만한 조치를 취하는 것에조차도 미치지 못한다. 이 원칙에 공식적으로 동의했다고는 하지만 그중 많은 것이 가설적인 동의라는 점도 의심의 여지가 없다. 발언만으로는 기본인권을 보호할 수 없음은 분명히 사실이다. 그럼에도 불구하고 말[言]은 중요한 영향을 행사할 수 있다.

인권의 동의는 실질적으로 아무런 효과를 만들 수 없다고 말하는

---

7) 빈 회의에 앞서 아시아 국가들이 발표한 1993년의 방콕 선언조차도 "민족적, 지역적 특수성 및 다양한 역사적, 문화적, 종교적 배경의 중요성"을 역설하기는 했지만, 세계인권선언을 재확인하고 "모든 인권의 보편성, 객관성, 선별 불가능성······그리고 그 어떤 인권 침해도 정당화될 수 없다"고 강조했다(World Conference on Human Rights 1993).

사람의 특징인 냉소주의와 체념은 근거가 없다. 도덕적 원칙과 이상이 움직이는 수준과 방식은 잘못 이해되기 쉽다. 때로는 그 결과가 간접적으로 나타날 수 있으며, 가시적인 성과로 나타나기에는 시간이 걸릴 수도 있다. 도덕적 원칙은 인권 침해를 직접적으로 멈출 수 없지만, 인권 침해를 불러일으키는 사회적인 환경을 명확하게 규정할 수 있다. 정부가 기본인권을 지원한다고 명확하게 동의하면, 그러한 이상에 부응할 의도가 전혀 없을 때조차도, 정부 차원의 중요한 조치가 내려지는 경우가 종종 있다(Risse and Sikkink 1999). 인권 침해자가 어쩔 수 없이 인권의 원칙을 존중하기로 동의하면, 이것이 국내의 반대자와 비정부기구들을 고무시키는 중요한 동력이 되는 경우도 자주 있다. 예를 들어보자. 본래 소련은 인권에 관련된 그 어떤 토론도 의제에 포함시키는 것을 꺼렸지만, 1972년에 시작된 '유럽안보협력회의'에서는 마침내 그 문제에 동의하고 의제에 포함시켰다. 그 최종 결과가 1975년에 서명된 '헬싱키 최종합의서(Helsinki Final Act)'였는데, 이 합의서는 고유한 인권들을 인정했고, 세계인권선언을 언급했다.* 정치학자 다니엘 토머스에 따르면 "동구권 지도자들은 경제적 자원과 정치적 정당성을 얻고자 하는 희망에서 [인권 문제의 포함을] 받아들였다"(Thomas 1999, 208). 공산정권들은

---

* 헬싱키 최종합의서는 협정 당사국들 사이의 상호관계를 규율하는 10가지 지도원칙을 담고 있다. 그중에서 일곱 번째 원칙이 '인권 및 기본적 자유의 존중'이다. 이 항목은 "협정 참가국들은 인종, 성별, 언어 혹은 종교에 관한 일체의 차별 없이 모든 사람에게 사상, 양심, 종교, 혹은 믿음의 자유 등을 포함하는 근본적 자유와 인권을 존중할 것이다"라고 시작한다. 그리고 "협정 참가국들은 인권과 근본적인 자유의 분야에서 국제연합 헌장 그리고 세계인권선언의 목적과 원칙에 따라서 행동할 것이다. 참가국들을 또한 이 분야에서 이루어진 국제적 선언과 협정들에 기록되어 있는 의무를 이행할 것이다"로 끝맺는다.

이 합의를 '현상의 비준'으로 묘사하고자 시도했지만, 체코슬로바키아로부터 폴란드와 러시아에 이르는 반체제 활동가들은 "공산정권의 억압성에 도전하는 전례 없는 유망한 기회"로 보았고, "공산주의당국이 최종의정서에 무슨 의도를 가지고 서명했건, 그 이후에 이활동가들은 당국이 인권 보호에 그동안 마치 진지한 자세로 임하기나 했다는 듯이 인권에 대해서 당국이 공식적으로 약속을 준수할 것을 환기시켰다"(p. 209). 무엇보다도 이 합의서는 체코슬로바키아에서 77헌장 저항운동이 형성되도록, 아마 보다 간접적으로는 1980년폴란드 자유노조운동을 인정하도록 이끌었다. "동유럽의 진정한 정치적인 변화의 궁극적 핵심은……모스크바에서 개혁 지향적인 지도세력이 권력을 잡았다는 데에 있다"는 것은 분명 옳지만, "헬싱키 합의 이후에 소련과 동유럽 전체에 일어난 인권운동, 폴란드 자유노조운동의 눈부신 성장에서 정점을 이룬 인권운동이 대중의 눈으로 보기에도 공산주의 지배의 정당성을 이미 상실하게 했으며, 최종적으로는 공산권 전체의 엘리트에게 그 현상이 얼마나 더 유지될 수 있는가 하는 의문을 제기하도록 강요했다"는 것은 의심의 여지가 있을수 없다(pp. 228-229; Donnelly 1998, 81 참조). 공산주의 당국은인권을 대부분 진지하게 받아들이지 않았지만, 인권은 '말잔치에 불과하다'고 무시한 사람들도 거의 전혀 예상하지 못한 방식으로 자신의 고유한 생명력을 가지고 움직였다(Thomas 2001 참조).

6

정치적 정당성과 정의의 관계

인권 개념을 이렇게 정리하고, 이제 우리는 지구적 정의에서 인권이
맡아야 할 역할을 살펴볼 수 있게 되었다. 우리가 국내적 제도들과
정의의 관계를 검토할 경우, 정의는 제도들이 **최소한** 기본인권을 보
호하도록 설계되어야 할 것을 요구한다는 결론을 쉽사리 내릴 수 있
다. 보다 어려운 문제는, 한 나라의 국내 제도들이 기본인권을 보호
하지 못하거나 혹은 적극적으로 침해할 때 외국인으로서 우리의 의
무에 관한 것이다. 그러나 우선 나는 이 문제들을 반대 방향에서 접
근하여, 사회구조가 그 시민의 기본인권을 **실제로** 적절하게 보호할
때 지구적 정의에 어떤 의미와 결과를 초래하는가 묻고자 한다. 나
의 주장은 존 롤스의 『만민법(*The Law of Peoples*)』의 해석에 기반
을 둘 것이다.[1]

롤스의 『만민법』을 둘러싸고 가장 논쟁을 불러일으키는 요소들
중의 하나는 그가 '적정 수준의 위계사회(decent hierarchical society)'
라고 부르는 것과 관련되어 있다.[2] 이것은 자유주의적(liberal) 정의

---

1) 이 부분의 논의는 필자의 다른 저작(J. Mandle 2005)에서 다룬 내용을 기반
   으로 삼고 있다.
2) 롤스는 어떤 현실 사회가 이 범주에 들어가는지에 대해서는 명확한 대답을
   남기지 않고, 단지 개념적인 수준에서만 다루고 있다(Rawls 1999b, 75, n. 16).

원칙에 동의하지 않는 사회이다.* 예를 들면 그들은 '1인 1표'의 민주적 원칙을 거부하거나, 혹은 공식적인 국가종교를 가지고 있거나, 혹은 상당한 정도로 부의 불평등을 용인할 수도 있다. 다른 한편 이들은 기본인권들을 보호한다(다시 말하지만, 자유주의 사회에서 보호받는 모든 권리들은 아니지만 기본인권들은 보호된다)(Rawls 1999b, 65). 또한 "인민의 영토 내에 있는 모든 사람에게 (인권과는 구분되는) '선의의' 도덕적 의무와 책무들을 부과하는 데에" 적합한 법체계를 가지고 있다(pp. 65-66). 또한 법은 '정의의 공동선 개념'과 관련되어 공적이면서 공개적으로 집행된다. 특히 이들 사회는 다음과 같은 내용을 갖추고 있다.

판사와 그외의 공직자들은 기꺼이 반대 의견을 펼칠 수 있어야 한다. 그들은 반대자들이 무능하고 이해력이 없다고 비방하면서 반대자들의 주장을 경청하는 것을 거부할 수 없다. 만약 그렇게 한다면 우리는 적정 수준의 협의 위계체계가 아니라 온정주의적인 정부를 가지게 되는 것이다. 더욱이 판사들과 공직자들이 경청해야 한다면, 반대자들이 자신에게 제시된 답변을 받아들일 필요는 없다. 만약 그들이 여전히 불만족한 이유를 설명할 경우에는, 그들은 항변을 새롭게 다듬을 수 있고, 그들의 항변에 대해서 좀더 진전되고 완전한 답변을

---

* 롤스의 『만민법』 번역은 다음의 국내 번역본을 대본으로 삼았다. 존 롤스, 『만민법』, 장동진 외 옮김(이끌리오, 2000). 국내 번역본은 'liberal'이라는 단어를 '자유적'이라고 번역했다. 롤스 자신의 이론에서 가지는 의미를 보다 분명하게 전달하기 위해서 선택된 용어이다. 그러나 이 책의 저자 맨들은 이 용어에 특별한 의미를 부여하지 않으며, '자유주의'라는 말과 차별성을 두지 않고 사용한다. 번역자 역시 이 틀에 맞추어 '자유주의'라고 번역했다.

들는 것이 마땅하다. 반대는 공적인 항변의 한 형식을 나타내고, 그 것이 공동선의 정의관의 기본 틀 내에서 이루어진다면 허용될 수 있 다(p. 72, 또한 61, 78 참조).

이러한 요구는 많은 사회들이 실제로 실행하지 못하고 있는 중요 한 도덕적 의무를 제기한다. 롤스의 지적과 같이 "강제력에 의해서 만 지탱되는 법은 반역과 저항의 온상이다. 그런 법은 노예사회에서 는 일상적이지만 적정 수준의 위계사회에서는 있을 수 없다"(p. 88). 따라서 한편으로 적정 수준의 위계사회는 일정한 최소 요구조 건을 충족시킨다. 이 사회는 롤스가 '무법국가(outlaw state)'라고 부 르는 그런 사회는 아니다. 다른 한편, 이 사회는 롤스가 지지하는 자 유주의적인 국내 정의의 원칙을 받아들이지는 않으며, 하물며 만족 시키는 것은 어림도 없다. "되풀이 하지만, 적정 수준의 위계사회가 자유주의적 사회만큼 이치에 맞고 정의롭다고 말하는 것은 아니다" (p. 83).

논쟁은 적정 수준의 위계사회가 비침략적 외교정책을 펼 경우, 그 사회는 정의로운 자유주의 사회들에게 완전히 용인받아야 한다는 롤스의 주장을 둘러싼 것이다(무법사회는 용인받지 못한다). 다른 말로 하면, 롤스의 주장은 이렇다. 적정 수준의 위계사회의 존재는 롤스 자신의 국내적 정의의 원칙을 침해할 수는 있지만, 그가 내세 운 지구적 정의의 원칙은 침해하지 않을 수 있다는 것이다. 그런데 자유주의적 정의의 원칙에 충실한 사회가 왜 외교정책에서는 특정 종류의 불의(injustice)를 받아들여야 하는가? 국내적으로는 그와 같 은 불의를 받아들이지 않을 것이면서도 말이다. 한 가지 예상 가능한 답변은, 국내사회와 국제사회에 똑같은 정의의 원칙이 적용되어야 한다고 믿는다고 해도, 적용 환경이 다르다는 점을 강조하는 것이다. 예를 들면, 정의가 요구하는 것이 무엇인지 결정할 때는 자기의 나라보다는 외국의 경우에서 오류를 범할 가능성이 훨씬 클 수 있다. 또한 외국에서 변화를 일구어내려는 노력은 분노를 유발하고 역효과를 낼 수 있으며, 혹은 의도되지 않은 나쁜 결과를 최소한이나마 만들 수도 있다. 한 사회의 기풍(ethos)은 정의로운 제도의 안정성에 핵심이지만, 이것은 그 성격상 특히 국외자로서는 바꾸기 어려운 것일 수도 있다. 이런 생각에 따라서 찰스 바이츠는 이렇게 주장한다. "정의를 명분으로 내세운 개입은 일반적으로 승인받을 수 없다고 반박하는 사람들이 있다. 이들의 주된 쟁점은 이론적 문제에 있다기보다는 개입에 따르는 현실적 어려움에 있다. 그들은 특히 현실에서는 그러한 개입을 계산하고 통제하기 어렵다고 주장한다"(Beitz 1999, 83). 그러나 롤스는 적정 수준의 위계사회를 용인하는 근거가 그와 같은 현실적인 고려보다는 훨씬 더 깊은 데에 있다고 강조한다.

[적정 수준의 위계사회에 대해서] 제재를 부과하지 못하는 이유들은 단순히 외국 국민을 다루는 데에 있어서 생길 수 있는 실수와 오산의 방지로 압축되지는 않는다는 점을 강조하는 것이 매우 중요하다. 제재를 부과하려는 측에서의 실수, 오산 그리고 오만의 위험은 틀림없이 고려되어야 한다. 그렇지만 적정 수준의 위계사회들은 심지어 그들의 제도 전체가 정치적 자유주의 또는 자유주의 일반의 견지에서 볼 때에 일반적으로 충분하게 합당하지 않음에도 불구하고,

마땅히 존중받을 만한 어떤 제도적 특징들을 가지고 있다*(Rawls 1999b, 83-84).

롤스에게 적정 수준의 위계 사회의 용인은 단순히 외국의 어느 나라를 보다 더 정의롭게 만들고자 강제하는 시도가 과연 효과적인가 하는 단순히 도구적인 관심에서만 비롯되는 것은 아니다. 그렇다면 왜 롤스는 국제 영역에서 최소한 특정 종류의 불의가 용인되는 것을 지지하는 주장을 펼치는가? 그 해답은 분명하지 않으며 롤스의 비판자들도 분명한 원칙에 입각한 답변을 지금껏 찾아내지 못했다. 예컨대 탄은 롤스의 주장이 "올바른 이유들에서 안정성을 달성하려는 목적보다는 자신의 만민법 이론이 몇몇 비자유주의 국가에서도 확실히 지지받을 수 있도록 [적정 수준의 위계사회]의 대표자들에게 **맞추려**는 필요에 의해서 고무되었다"는 점에서 "명백히 일관성이 없다"고 주장한다(Tan 2000, 30-31).** 매카시 또한 "[자유주의적이며 민주적

---

* 이 문단에서의 '정치적 자유주의' 역시 롤스 자신이 내세우는 자유주의의 한 원리이다. 정치적 자유주의는 서로 충돌하면서도 저마다 타당한 내용을 가진 포괄적 교리들이 서로의 차이를 넘어 '상호중첩적 합의'를 통해서 핵심적인 헌법상의 기본권들과 정치제도에 합의하고, 그외의 영역에 대해서는 각자의 다원성이 허용되는 자유주의를 말한다. 이 문제에 관해서는 먼저 옮긴이의 말을 읽어두면 다소나마 도움이 될 것이다.

** 비판자들은 롤스의 정의 개념에 따르면 적정 수준의 위계사회는 제대로 된 사회로 인정받을 수 없는데도, 이 사회들이 나름대로 합당하고(reasonable) 정당성이 확보된 사회라고 인정함으로써 자유주의적 정의의 핵심 원리를 스스로 부정하고 있다고 지적한다. 또한 비판자들은 자유주의적 관점에서 폭넓게 인정받고 있는 성의 평등, 정치적 평등의 자유 등 국제인권법에서 보편적으로 인정되는 권리를 침해하고 있는 사회들을 롤스가 오히려 비호하고 있다고 지적한다. 이 문장에서 '올바른 이유들(right reasons)'은 자유주의적 정의 원칙에 입각한 이유를 의미하고, '안정성'은 롤스의 정의 원칙에 충실한 자유주의 사

인 인민이] 자신의 기본적인 정치적 원칙을 공유하지 않는 인민들과 합의에 도달하기 위해서 그 원칙을 포기해야 하는 이유가 무엇인가?"하는 반어(反語)적인 질문을 던졌다(McCarthy 1997, 209).

나는 롤스의 입장을 일관된 원칙에 입각하여 옹호하는 것은 가능하다고 믿는다. 이것은 (보다 좁게는) 법 그리고 (보다 넓게는) 정치질서에 모두 적용되는 정당성(legitimacy) 개념에 기반을 두고 있다.[3] 적정 수준의 위계사회들은 정당성의 어떤 최소한의 요구 조건을 충족시키는 정치제도를 가지고 있으며, 바로 이 사실 때문에, 그 사회들이 비공격적인 외교정책을 추구한다면 다른 사회로부터 완전한 용인(toleration)을 받을 자격이 있다는 것이 나의 생각이다. 이 입장을 옹호하려면 두 가지 질문에 대답해야 한다. 첫째, 왜 용인은 정당성에 기반을 두어야 하는가? 둘째, 정당성의 기준은 무엇인가?

사회정의를 성취하려면 정치질서(국가)가 필요하다는 것은 적어도 아리스토텔레스 이후에 널리 인정되어왔다. 홉스 같은 일부 사상가들에게는 자연상태의 특징인 '만인의 만인에 대한' 전쟁으로부터 벗어나려면 정치공동체가 필요하다. 홉스에 따르면 자연상태에서는 "그 어떤 것도 정의에 어긋날 수 없다. 옳고 그름, 정의와 불의의 개념은 여기에 존재하지 않는다"(Hobbes [1660] 1994, 76, 78; ch. 13, paras 8, 13). 홉스는 정치공동체가 설립되면 각 개인의 복리(well-

---

회들로 구성된 국제관계의 안정성을 의미한다.

3) 혼란을 피하기 위해서 나는 '정당한(legitimate)'이라는 말을 규범적인 의미에서 사용하고 있다는 점을 밝히고자 한다. 많은 사회과학자들은 이 용어를 정치체제에 대한 사실적 지지라는 의미로만 사용할 뿐이다. 그러한 논의에서는 정치체제의 도덕적 위상은 고려 사항이 아니다. 나의 입장에서는 그와 같은 사실적 지지는 정당성의 필요조건이기는 하지만 충분조건은 아니다.

being)가 보다 잘 확보될 수 있는 정의의 조건이 확립된다고 본다. 칸트는 자연상태에 관한 홉스의 전형적인 설명 방식을 거부한다. 그러나 칸트는 정치공동체를 벗어나면 선한 의지를 가진 개인들 사이에서도 정의가 요구하는 것이 무엇인지를 둘러싸고 의견의 불화가 필연적으로 나타날 것이라고 주장한다. 정치제도는 바로 그와 같은 갈등을 해결하는 데에 필요하다는 것이다. "자연의 상태라는 바로 그 이유 때문에 자연상태가 **불의**의 상태일 필요는 없다……그러나 권리들이 서로 **충돌**할 때 제대로 된 강제력을 가진 평결을 내릴 권한을 갖춘 재판관이 없을 것이기 때문에 여전히 **정의가 없는** 상태일 것이다. 따라서 각자는 이 상태에서 벗어나도록 다른 사람들을 압박하여 적법한 조건에 [즉 정치공동체에] 들어설 수 있을 것이다" (Kant [1797] 1996, 90; §44 (Ak. vi. 312)). 올바로 이해한다면 정의는 복수와 원한 같은 "반동적인 감정에 **맞서는** 전투"와 얽혀 있음을 알게 될 것이라고 주장하는 니체조차 근대 국가의 성립은 이 복수의 명분에서 '가장 결정적인' 발전임을 인정한다. 오직 근대국가와 더불어 사회는 "개인이나 전체 집단의 위반과 자의적인 행동을 법에 맞서는 악의적 행동으로, 반역은 최고 권력 그 자체에 반기를 드는 악의적인 행동으로 취급하게 되었으며, 이로써 최고 권력에 예속된 자들의 감정을 그러한 법규 위반으로 야기된 직접적인 피해로부터 다른 곳으로 돌리게 하여, 결국에는 피해를 입은 사람들의 입장만을 고려하고 인정하는, 모든 복수가 바라는 것과는 정반대의 결과에 이를 수 있도록 한다"(Nietzsche [1887] 1998, 49-50; II, 11). 이 이론가들은 정의를 서로 매우 다른 방식으로 이해하고 있으며, 정치제도와 법이 정의의 명분에 기여한다고 믿는 이유도 모두 다르다. 그럼에도 불구하고 그들 모두는 정치질서를 벗어나면 정의를 성취할 희망은 거의 없다는 것을 인정하며, 무정부주의자들을 예외로 한다면 사실상 거의 모든 정치철학자들이 이를 인정하고 있다.

정의는 사람들로 하여금 집합적이고 명시적이며 구속력이 있는 결정을 내릴 수 있도록 허용하는 정치구조를 필요로 한다. 최소한 현대의 대규모 사회에서 이것은 법제도를 통해서 이루어진다. 하버마스가 지적하듯이 "근대국가는 정치권력이 실정법, 즉 법 조항으로 규정되어 강제적으로 집행되는 법의 형태로 구성된다는 데에 그 특징이 있다"(Habermas 2002, 198). 이것은 한 사회가 자신이 제정한 법에 대해서만 책임이 있다는 뜻은 아니다. 사회 구성원들은 그들이 결코 명시적으로 허가하지 않았지만 자신들의 행동과 방관으로부터 의도치 않게 발생한 사회적 사실들(social facts)에 대해서 집단적인 책임을 가지고 있을 수 있다. 그러나 한 사회가 어떤 것을 공식적으로 자신의 문제로 받아들이겠다는 명시적인 결정을 내릴 경우, 그것은 전형적으로 법률 내의 변화를 통해서 이루어질 것이다. 예를 들면, 그 변화는 특정한 종류의 행동을 직접적으로 금지하거나 인정할 수도 있으며, 혹은 보다 간접적으로는 행위의 패턴을 바꾸려는 의도에서 그밖의 다른 조치들을 취할 수도 있을 것이다. 적어도 결정은 강제력의 묵시적인 위협에 의해서 뒷받침되기 때문에 일반적으로 이 결정들은 강제적인 법을 통해서 이루어진다.

법의 강제적 성격을 감안할 때, 우리는 법이란 자신의 선호에 따라서 행동하는 인간의 능력에 외적인 강제를 부과하는 장치라고 간주하는 것도 항상 가능하다. 그러나 국가는 자신의 법이 정당하다고, 즉 국가는 옳다고 주장한다. 이것은 개인들이 법을 자신의 자유에 부과되는 외적인 강제뿐만 아니라 정치공동체의 구성원으로서 행동하는 이유들의 표현으로서도 볼 수 있음을 의미한다. 하버마스는 이렇게 풀이한다.

근대적인 법률은 그 수신인들에게 법을 다음의 두 가지 방식 중 어느 쪽으로든 마음대로 접근하도록 만든다. 수신인들은 법규범을 자신들의 자유에 대한 사실적 제한으로 간주하고, 앞으로 저지를 수 있는 규칙 위반에 따라올 귀결을 계산할 수 있는 장치로서 법을 받아들이는 전략적 접근을 취할 수도 있다. 혹은 '법에 대한 존중심에서 우러나' 규제에 따를 수도 있다.……강제적이어서가 아니라 정당하기 때문에 법에 복종하는 것이 적어도 가능해야만 한다(Habermas 2002, 198-199).

'법에 대한 존중심'에는 무엇이 필요한가 하는 문제에는 논쟁이 많다. 롤스를 비롯한 몇몇 사람들에게는 정당한 법에 복종해야 하는 일반적인 의무가 (다른 도덕적인 고려에 의해서 무시될 수 있다고 하더라도) 존재한다. 다른 논자들은 그런 의무는 일체 존재하지 않는다고 주장한다. 나는 이 문제에 관해서 불가지론의 입장을 유지하겠다. 내가 앞으로 전개하는 논변은 보다 약한 의무에 기반을 두고 있다. 즉 법의 제정과 적용을 포함한 정당한 법제도를 (강제력을 사용하여) 방해하지 않을 의무를 말한다(Edmundson 1998). 정의는 한 사회가 집합적이고 구속력 있는 결정을 내리고 실행할 수 있어야 한다고 요구하기 때문에 이것은 정의의 자연적인 의무의 일부이다. 정당한 법제도를 방해하지 않아야 하는 이 의무는 모든 개인에게 자기 사회의 법제도뿐만 아니라 **모든** 정당한 법체계에 대해서도 똑같이 할 것을 요구한다는 점에 주목하자.

우리는 이제 정당한 법의 기준을 고려할 위치에 왔다. 다른 말로한다면, 어떤 조건 아래에서 법의 강제적인 부과가 정당화되는가? 시민이 법의 제정과 적용을 방해하지 않아야 한다는 의무가 (그리고 아마도 시민에게 복종의 의무가) 생기는 것은 언제인가? 한 가지 가능한 대답은 전적으로 절차적 요소를 따지는 것이다. 이 견해에 따르면 법이 특별하게 인정받은 절차, 예를 들면 시민의 다수결 투표 혹은 적절한 절차에 따라서 선출된 대표자들의 결과물이라면 그 법은 정당하다는 것이다. 그런데 이 견해는 지나치게 포괄적이라는 데에 문제점이 있다. 순수한 절차적 요구 사항은 법의 내용이 어떻게 만들어지더라도 제약을 두지 않는다. 정당한 법이 시민에게 실질적인 도덕적 의무를 부과한다고 생각한다면 법의 내용은 중요하다. 단순히 다수가 결정했다고 해서, 예컨대 자신을 노예화하고 기본권을 박탈하는 법에 저항해서는 안 된다고 (혹은 준수해야 한다고) 시민에게 요구하는 것은 타당하지 않을 것이다. 다른 한 쪽 극단에서는 법은 그 내용이 완전히 정의로울 때에만 정당하다고 주장하는 가능성을 고려할 수 있다. 이 견해에 따르면, 그 제정 절차와 주체에 관계없이 법의 내용이 정의롭기만 하면 저항의 의무는 전혀 없다. 그러나 이 역시 정당성의 기준을 너무 지나치게 잡는다. 물론 정치제도들은 정의를 증진시키거나 혹은 적어도 정의와 일치하는 법을 만들고자 시도해야 한다(물론 정의 이외에도 정치구조에는 시민의 자기인식을 반영하고 실현하는 등의 다른 중요한 목표도 있을 수 있다). 그러나 그 어떤 정치구조도 그것이 앞으로 정의에 필요한 법을 제정할 것임을 보장할 수 없다. 정의와 일관된 법만을 제정하겠다는 보장조차 기대할 수 없다. 또한 칸트가 강조했듯이 우리는 한 사회에서 요구되는 정의의 내용이 무엇인지에 대해서 진지하고도 합당한 의견 차이가 종종 나타날 것임을 예측해야 한다. 정당성을 정의와 동일시하는 것은 스스로 집합적이고 구속력이 있는 결정을 내리는 사회의 능력을 훼손시킬 것이다. 또한 우리가 보았듯이 이 능력은 정의 자체에 의해서 요구되는 것이다(이 능력이 가끔 내용상으로는 정의롭지 못한 법률을 제정하는 결과를 초래한다고 해도 그렇다). 해결책은 이 두 요소들을 결합하여 우리의 정당성 이론에서 내용적인 부분과 절차적인 부분 모두를 포함시키는 것이다. 내용적으로 법이 정당성을 갖추려면 기본인권을 존중하고 보호해야 한다. 그런데 이 제한 조건 안에서도 한 사회는 자신의 집합적인 구속력 있는 결정을 내리는 데에 넓은 재량권을 누린다. 사회는 그 헌법에 의해서 규정된 절차에 따라서 이 결정을 내린다. 여기에서 헌법이란 (일반) 법률의 제정과 적용을 공적으로 인정받은 규칙 체계라고 규정할 수 있다.[4]

법이 정당성을 가지기 위해서는 어떤 절차적 요소를 충족해야 하는가? 우리는 지금 개별적으로는 모든 사람이 법을 지지하는 것은 아니라고 해도, 법이 그 사회 전반의 집합적 결정을 반영한다고 말할 수 있도록 허용하는 조건들을 찾아내고자 한다는 점을 기억하자. 이 경우 특별히 민주주의가 필요한가? 답은 민주주의를 어떻게 이해하느냐에 달려 있다. 가장 좁은 의미에서 보자면, 1인 1표 원칙에 입각

---

[4] 순수한 절차적 요소를 규정하는 것 외에도 많은 헌법은 권리장전을 통해서 법의 내용에 제한을 두고 있다.

한 다수결 원리에 따를 때에만 그 정치질서는 민주적이다. 다른 극단에서 본다면, 한 사회의 법이 인민 전체의 의지를 대변한다고 적절하게 판단할 수 있을 때는 언제라도 그 사회를 민주적이라고 부를 수 있다. 이 경우에 민주주의는 우리가 정당성의 조건이라고 이미 알고 있는 내용, 즉 법이 인민 전체의 의지를 대변한다는 조건만 충족시킬 것을 요구한다. 그외의 추가적인 조건은 일체 부과하지 않을 것이다. 그러나 우리에게 중요한 것은 민주주의의 규정 방식이 아니라 과연 정당성에 특정한 제도적 틀이 필요한 것인가 하는 문제이다. 사회의 집합적 결정을 내린다고 우리가 적절하게 인정할 수 있는 제도적 장치는 다양한 형태로 마련될 수 있는 것 같다. 예를 들면 미국에는 선거인단과 상원이 그런 장치에 해당한다.[5] 헤겔의 이론에서 개인은 자신이 구성원으로 속해 있는 시민사회의 "단체, 공동체, 조합"을 통해서 대변된다(Hegel [1821] 1991, sec. 308; Rawls 1999b, 72-73 참조). 밀은 보다 똑똑하고 교육 수준이 높은 사람은 추가 투표권을 받는 '복수투표제' 체계를 주장했다(Mill [1861] 1991, 338; ch. 8, para. 12; 다음의 두 책을 참조. Thompson 1976, ch. 2; J. J. Miller 2003). 아이리스 영은 억압받는 집단에게는 "그 집단에 직접 영향을 끼치는 특정 정책에 대한 거부권, 예를 들면 여성의 경우 성과 생식에 대한 권리, 혹은 아메리카 원주민의 경우 보호구역의 토지이용정책에 관한 거부권"을 부여하자고 제안했다(Young 1990, 184). 이 장치들은 모두 1인 1표 원칙을 거부하고 있으며, 따라서 가장 좁은 의

---

5) 2000년, 미국의 대통령 선거에서 앨 고어는 조지 W. 부시보다 50만 표 이상을 더 득표하고도 낙선했다. 이 문제는 단순히 이론적인 쟁점에 그치지 않는다. Ackerman 2002; Laden 2002 참조.

미에서 보자면 그 어느 것도 민주적이지 않다. 다른 한편, 의도했던 대로 적절하게 이행되고 실행된다면 이 각각의 구조 속에서 내려진 결정은 그 사회의 인민에 의한 집합적 결정이라고 적절히 인정받을 수 있다. 이 제도들 각각은 모두 정당한 정치질서를 대표할 수 있다. 그렇다고 이것들 모두가 똑같이 정의로울 것이라는 뜻은 아니다. 정당성은 개인들이 공동선에 관한 자신의 견해를 공적으로 표출할 수 있는 실제로 운용이 가능한 메커니즘을 필요로 한다는 것 그리고 사회의 정치적인 결정은 그러한 공적 토론을 반영해야 한다는 것이 핵심이다. 오직 이 경우에만 법은 전체 사회의 집합적 성취라고 적절하게 평가될 수 있다. 물론 이 요구들은 적정 수준의 위계사회를 설명하는 롤스 이론의 일부이며, 나는 이것이 정당성에 대해서 합당한 절차적 요구조건이라고 믿는다.[6]

따라서 우리는 이런 생각들을 결합하여 다음과 같이 주장할 수 있다. 헌정이 광범위한 지지를 받아왔고 기본인권을 효과적으로 보호하며, 모든 시민이 공동선을 결정하는 데에 의견을 표출하고 참여할 수 있도록 마련해주는 절차에 따라서 법을 제정할 때, 정치구조 그리고 그것이 만드는 법은 정당하다.[7] 우리가 제4장에서 논했던 바와 같이 기본인권의 목록은 실제로 한 사회의 정치구조 내에서의 참여

---

6) 정당한 법률을 제정하는 가능한 제도적 메커니즘이 하나 이상 있다면 그 사회는 어떤 구조를 활용할 것인지 결정을 내릴 것을 결정하는 일종의 2차적 집단적 결정을 내려야 할 필요가 있다. 따라서 정당성은 절차 자체가 광범위한 지지를 받을 것을 요구한다.

7) 앨런 뷰캐넌은 또다른 추가 조건이 있다고 지적한다. 즉, 그 사회는 그 앞의 정당한 정치체제로부터 권력을 강탈하지 말아야 한다는 조건이다. 우리는 이 조건을 무시할 수 있다. 그러나 분리독립을 논하는 경우에 이 문제가 관련되는 경우가 종종 있다(Buchanan 2004, 275-276).

권리를 포함하고 있기 때문에, 마지막 조건은 기술적으로(technically) 불필요하다. 이 주장의 중요한 함의는 정치구조가 정당할 때, 즉 집합적이고 명시적이며 구속력 있는 결정을 내리는 메커니즘이 한 사회에 존재하고 기본인권이 보호받을 때, 정의는 법의 제정과 집행을 방해하고 저항하는 것을 금지한다고 강하게 추정될 수 있다는 것이다. 이 추정은 반박될 수 있다. 정당한 정치구조가 존재하는 경우조차 때로는 시민 불복종 혹은 양심적 거부가 정당화될 수 있다. 그러나 역사적, 이론적으로 보더라도 시민 불복종이 정당화될 수 있는 가장 분명한 사례들은 정치적 결정을 내리는 데에 참여할 수 있는 권리 혹은 법의 지배 같은 어떤 기본인권들이 부정되는 경우에 발생한다(Rawls 1999a, 319-343). 어떤 기본인권이 조직적으로 부정되는 경우에 그 정치체제의 정당성은 훼손되는 것이다. 물론 정당성의 훼손 정도는 다를 수 있다.

일반적으로 한 사회가 정당한 법률 체계를 가지고 있는 경우에는, 비록 그 법률이 실질적으로 정의롭지 못한 경우조차도 강제력을 동원하여 정치구조나 법에 저항하고, 그것을 바꾸고자 시도하는 것은 정의롭지 못할 것이다. 그러한 정치구조에 저항하고 그것을 변화시키는 데에 강제력을 사용하려는 시도는 그 사회의 구성원뿐만 아니라 그 어느 누구에게도 (시민에게만 해당하는 것이 아니다) 정의롭지 못할 것이라는 점에 주목하라. 월드런이 (정당한 법률 체계의 한 측면과 관련하여) 지적하듯이 "한 나라의 형사법 체계가 공정하다면 모든 곳의 모든 사람은 그 법체계를 방해하지 말아야 하는 의무를 가진다. 그 나라 사람들이 이 체계에 무슨 특별한 충성심을 가지고 그 법률 아래에서 살고 있든 아니든, 모든 곳의 모든 사람은 이 의무

를 가지게 되는 것이다"(Waldron 1993, 10). 이러한 사회들을 용인
하는 기준은 강제력(그리고 위협)의 사용에 관련된다는 것 그리고
비록 이 사회들을 용인한다고 하더라도 그들의 정의롭지 못한 법률
과 제도에 대한 국내의 혹은 외국으로부터의 비판은 절대로 배제되
지 않는다는 점을 강조해야만 하겠다. 롤스는 이 부분을 명확하게
지적한다.

정치적 자유주의에 기반을 둔 또는 종교적인 포괄적 교리와 비종교
적인 포괄적 교리들에 기반을 둔 비판적인 반대 의견들은 이 문제와
그외의 다른 모든 문제들에 대하여 계속 제기될 것이다. 이러한 반대
를 제기하는 것은 자유주의적 만민의 권리이며 적정 수준의 위계사
회의 자유 및 통합성과 완전히 부합할 수 있다(Rawls 1999b, 84).

롤스는 비판에 반대하는 것이 아니다. 불의는 "그 상황과 경우에
따라서—정치적, 경제적, 심지어 군사적인—어떤 형태의 제재"를 항
상 적절하게 받을 수 있다는 주장에 반대하는 것이다(p. 60).[8]
정당한 정치질서는 인민의 의지에 부응하여 그 질서를 변화시킬

---

8) 롤스는 적절한 위계사회가 보다 정의롭게 되도록 도와주는 데에 자유주의 사
회가 보조금, 원조, 기금 등의 인센티브를 제공하는 것은 (자유주의 원칙에
따르면) 적절하지 않을 것이라고 시사한다(Rawls 1999b, 84-85). 만일 정의
의 사안이라고 간주되는 것을 제대로 다루지 않고 보류할 때에는 국제적인 묵
시적 위협이 뒤따른다면, 그러한 인센티브가 교묘한 형태의 강제로 작동할 것
도 가능하다. 그러나 만일 이런 위협이 회피된다면, 적절한 위계사회가 보다
정의롭게 되도록 자유주의 사회가 도움을 주는 것이, 만일 그렇게 하기로 자유
주의 사회가 선택한다면, 허락되어서는 안 된다는 원칙적 이유를 전혀 찾을
수 없다(Freeman 2002, 60, n. 84 참조).

수 있도록 허용하는 메커니즘을 갖추고 있으며, 따라서 인민은 만일 그렇게 하고자 선택한다면 자신들의 정치구조와 법률을 개혁하는 능력을 집단적으로 갖추게 된다. 우리가 보았듯이 정치 참여의 기본 인권은 시민들이 자신의 사회 내에서 앞으로 강제적으로 부과될 정치적인 결정에 참여하기 위해서 가지는 권리를 말한다.[9] 그러나 다른 외부 사회들의 의사결정 과정에 참여하는 일반적인 권리 같은 것은 존재하지 않으며, 개인들이 외부 사회의 의사결정 과정으로부터 배제되는 것은 적절할 수 있다. 그렇다고 외국인은 반드시 배제되어야 한다는 말은 아니다. 어느 한 나라에서 상정된 법률로 인해서 상당한 영향을 받을 것 같은 어떤 이웃 국가나 동맹 국가 혹은 그외 외국인 집단들의 공식적인 역할을 허용하는 정당한 정치적 절차를 상상해볼 수 있다. 그러나 헌정이 의사결정에 외국인을 배제하는 것은 정의에 어긋나지 않으며, 정당한 정치적 과정들은 보통 이런 차별을 둘 것이다(Kolers 2002).

외부 사회 그리고 자신이 살고 있는 사회가 모두 정당한 정치제도를 갖추고 있으며, 두 사회 모두 불의가 존재하지만 그것이 기본인권을 침해하지 않는다고 가정하자. 이때 한 개인이 자기 사회의 불의에 대처하는 적절한 자세 그리고 다른 사회의 불의에 대처하는 적절한 자세에는 차이가 있다는 점을 깊이 생각해야 한다. 정당한 정치질서

---

9) 논의를 단순화하기 위해서 나는 여기에서 난민, 거주(居住) 외국인, 방문자의 사례들은 제외한다. 일반적으로 말해서 난민의 문제는 정당한 정치질서를 결여한 인민에 대한 의무의 맥락 속에서 논의되어야 한다. 방문자들이 외국 영토의 법에 자발적으로 잠시 복종한다는 사실은 정의의 근본적인 문제를 일체 제기하지 않는 것 같다. 그러나 거주 외국인은 그 주재국의 정치적인 결정의 최소한 일부에 참여할 수 있다는 주장에는 상당히 단단한 근거가 있다고 보인다.

를 갖추고 있기 때문에 개인은 자기 사회의 불의에 반대하는 의견을 자유롭게 표현하며, 불의를 해결할 수 있도록 법률이 바뀌어야 한다는 주장을 적절한 정치적 메커니즘을 통해서 공개적으로 자유롭게 표출한다. 물론 그 사람의 반대 의견이 승리할 것이라는 아무런 보장도 없다. 그러나 정치질서는 그 주장에 선의의 응답을 제시하고 공청회를 개최해주며, 만일 그 주장이 성공적으로 진행될 경우에는 앞으로 법률 개정으로 이어질 정치적 메커니즘에 접근할 수 있도록 해야한다. 그 사람은 일반적으로 헌정의 법률 제정 절차를 넘어 위협이나 강제력을 통해서 정치과정을 선점하려는 시도는 할 수 없다. 외부 사회에도 그에 상응하는 불의가 존재할 경우, 그에게는 역시 강제력의 동원이나 강요가 금지되지만, 외부 사회의 불의를 계속 비판할수는 있다. 그러나 그를 외국의 정치적 절차에 접근할 수 있도록 허용하는 아무런 메커니즘도 없을 것이 상례이다. 국내와 국외에서 자행되는 불의가 유사할 수 있다고 하더라도 개인이 그것에 대처하는 방법과 자세에서 차이가 나는 것이 타당하다. 국내의 경우 개인은 집단의 이름 아래 불의를 저지르는 집합체의 구성원으로 소속되어 있지만, 외국의 경우에는 불의와 아무런 연루 관계가 없다.

우리는 현실주의를 다루면서 그 속에는 홉스의 논리를 따라서 한 국가 내의 개인과 국제질서 내의 나라들을 밀접하게 일치시키려는 강한 충동이 있음을 보았다. 그러나 정당성에 관한 지금까지의 설명이 분명히 밝혔듯이 둘 사이에는 중대한 차이가 있다. 개인이 정당한 국가에 소속되어 있다면, 비록 정치참여의 권리를 가지고 있다고 하더라도, 국가의 정치제도에 의해서 비자발적인 강제를 당하게 된다. 물론 이 강제에는 한계가 있으며, 부분적으로 그 한계는 기본인권과 정치구조의 지속적인 정당성의 조건들에 의해서 설정된다. 그러나 그 한계 내에서 국가는 개인의 의사에 반하여 법률을 집행할 힘을 부여받는다. 개인이 그 법률을 지지하거나 동의해왔는지 관계없이 국가는 법률의 집행권을 부여받는 것이다. 개인들은 일반적으로 자기 사회의 법에 대해서 아무런 거부권을 가질 수 없다(Estlund 2003, 397-399). 세계국가가 없는 현재 상황에서 정의로운 세계질서는 그러한 힘에 필적할 만한 것을 전혀 가지고 있지 못하다. 우리가 앞으로 제8장에서 보겠지만, 기본인권과 정당성의 조건에 의해서 설정된 한계 내에서 국가는 자신이 동의한 조약과 선언을 넘어 다른 나라들의 강압적인 강제에 구속되지 **않는다**. 혹은 보다 정확히 말하자면, **정의로운 세계질서** 속에서 국가들은 그러한 강제에 구속되지 **않을 것이다**. 물론 국가들은 공식적으로는 조약과 선언을 통해서, 비공식적으로는 무역을 비롯한 그외의 교섭을 통해서 서로에게 일정한 의무를 가진다. 그러나 (다시 한번 말하지만 정당한 정치제도가 존재할 경우) 이들 조약과 교섭들은 국가의 자발적인 행위로 이해될 수 있는 반면, 국내법은 그렇지 못하다. 국가는 기본인권이 설정한 한계 내에 머물러 있는 한에서는 다른 국가들의 강압적인 강제력에 구속되지 않으며, 모든 다른 국가들이 모여 다수결로 어떤 결정을 내렸다고 해도 그 결정에 구속되지 않는다. 반면 정당한 국가의 시민은 그 나라의 강제력이나 다수결 결정에 구속된다.

우리가 살펴보았듯이 정의는 모든 사람이 모든 인간의 기본인권을 존중할 것을 요구한다. 그런 의미에서 보자면 이런 주장은 일종의 세계시민주의이다. 그러나 개인들이 저마다 다른 정당한 정치질서의 구성원으로 제각각 존재할 수 있다는 가능성은 제3장에서 논했던 강한 세계시민주의로부터 우리를 벗어나게 한다. 여기에서 핵심은 한 사람이 법률체계의 강제적인 부과에 구속될 때, 그는 적절한 메커니즘을 통해서 그 법률 체계의 내용을 결정하는 데에 참여할 수 있는 근본적인 권리를 가진다는 것이다. 제7장에서 우리는 정의가 정당한 정치질서를 공유하며 살아가고 있는 동포와 그렇지 않은 외국인들을 구분하는 또다른 방법을 보게 될 것이다. 그렇지만 현재로서는 이러한 설명은 역시 제3장에서 논했던 민족주의의 가장 일반적인 주장에 빠져들지 않고서도 우리를 강한 세계시민주의로부터 벗어나게 할 수 있는 방법을 보여준다는 사실을 강조하고 싶다. 정의의 관점에서 문제되는 것은 국적, 종족, 문화 혹은 그 어떤 주관적인 일체감(identification)도 아니다. 중요한 것은 정당한 정치질서 내에서의 시민권이라는 객관적인 사실이다. 따라서 정의는 그 어떤 특정한 선(善) 개념 혹은 포괄적 교리와 결부되지 않는다. 또한 정의는 그 어떤 특정 형태의 일체감에 특별히 우선권을 부여하지도 않는다. 우리는 정당성에 관한 이와 같은 설명이 (이미) 정당한 정치질서를 갖추고 있는 사회들 사이에는 일종의 자결권이 존재할 것을 요구한다고 이해할 수 있다. 그러나 이런 식의 정당성 개념은 어떤 집단에게 이 자결권이 주어져야 하는지에 대해서는 전혀 말해주는 바가 없다. 또 이것은 누구에 의해서, 어떻게 정당한 정치질서가 형성되어야 한다든지 혹은 국가의 경계를 어떻게 설정할 것인지에 대해서도 설명하지 않는다. 그렇기 때문에 이런 방식의 정당성 개념은 국가의 경계와 민족의 경계가 일치해야 한다는 근본적 민족주의자의 주장과도 공존할 수 있다. 그러면서도 안정되고 정당한 정치질서를 성취하기 위해서는 높은 수준의 민족적 일체감이 바람직하다거나 혹은 심지어 필요하다는 주장을 (유사) 경험적인 토대에 입각해서 제시할 수 있다(D. Miller 1995, 93-96).

우리가 국가의 경계를 어떻게 설정해야 하는가에 대한 문제에 직면할 때, 상상의 자연상태로부터 영토를 나누어 국경을 그리려는 시도는 망상이라고 불러도 좋을 터이다. 우리는 그런 문제를 앞으로도 전혀 만날 일이 없을 것이다. 현재의 세계는 이미 국가들로 나누어져 있기 때문에 우리가 직면해야 하는 문제는 기존의 국경을 재설정하는 가능성에 관한 것이다. 실제로 이 문제는 다음과 같은 질문에 대답하는 것이나 다름없다. 신념에 찬 소수, 민족주의 신념에 투철한 소수인 경우가 많겠지만, 이 소수가 기존 국가로부터 탈퇴하여 자신들만의 새로운 국가를 창설하는 것을 정의는 허용하는가? 이 질문에 답하는 첫 단계는 기존 국가의 정치질서의 정당성을 판정하는 것이다. 만일 그 국가가 정당하지 않으면 분리독립을 주장하는 명분은 훨씬 강해진다. 기존 국가에서 자행되는 인권 침해의 심각성 정도에 따라서 심지어는 국제적 군사원조를 요구할 수도 있을 것이다. 그러나 분리독립운동에 대한 지지는 앞으로 생길 새로운 국가가 기본인권을 보호하는 정당한 정치구조를 설립할 수 있을 가능성의 평가에 달려 있다. 한 가지 핵심적인 문제는 새로운 분리독립국가에서 소수자들의 잠재적 처우에 관한 것이다. 이그나티에프가 지적하듯이 "아주 예외적인 경우를 제외하고 거의 모든 분리주의 운동의 주장은 인종적 다수의 지배를 요구하고 있으며, 인종적 소수에 대한 독재의 잠재력을 내포하고 있다"(Ignatieff 2003, 309-310; 또한 다음의 두 문건 참고. Buchanan 1997, 45; McGarry 1998). 또다른 문제는 분리된 이후에 남게 되는 기존 국가의 경제적 전망에 관한 것이다. 기존 국가에서 자원이 풍부한 모든 지역은 자신들이 차지하겠다고 선언하면서, 따로 떨어져 남게 될 국가를 빈곤의 상태로 몰아넣는 분리독립운동은 정의롭지 못할 것이다. 최소한도로 어떤 형태의 공정한 보상, 즉 "이혼 후 별거수당과 어린이 양육수당에 해당하는 국제적 보상"이 논의되어야 한다(Walzer 1992, 168).

기존 국가는 그 시민 모두의 기본인권을 납득할 만한 정도로 보호하고 있으며, 분리독립을 주장하는 소수도 정치체계로부터 배제되지 않는다고 생각해보자. 그럼에도 불구하고 이 소수는 여전히 독립을 원한다. 분리된 이후에 앞으로 생길 새로운 국가 그리고 남게 되는 국가 모두 정당성을 향유할 가능성이 높다고 가정한다면, 지구적 정의의 관점에서 볼 때 양자 합의를 거친 평화로운 분열에 반대가 있을 수 없다. 1993년 체코 공화국과 슬로바키아로 분리된 체코슬로바키아의 사례는 이 가능성을 보여주는 최근의 중요한 역사적 사실이다. 또한 몇몇 상황에서는 분리의 권리를 신중하게 고안하여 헌정에 포함시키는 것이 역설적으로 파벌주의를 완화하고 실제로 분열이 일어날 가능성을 약화시키는 데에 기여할 수 있다(Weinstock 2001, 194-200).

이론의 수준에서 볼 때, 해결하기 어려운 문제는 정당성을 갖춘 국가로부터 분리하기를 원하지만 협상을 거쳐 합의에 도달할 능력이 없는 민족주의적 소수자들에 관한 것이다. 여기에서 우리는, 과연 정의의 원칙이 심각한 인권 침해나 불의를 당하지 않는 인민에게도 분리독립을 허용할 수 있는지, 즉 비교정적 분리독립권(non-remedial right to secede)을 허용할 수 있는지 묻고 있다. 정당한 정치질서는 개인의 동의 위에만 기반을 둘 수 있다고 주장하는 논자들은 분명히 그러한 권리가 존재한다고 대답한다. 이 주장에 따르면, 기존 국가로부터 동의를 철회한 그 어떤 개인들에 대해서도 기존 국가는 정당성을 상실하며, 이 개인들은 자유롭게 새로운 국가에 동의하고 창설할 수 있다. 헨리 배런 같은 동의 이론가는 "일정 영토에 집중된 집단이 효과적으로 희망하며, 그것이 도덕적으로도 현실적으로도 가능하다면 분리독립은 인정받아야 한다"고 주장한다(Baron 1987, 37). 이와 달리 지금껏 나는 개인적인 동의에 의거하지 않는 정당성의 이론을 옹호해왔다. 나의 주장은 현 상태의 불의를 시정할 수 있는 유일한 수단이 분리일 경우, 그것을 인정하자고 옹호하는 뷰캐넌의 '유일한 교정권(remedial right only)' 분리독립이론과 맥을 같이 한다. 뷰캐넌의 주장에 따르면 "한 집단이 특정한 불의들로 인해서 계속 고통을 받아온 경우, 오직 이 경우에 한해서만 그 집단은 일반적인 분리독립의 권리를 가진다. 이들에게는 분리독립이 최후로 호소할 수 있는 적절한 교정책이다"(Buchanan 1997, 34-35; 같은 저자의 다음 문헌도 참조. 2004, 353-359, 408-421). 여기에서 문제되는 불의는 기본 인권의 심각하고도 지속적인 침해 혹은 과거에 영토를 부당하게 합병한 것같이 기존 국가의 정당성을 의문에 부치게 할 정도로 중대해야 한다(Buchanan 2004, 275-276). 아주 간단하게 말하자면, 정당성의 조건을 충족하는 경우에 국가는 자기의 영토에 대해서 지배권을 행사할 수 있다는 생각이다. 더 나아가 정당성을 갖춘 국가는 그 인민에게 국가제도를 유지하는 데에 조력하는 의무 그리고 강제력을 동원하여 그 정당한 지배에 저항해서는 안 된다는 의무를 발생시킨다. 그러나 분리독립운동은 이와는 정반대의 행동을 할 것이다. 따라서 정당성을 갖춘 국가로부터 분리독립할 수 있는 일반적인 권리는 없다. 자신의 정당성을 의문에 부칠 정도로 심각한 불의 같은 특정 조건이 없을 경우, 강제력을 동원하여 맞서는 분리독립운동을 국가는 적절한 방식으로 제지할 수 있다. 이그나티에프는 이렇게 지적한다. "한 나라의 제도적인 구조 안에 소수민족의 권리를 위한 적절한 보장이 연방 차원에서 존재할 경우에는 분리주의자의 주장을 제지하고 연방을 유지하는 것은 언제나 일단 옳다고 보인다"(Ignatieff 2003, 310).

그렇지만 뷰캐넌이 충분히 주의를 기울이지 못한 복잡한 문제가 하나 있다. 국가의 정당성은 무엇보다도 법의 효과적인 집행을 통해서 기본인권을 보호하는 그 지속적인 능력에 달려 있다. 정당성이 개인적 동의를 필요로 하지 않는다고 하더라도, 단호하게 결의에 찬 소수는 (최소한 어떤 지역에서) 국가의 효율성을 훼손할 수 있으며, 따라서 (그 지역에서) 국가의 정당성에 의문을 제기할 수 있다. 그런 수준에 도달할 경우, 아마도 새로운 국가의 창설이 정당성을 갖춘 지배를 확립하는 가장 효과적인 방법일지도 모른다. 여기에 대해서는 다음과 같은 적절한 반대 의견이 제기될 것이다. 즉 이런 주장은 기존의 정당한 지배를 효과적으로 훼손시키는 것만으로도 분리독립운동에 도덕적 명분을 허락함으로써 분리주의자들을 급진화시키는 동기를 부여한다는 반론이다. 실제로도 이것은 우리가 진지하게 고려해야 할 문제이다. 그러나 테러를 동원하거나 그외의 여러 인권들을 침해함으로써 기존 국가의 정당한 지배를 훼손시키는 분리독립운동이 자신들의 지도 아래에 세워질 새로운 국가에서 인권을 보다 잘 보호할 것이라는 주장의 신뢰를 얻는 경우는 거의 없을 것이다. 이것은 또다른 가능성을 남겨놓는다. 만일 분리독립운동이 비폭력적, 수동적 저항을 통해서 기존의 정당한 국가의 효과적 지배를 훼손시킨다면, 모든 사람에게 인권을 보장하는 국가를 세울 수 있다는 그들의 주장은 신뢰성을 얻고, 그럴 때 분리독립을 인정받는 강한 대의명분이 생기게 될 것이다.

분리독립에 관해서는 마지막으로 세 가지 사항을 지적해둘 가치가 있다. 첫째, 소위 실패한 국가들(failed states)에서 법치가 붕괴될 경우에는 정당한 지배를 시행할 수 있는 정부의 설립이 급선무이다. 여기에는 아마 새로운 국경의 설정, 실제로는 새로운 국가의 창설이 포함될 수 있다. 이 작업의 올바른 수행은 그 지역의 현재 상황과 역사적인 조건에 관한 특별한 지식에 달려 있다. 핵심은 기본인권을 보호할 수 있는 정치권위의 설립에 맞추어져야 한다(Buchanan 2004, 366-369; Ignatieff 2003). 둘째, 비교정적 분리독립권은 없다고 주장하는 논자들은 그러한 권리가 행사될 수 있는 조건에 대단히 엄격한 제한을 가하는 경우가 자주 있다. 사실상 그러한 이론이 분리독립을 허용하는 실제 사례는 매우 적겠지만, 현재의 심각한 불의를 해소할 수 있는 유일한 방안이 분리독립일 때에는 그것을 허용해야 한다고 주장하는 교정권 유일 이론(remedial right only theory)은 반대 의견을 내놓을 수도 있다(Philpott 1998, 90). 마지막으로, 뷰캐넌을 비롯한 여러 사람들이 최근에 주장했듯이, 정당성을 갖춘 국가가 분리독립에는 한참 미치지 못하는 소수집단의 존재를 어느 정도 내부적으로 승인하거나 자율성을 부여해주는 데는 합당한 이유가 있는 경우가 많다(Buchanan 2004, 402-403).[10]

---

10) 민족주의적 집단들에게 일정 정도의 자율성을 부여하면 그들의 분리독립 요구가 줄어들 것인지 혹은 더 크게 될 것인지에 대해서는 합의가 거의 없다. 예를 들면, 킴리카는 다음과 같이 걱정한다. "제한된 자율성이 소수민족에게 허락되면, 자신들만의 고유한 민족국가에 미치지 못하는 상태에서라도 만족할

이제 우리는 정당성을 갖춘 정치질서가 부재할 경우, 즉 기본인권들이 적절하게 보호받지 못하거나 조직적으로 침해받을 때, 정의는 무엇을 필요로 하는가 하는 문제를 다룰 때이다. 내가 주장했듯이 기본인권들을 존중하고 보호하는 일반적 의무가 존재하며, 대부분의 경우에 이 권리들은 오직 정당한 정치구조의 창설을 통해서만 안전하게 확보될 수 있다. 이 말은 정당한 정치구조가 부재할 경우, 그 창설을 돕는 것이 정의의 핵심 의무라는 뜻이다. 정당한 정치제도의 부재는 인권을 보호하기는커녕 적극적으로 침해하기 일쑤인 강력하지만 정당성이 없는 지배자의 탓인 경우가 많다. 그럴 경우에 수수방관하면서 지속적인 인권 침해를 용납하는 외국인보다는 지배자들에게 불의의 책임이 훨씬 크다는 것은 확실하다. 몇몇 경우에는 외부로부터의 도움이 희생자들을 구제하는 유일한 희망이라는 것이 명백하다. 장기적인 목표는 정당한 정치구조의 창설에 두어야 하지만, 보다 직접적인 목표는 현지에서 지속되고 있는 인권 침해와 권력 남용을 중지시키는 데에 두어야 하는 경우가 여럿 있다.

이것은 소위 인도주의적 개입이라는 어려운 문제를 야기한다. 인도주의적 개입의 개념을 규정한 학자에 따르면, 여기에는 다음과 같은 어려운 문제가 수반된다. 즉 "자신의 시민이 아닌 개인들의 근본인권들에 대한 광범위하고도 중대한 침해를 예방 혹은 종식시키려는

수 있는 민족주의적 지도자의 야망에 불만 지르게 될지도 모른다. 내부의 소수 민족들에게 자치권을 인정해주는 민주적인 다민족 국가들은 이런 이유에서 내재적으로 불안정하다고 보인다"(Kymlicka 1996, 122). 그러나 어떤 증거는 "연방국가는 민족주의적인 정치적 동원을 자극하는 반면, 민족주의적 폭력은 감소시킨다"는 점을 시사한다(Hechter 2000b, 14-15; 다음의 문헌도 참조. Hechter 2000a; Lustick et al. 2004).

목적에서, 강제력이 적용되는 영토 내의 국가의 승인 없이, 다른 국가(혹은 국가들의 집단)에 의해서 국경을 넘은 강제력의 사용이나 사용 위협"이 수반된다는 것이다(Holzgrefe 2003, 18). 기본인권의 침해가 모두 똑같이 나쁜 것은 아니라는 점을 강조하는 것이 중요하다. 싱가포르의 '연성(軟性) 권위주의'와 1994년 르완다에서 벌어진 후투족의 인종학살 행위는 혼동되지 말아야 한다. 침해의 규모와 정도가 작으면, 여기에 필요한 극적인 대응책의 내용도 약화된다. 이경우에는 외교적인 항의를 비롯하여 합동군사작전의 중지나 군사무기 판매의 중지 혹은 무역 제재와 금수조치 같은 여러 단계의 대응책이 있다. 물론 무역제재나 금수조치에 따른 피해는 과소평가되지 말아야 한다(Neier 2000; Pierce 1996; Beversluis 1989; Damrosch 1993, 1994; Cortright and Lopez 2002; Martin 1992). 논의를 단순화하기 위해서 우리는 다음의 가장 극단적인 사례에 초점을 맞추어 군사력을 포함한 인도주의적 개입이 허용될 수 있는 때는 언제인지, 만일 허용된다면 언제 그 개입이 요구되는지 물어보자.

토론의 발판을 마련하기 위해서 우리는 다음의 두 가지 극단적인 입장을 취할 수 있다. 한 쪽 극단에서는 이렇게 말할 수 있다. 즉 한 국가가 기본인권을 침해할 때 그 국가는 정당성을 상실하고 주권의 권리를 박탈당하기 때문에, 인도주의적 개입으로 인해서 예상되는 이익이 예상 비용을 능가할 때 그 개입은 정당화된다는 주장이다. 예컨대 벤담은 "한 나라가 외국에 적극적인 서비스를 제공함으로써 마지막으로 언급한 나라에 피해를 만들기보다는 선(善)을 만들어낼 경우, 한 나라가 그 서비스의 제공을 거부해야 한다"면 정의롭지 못할 것이라고 주장했다(Holzgrefe 2003, 22에서 재인용, Brandt 1972,

157 참조).* 우리가 인권 침해는 그외의 다른 고려 사항을 압도하며 효용(utility)의 수준에서 따질 수 없는 중차대한 문제라고 (벤담과는 아마 반대로) 상정할 경우, 결과적으로 인권 침해가 순수하게 줄어들 가능성이 있다면 인도주의적 개입은 정당화된다는—아니 정말 요구된다는—함의를 끌어낼 수 있다. 특히 이 함의는 국가의 경계와 무관하게 모든 개인, 보다 정확히 말하자면 모든 개인의 효용성에 대한 완벽하게 불편부당한 배려를 요구하기 때문에 강한 세계시민주의를 의미한다. 다른 한 쪽 극단에서는 실제로 인도주의적 개입은 절대 정당화되지 못한다고 주장하는 사람들이 있다. 이런 주장을 하는 사람들 중에서 일부는 평화주의자들로서, 이들은 그 의도와 상황을 불문하고 군사력은 결코 정당화되지 못한다고 주장한다. 그렇지만 인도주의적 개입의 반대자들은 전통적인 국가주권의 존중이

---

* 이 인용문은 Jeremy Bentham, *Principles of International Law* (1843), essay 1, 'Objects of International Law'의 한 부분이다. 벤담은 공리주의에 입각하여, 모든 국가의 최대 행복을 목표로 하는 불편부당한 국제법의 입법자는 '국제적인 적극적, 소극적 범죄'를 방지하기 위해서 개입할 수 있다고 주장한다. 적극적 범죄는 한 나라가 자신의 선을 위해서라기보다는 타국에 더 해를 입히려는 의도에서 발생시킨 범죄를 말하는데, 다른 나라들 사이의 교역을 방해하기 위한 무력 및 위협수단의 사용 등이 여기에 속한다. 소극적 범죄는 자국에 해가되기 때문이라기보다는 타국의 선이 되는 것을 막기 위해서 적극적인 서비스의 제공을 거절하는 것이다. '마지막으로 언급된 나라'는 재난으로 인해서 큰 피해를 입은 나라가 도움을 청할 경우에 거절하는 나라를 말하는데, 이 경우는 소극적 범죄에 해당한다. 벤담은 정의나 자연법 같은 어떤 도덕적 가치의 실현 혹은 신장이 아니라 인류 전체의 행복의 총량을 늘리기 위한 수단으로서 국제적 개입을 옹호한다. 그리고 어떤 경우에나 개입으로 인한 효용이 피해보다 더 클 때에만 허용될 수 있다고 주장한다. 원문은 런던 대학교(University College of London)에서 제공하는 벤담 저작 관련 사이트 http://www.ucl.ac.uk/Bentham-Project/Bentham_texts에서 얻었다.

라는 관점에서 자신들의 명분을 내세우는 경우가 상당히 빈번하다.

이러한 두 극단적인 입장 중에서 어느 것도 기본인권을 적절하게 고려하지 못하고 있다. 이 극단들 사이에는 세부적으로 많은 차이를 나타내는 여러 입장들이 존재한다. 그중에는 인도주의적 개입이 도덕적으로 허용될 수 있는 (혹은 요구되는) 필요충분조건들을 규정하고자 시도하는 많은 이론가들이 있다. 그렇지만 그중에서도 나는 "국가 혹은 사적 테러리스트에 의한 인권 침해로부터 사람들을 보호하기 위한 앞으로의 개입이 정당성을 확보할 수 있는가 하는 문제는 어떤 일반적인 기준을 기계적으로 준수한다고 해서 해결되지 않는다"라고 주장한 패러에게 동의한다(Farer 2003, 79). 군사력의 동원이 각각의 경우에서 과연 옳은 것인가 하는 평가는 개별 사안에 대한 판단에 따라서 크게 달라진다. 그렇지만 우리는 군사 개입에 관련하여 앞으로도 항상 관련성을 가지게 될 일반적인 고려 사항을 규정할수 있다. 첫 번째 고려 사항이 가장 분명하다. 우리는 처음에는 그 어떤 군사력의 동원도 나쁘다고 추정하기 때문에, 군사개입의 제안이 피해보다는 좋은 결과를 낳을 것이라고 믿을 만한 충분한 이유가 있어야 한다. 우리는 실제로 모든 군사개입이 무고한 민간인 사상자들을 초래할 것이라고 예측해야 하며, 따라서 우리가 막고자 하는 인권 침해는 매우 중대하고 급박한 것이어야 한다. 왈저가 주장하듯이 "우리가 희망할지도 모르는 것들 혹은 다른 인민들의 나라들에까지도 촉구할 수도 있는 것들, 예컨대 민주주의, 자유기업, 경제적 정의, 자발적 결사 혹은 그외의 여러 사회적 실천과 제도를 지킨다는 명목의 인도주의적 개입은 정당화되지 않는다. 인도주의적 개입의 목표는 그 성격에 있어 지극히 소극적이다. 낡았지만 정확한 구절을 빌리자면, 인류의 '양심을 경악하게 하는' 행동을 멈추도록 하는 것이다"(Walzer 2004, 69; 다음의 두 문헌을 참조. Walzer 2000, 107; Coady 2003, 286-287).

왈저의 주장은 부분적으로는 다음과 같은 주장에 근거를 두고 있다. 즉 "개인이 자신의 덕성을 스스로 함양해야 하듯이 정치공동체의 구성원들은 자신의 자유를 스스로 찾아야 한다. 그 어떤 외부의 힘에 의해서도 개인은 덕성을 갖출 수 없으며 공동체 구성원들 역시 자유로워질 수 없다"는 주장이다(Walzer 2000, 87).[11] 반면, 개입에 보다 관대한 태도를 옹호하는 비판자들은 경험적이고 이론적인 논변을 동원하여 이러한 주장에 맞선다. 경험적 측면에 초점을 맞추어 테손은 "역사가 보여주는 바와 같이 이것은 그야말로 잘못"이라고 주장한다(Tesón 1988, 29). 외부의 개입으로부터 막대한 도움을 얻었고, 만일 그러한 도움이 없었으면 실패했을 해방운동이 역사적으로 많이 존재해왔다는 것이다. 따라서 테손은 "인종학살, 대량학살 혹은 대량 노예화 같은 극단적인 인권 침해"에 국한되지 않는 "광범위 개입주의"를 옹호한다(pp. 21-22). 이론적인 측면에서 묄렌도르프는 이렇게 주장한다. "성공적인 투쟁 이후에 정의로운 제도의 창설에 민중투쟁이 필요조건이라고 상상해보자. 그렇다고 해서 그 어떤 외부의 도움도 없는 승리 또한 필요조건이라는 결론이 나오지는 않는다"(Moellendorf 2002, 114). 이 비판자들의 주장은 옳다. 무자비한 지배자들은 자기의 사회를 강압적으로 지배하고 학대하여, 외부의 개입에 기대서만 그 사회가 유일하게 가능한 효과적인 저항을

---

11) 여기에서 왈저는 존 스튜어트 밀의 논변을 요약하고 있다. 그러나 그가 이 주장을 지지하는 것은 분명하다.

펼칠 수 있게 될 정도로까지 만든다. 그러나 왈저의 주장에도 진실의 일면은 남아 있다.

개입의 궁극적인 목적은 기본인권을 안전하게 보호하는 제도적인 구조의 설립에 있다는 점을 기억하는 것이 중요하다. 그 목적은 "기본 인권을 보호해주는 국가 질서의 설립과 나쁜 이웃이 좋은 이웃으로 전환될 수 있는 안정성의 마련"에 두어야 하는데, "그와 같은 국가 질서의 설립은 우리가 옹호해줄 수 있는 그 어떤 인권 시스템에서도 전제조건이 된다"(Ignatieff 2003, 321; Rawls 1999b, 94-101 참조). 외국의 개입은 극심한 인도주의적 위기를 멈추는 데에 도움을 줄지는 모르지만, 보다 장기적인 프로젝트는 그 성격상 기본적으로 군사적이지 않은 작업을 (그리고 많은 경우에는 원조를) 필요로 한다. 기본인권을 안전하게 확보하는 제도를 건설하는 장기적인 프로젝트는—그중에서도 가장 중요한 것은 정당성을 갖춘 정치구조의 설립이다—외부의 군사력이 동원될 경우에는 오히려 방해를 받을 수도 있다. 실제로도 그렇다. 외부 군사력의 개입이 방해가 되는 부분적 이유는 정치제도는 그 사회의 인민의 눈에 정당하게 인식될 때 비로소 정당성을 인정받기 때문이다. 정치제도 속에서 내려지는 정치적 결정들이 실제로도 자기 사회의 집단적 결정이라는 점을 시민들이 널리 믿어야 한다. 외부의 군사적 개입이 그러한 제도의 창설에 도움을 줄 수 있다는 것이 불가능하지는 않으나, 오히려 그 제도의 정당성을 의심하도록 만드는 경우가 상당히 있다. 코디는 이렇게 지적한다. "식민주의가 악명을 얻게 된 것은 식민지 권력의 노골적인 억압적 정책, 보통 그렇듯이 섬뜩한 정책 탓만은 아니다. 자신들의 식민지 인민을 이해하고, 그들의 종교적, 문화적, 역사적 상황을 올바로 파악하는 데에 외국인으로서 직면하는 내재적인 어려움 때문에 생긴 것이기도 하다"(Coady 2003, 282). (국제연합 안전보장이사회 같은) 정당성을 갖추었다고 인정받는 조직체 혹은 전통적 동맹으로 인식되는 나라들에 의해서 군사력의 사용을 인정받았을 경우에는, 외부의 강제력을 통해서 정당한 정치질서를 확립하는 어려움이 줄어드는 경우가 때때로 생길 수 있다. 그러나 전통적 적대국에 의한 무력 동원 혹은 그 의도가 의심스러운 외부세력의 개입은 상황을 더 악화시킨다.

왈저와 달리 대럴 묄렌도르프(2002)는 개입이 가장 극단적인 경우에만 한정되어서는 안 된다고 주장한다. 그러면서도 그는 예컨대 벤담 같은 사람이 옹호하는 순수한 도구적 태도, 즉 외부의 개입을 정의 그 자체의 실현이 아니라 인류의 행복 증대 같은 다른 목적의 수단으로서만 보는 태도에도 반대하고자 한다. 묄렌도르프는 "그 국가의 기본구조가 정의롭지 않을 경우 혹은 그 국내 정책의 국제적인 파급 효과가 정의롭지 않을 경우"(2002, 118), 이 둘 중의 하나에는 정의의 대의명분이 존재하게 되는데, 인도주의적 개입이 정당화되기 위해서는 이 조건 외에도 세 가지 추가적인 기준이 충족되어야 한다고 주장한다. 첫째, "개입이 성공을 거둘 것이라고 믿는 합당한 이유가 있어야 한다"(p. 119). 둘째, 개입은 인권 침해를 막기 위한 다른 모든 수단들을 다 동원한 이후의 '최후의 수단'이어야 한다. 셋째, 묄렌도르프는 '비례의 원칙'이 필요하다고 주장한다. 즉 "불의 자체보다 인간의 복리를 더 크게 희생시키면서까지 군사개입이 불의를 바로잡으려고 해서는 안 된다"는 것이다(p. 120).

이런 것들은 유용한 지침이기는 하지만, 나는 이 모두가 군사개입의 여부를 명쾌하게 판단하는 기계적인 결정 절차 같은 것에는 한참 미치지 못한다는 점을 강조하고 싶다. 실제로 이 각각의 기준들을 현실 사례에 적용해보면, 대단히 논쟁을 불러일으키는 판단이 매 경우마다 개입되고, 그에 따라서 평가와 결정도 달라진다. 예를 들면 밀러가 지적하듯이, 성공 가능성에 대한 타당한 믿음의 반대쪽에는 "성공하지 않을 가능성에 대한 타당한 명분"도 그만큼 존재하며, 성공과 실패의 믿음은 서로 병존할 수 있다(R. W. Miller 2004b, 474).[12] '최후의 수단'이라는 요구조건도 판단에 따라서 달라지는데, 이 판단 자체도 논쟁을 불러일으키는 경우가 많다. 묄렌도르프 자신이 지적하듯이 "그런데 최후의 수단으로 간주되는 것은 상황에 따라서 상대적이다. 무한한 시간이 있으며, 개입을 연기하는 데에 아무런 비용도 들지 않을 경우에는 그 어떤 개입도 최후의 수단이 아니다. 그렇지만 개입을 유예하면 개입할 기회의 상실 혹은 불의의 지속적인 자행 같은 중대한 비용을 치러야 하는 경우가 종종 있다"(Moellendorf 2002, 119). 마지막으로 인권이 위태로운 상황에 있을 경우, 기계적으로 비례원칙의 균형을 잡을 방법은 있을 수 없다. 묄렌도르프는 다음과 같이 정확하게 지적한다. "개입에 따르는 부작용과 폐해가 불의가 시정되리라는 전망보다 더 클 것인가의 결정은 어떤 공통의 척도에 따라서 그 폐해를 측정해서 내리는 단순한 문제가 아니다.……이 문제들에서 우리가 예상할 수 있는 최선의 방안은 개별 상황마다 도덕적으로 가장 두드러진 특징들을 예민하게 고려

---

12) 이것은 묄렌도르프의 첫 번째 기준이 너무 취약하다는 점을 시사한다. 군사력의 동원에는 최소한 일부—그리고 종종 상당히 많은—민간인 사상자가 따를 것이 거의 확실하다는 점을 감안하면, 실패보다는 성공의 가능성이 훨씬 더 높아야 한다.

한 도덕적 판단을 행사하는 것이다"(p. 120).

인도주의적 개입은 적절한 권한을 인가받아야 한다고 말하는 경우가 이따금 있다. 이 문제에 관해서 국제법이 아직 유동적일 수는 있지만, 일반적으로 권한 승인에는 국제연합 안전보장이사회의 인정이 필요하다. 이것은 우리가 바라는 이상적인 상황과는 여러 가지 이유에서 거리가 먼데, 슈가 지적하듯이 안전보장이사회의 구성과 성격도 그중의 하나이다. 즉 안전보장이사회는 "이상하게 구색을 맞춘 다섯 나라의 손에 거부권을 쥐어준 터무니없이 비민주적인 기구이다. 이 나라들은 50년 전에는 모두 강대국이었으나 지금은 주로 핵무기 보유 사실을 스스로 인정했다는 점에서 유사하며, 그 나라들 중에는 국가주권에 관한 전근대적인 착각 아래에서 엄청난 독재를 실시하는 나라도 있고, 적은 인구와 미미한 경제로 인해서 제국의 힘이 사라진 두 나라도 끼어 있다"(Shue 1998, 73). 이와는 다른 어떤 대안적인 조직체를 창설하거나 혹은 이 기구를 개혁하자는 여러 제안들이 제시되어왔지만, 우리가 다루는 쟁점은 권한 승인 기구의 구체적인 디자인이 아니라 권한 승인 그 자체에 있다. 묄렌도르프는 적절한 권한 승인을 받는 것이 중요한 이유를 여러 가지 제시한다. 그러면서도 "권한 승인을 받지 못하지만 그외의 이유에서는 개입이 정당화되는 경우라면" 권한 승인의 이유들은 "정의보다 중요하지 않다"고 주장한다(Moellendorf 2002, 121). 인도주의적 개입에는 재정적인 비용뿐만 아니라 인간적인 비용이 항상 결부될 것이다. 적절한 권한 승인의 획득은 이 비용들이 여러 나라들 사이에 공정하게 분배될 것을 보장하는 데에 자주 도움을 줄 것이다. 또한 내가 위에서 논했듯이 인도주의적 개입의 정당성에 대한 인식이 개입의 성공 여부에 결정적인 경우가 자주 있다. 이러한 고려 사항들은 적절한 권한 위임을 옹호하려는 의도에서 나온 것이지만, 나는 그것이 정의보다 중요하지 않을 수도 있다는 묄렌도르프의 주장에 동의한다. 그렇지만 적절한 권한 승인의 획득이 필요한 또 하나의 추가적인 이유가 있으며, 그것은 상당히 중요하다.

밀러가 관찰하듯이 "좋건 싫건 군사적으로 강력한 정부들이 인도주의적 군사개입의 위태로운 절차를 집행하는 데에 선도 역할을 맡을 것이며, 군사적으로 강력한 정부일수록 더욱 그렇게 된다"(R. W. Miller 2003, 227). 정부가 내세우는 주의 깊게 고안된 왜곡과 위선은 제쳐두더라도, 우리는 그러한 정부들의 판단이 여러 요소들에 의해서 왜곡될 가능성이 높다는 것을 알고 있다. 그들 자신의 이익은 말할 것도 없고, 그외의 여러 편견과 선입견에 의해서도 정부의 판단은 왜곡될 가능성이 높다. 한 나라가 강력한 군사력을 가지고 있다는 바로 그 사실이 묄렌도르프가 제시한 기준 같은 일련의 기준들에 관해서 명료한 판단을 내리는 자신의 능력을 왜곡시키기 쉽다. 이것은 여러 차례 되풀이해서 이미 입증된 바이지만, 1993년 보스니아 위기 당시, 미국 국무장관 매들린 올브라이트가 합동참모본부 의장 콜린 파월에게 했다는 발언에서 가장 선명하게 드러난다고 할 수 있다. "우리가 사용할 수도 없다면, 당신이 항상 말하는 그 막강한 군사력을 가지는 것이 무슨 소용이 있습니까"(Powell with Persico 1996, 561)? 국가들은 인도주의적 명분을 내세워 실제로는 무슨 일이든 합리화하고자 시도한다. 패러는 이렇게 지적한다.

인류를 돕고 있다는 주장은 19세기 유럽의 제국주의의 개입을 정당화하는 그 수많은 잡동사니 속에서도 들린다. 미국 원주민을 멸종시키거나 이주시키는 것, 쿠바를 병합하는 것, 필리핀에서 독립운동을 탄압하는 것, 남미를 자본주의의 시장터로 만드는 것, 무슨 일에서나 미국이 인도주의적 목적에 호소하는 기회를 놓친 경우는 거의 찾기 어렵다(Farer 2003, 78).

이러한 지적은 질문을 두 개로 나누어야 하는 중요성을 제기한다. 그렇지 않으면 이 질문들은 같은 대답을 가진다고 생각될 수도 있을 것이다. 한편에서는 인도주의적 개입이 이상(理想)의 측면에서 도덕적으로 수용될 수 있기 위해서는 어떤 내용적 기준이 충족되어야 하느냐고 물을 수 있다. 뮐렌도르프의 중도적 개입주의는 (아마 몇몇 유보조건을 가지기는 하겠지만) 여기에 좋은 대답을 제공한다. 다른 한편, 이 기준들이 언제 충족되는지에 관한 강대국들의 판단이 신뢰할 수 없다고 믿을 만한 이유가 있다면, 우리는 또한 그들의 잠재적인 잘못된 판단을 완화할 수 있는 제도적 견제와 안전장치는 무엇인지 물어볼 수 있다.

개입 권한을 승인받기 위해서 다른 나라들의 참여가 필요할 때에는, 이것이 인도주의적 명분 속에 자신들의 편협한 자기이익을 합리화하려는 강대국들의 경향과 왜곡된 판단을 견제하는 장치로 기여할 수 있다. 왈저는 적절한 권한 승인이 이런 측면에서 많은 도움을 줄 수 있다는 데에 회의를 표시한다. "단순히 함께 행동한다고 해서 국가들이 자신의 개별적인 특질을 잃지는 않는다. 정부가 혼합된 동기들을 가지고 있다면, 정부들의 연합 역시 혼합된 동기를 가지고 있다"(Walzer 2000, 107). 나라들의 연합은 개별 나라와 마찬가지로 항상 혼합된 동기들을 가지고 있으며, 국제적 권한 승인은 그 결정이 올바르게 내려질 것임을 전혀 보장하지 않는다고 주장한 점에서 왈저는 옳다. 그럼에도 불구하고 국제적 권한 승인은 인도주의적 고려를 편협한 자기이익으로부터 분리시키는 데에 중대한 차이를 만들어낼 수도 있다(Farer 2003, 75-76). 따라서 개입을 허용하는 기준이 과연 충족되었는지에 관해서 어떤 단일 국가가 자기 스스로 판단을 내리고, 여기에 근거하여 군사행동을 취하지 못하도록 막는 제도적 견제와 안전 장치를 발전시키는 것은 현실적으로 가장 시급한 과제이다. 결국 나는 한 나라가 일방적인 인도주의적 개입을 **절대하지 말아야** 한다고 말하기 싫은 것이다. 그러나 일방적인 인도주의적 개입에는 "대량학살이 곧 임박했거나 지금도 계속 자행되고 있다는, 혹은 여기에 상응할 정도의 대량학살이나 생명의 박탈"이 벌어지고 있다는 근본적으로 논쟁의 여지가 없는 증거가 공개적으로 제시되는 것이 필요하다(Roth 2004, 17).

마지막으로, 우리는 인도주의적 개입이 도대체 과연 요구되는 것인지 물어보아야 한다. 내가 강조했듯이 정의의 의무는 인권 침해의 금지를 부과하는 데에 그치지 않는다. 그것은 또한 기본인권을 보호하는 제도가 없을 경우에는 새로운 제도의 창설에 도움을 주어야 한다는 적극적 의무를 발생시킨다. 그러나 이 의무는 한계를 가지고 있으며, 다른 사람들을 위해서 극단적인 희생을 감수하지 못하는 개인들은 정의롭지 못한 행동을 하는 것이라고 주장하기란 일반적으로 합당하지 않다. 물론 개인이 스스로에게는 아주 적은 규모에 불과한 비용을 들여 다른 사람을 구할 수 있을 때에도 그렇게 하지 않는다면, 그것은 타인에 대한 기본적 의무의 위반이 될 것이다. 그러나 개입이 용인되고 칭찬받을 만하다고 해도, 구제가 지극히 위험할 수도 있는 상황에서는, 스스로를 큰 위기에 빠뜨리는 것을 (혹은 다른 사람을 큰 위기에 빠뜨리는 것을) 거부한다고 해도 정의의 위반은 아니다. 그러나 상대적으로 그 규모가 작기는 하지만 무시할 수 없을 정도의 인명을 대가로 치를 때에야 명백한 인도주의적 재앙이 멈출 것 같은 경우에 관해서는 정말 어려운 문제가 제기된다. 개입은 절대 요구되지 않는다는 주장이 가지고 있는 문제점을 냉혹하게 표현한 사람이 왈저이다. "누군가는 개입해야 한다. 그러나 국가들의 사회에서는 그 어떤 특정 국가도 도덕적으로 그렇게 해야 할 의무는 없다. 그리고 이러한 경우들 중에는 어느 국가도 개입하지 않을 때가 많다.……학살은 계속되고, 학살을 멈출 능력이 있는 모든 국가는 보다 시급한 해결과제가 있으며, 서로 상충되는 우선순위가 있다고 결정한다. 개입에 수반되는 예상 비용은 너무 높다"(Walzer 2000, p. xiii). 개입의 의무가 있지 않는 한, 각 사회들은 최악의 인권 침해와 학대로부터 외국인의 권리를 보호하는 선택지를 취하는 경우가 너무 드물다고 일부 논자들은 주장한다. 그래서 예컨대 묄렌도르프는 "한 국가가 정의롭지 않은 기본 구조를 가지고 있거나 혹은 그 국내정책이 국제적 불의를 만들 때, 이 중의 하나에 해당하면 명백히 국가들의 업무에 개입할 의무가 있다"고 주장한다(Moellendorf 2002, 125; Lango 2001 참조).

이와는 대조적으로, 한때 인도주의적 개입의 열렬한 옹호자였던 루번은 최근 기존의 입장을 완화하여 인도주의적 개입에 참여하지 않는 것이 때로는 '수치스러울' 수도 있지만 아무런 개입의 의무도 없다고 주장한다. "외국인의 기본인권을 대신하여 군사적으로 개입할 의무가 진짜 있다면, 외국인의 기본인권이 위기에 처했을 때 전쟁에 나서지 **않을** 권리를 인민은 전혀 가지지 못하게 될 것이다. 그러나 인민은 전쟁에 나서지 않을 권리를 항상 가진다"(Luban 2002, 94). 전쟁에는 극단적인 희생이 만들어지고 강요되기 때문에 이 주장은 옳은 것으로 보인다. 우리는 군사력에 의존하는 그 어떤 인도주의적 개입에서도 일부 생명이 희생당할 것임을 예상해야 한다. 타인들을 보호하려는 노력이 또다른 어느 누구의 생명을 앗아가는 것이다. 슈가 지적하듯이 "타인의 기본권이 향유될 수 있도록 만들기 위해서 누군가에게는 그 자신의 기본권의 향유를 희생해야 한다는 요구조건은 누가 보아도 치욕스러운 불평등이다"(Shue 1996, 114).

1948년, '대량학살 방지 및 처벌 협약'의 당사자들은 "민족, 종족, 인종 혹은 종교 집단의 전부 혹은 일부"의 말살을 방지하겠다고 천명했다(United Nations 1948a). 각 나라들은 일방적인 개입을 거부할 권리를 보유할 수 있지만, 이 나라들 사이에서도 대량학살을 예방하기 위해서 할 수 있는 일은 해야 한다는 집단적인 의무가 존재한다. 이 의무를 이행하지 못한 최근의 통탄할 사례는 본래 약 750만 명에 달하는 인구 중 80만 명이 살해당했던 1994년 르완다의 집단학살이다.* 언론인 구르비치는 이렇게 보도한다.

---

* 르완다 내전은 소수파로서 지배층을 형성해온 투치족과 다수파 피지배계층인 후투족 사이의 정권 쟁탈을 둘러싼 갈등이다. 두 부족은 외모, 문화, 관습에서 뚜렷한 차이를 가지고 있다. 1962년까지 르완다를 위임 통치한 벨기에는 소수 부족인 투치족(14퍼센트)을 우대하여 다수 부족인 후투족(85퍼센트)을 통치하도록 했다. 두 부족 사이의 갈등과 충돌은 계속 벌어졌다. 급기야 1994년 4월에 후투족 출신의 대통령이 암살된 후 후투족이 투치족을 무차별 학살하면서 르완다는 내전 상태로 빠져들었다. 내전이 최악으로 악화되며 국제연합의 평화유지군 활동이 사실상 불가능해짐에 따라 1994년 4월 30일, 270명을 제외

르완다의 국제연합 평화유지군 사령관 달레르 소장은 5,000명의 잘 무장된 병력 그리고 후투족 인종주의자와 싸울 재량권을 준다면 자신은 집단학살을 빠르게 멈출 수 있다고 선언했다. 나는 그의 판단에 의문을 제기하는 말을 군사 분석가들로부터 전혀 듣지 못했으며 상당히 많은 수가 그것이 사실이라고 인정했다.……그러나 바로 같은 날, 국제연합의 안전보장이사회는 르완다 평화유지군의 무력을 90퍼센트까지 대폭 줄이는 결의안을 통과시켰다. 그리고 270명의 병력만 남기고 현지에서 철수하라는 명령을 내리고, 이들에게는 참호 뒤에 쭈그리고 앉아서 그저 지켜보는 일 외에는 아무 권한도 주지 않았다 (Gourevitch 1998, 150).

특히 미국은 안전보장이사회가 평화유지군에게 필요한 무력을 사용할 권한을 승인하지 못하도록 방해하는 수치스러운 역할을 막후에서 담당했다(Gourevitch 1998, 152-154; Power 2002, 329-389). 백번 양보해서 미국이 국제연합 평화유지군의 일부로 참여한 자국 군대의 생명을 위협에 빠뜨리는 것을 거부한 데는 정당한 이유가 있다고 인정해준다고 해도, 다른 나라들도 그렇게 하지 못하도록 막은 미국의 술책은 수치스러운 일이다. 그런데 미국과 달리 여타 국가들, 특히 벨기에와 프랑스는 르완다와 역사적으로 밀접한 관계가 있다. 논쟁의 여지는 있지만 벨기에 식민지배의 유산이 후투족과 투치족의 인종적인 적대감을 불러일으킨 것은 사실이다. 이것이 사실인 한

한 전 병력을 철수했다. 두 부족들 사이에 벌어진 보복 학살의 희생자는 최대 100만 명까지도 추산된다. 2000년, 르완다 인종학살 희생자 6주년 추모식에 참석한 벨기에 총리는 식민통치와 대량학살을 외면한 데에 대해서 공식적으로 사과했으며, 국제연합도 학살을 막지 못한 잘못을 사과했다.

에서는 벨기에는 다른 나라들보다 훨씬 큰 개입의 의무를 가지고 있
는 듯이 보였을 것이다. 켈리는 이렇게 지적한다.

때로는 한 나라의 행동과 다른 나라의 인권 상황 사이에 분명하고도
직접적인 인과적 연계관계가 만들어질 수 있다.……국제공동체가 인
권 침해와 학대를 멈추기 위해서 국경을 넘어서 개입하는 것이 필요
하다고 합리적으로 간주하면, 그 불의에 인과적으로 연루되어 왔던
국가들은—그렇게 할 자원을 가지고 있는 경우—그 노력을 (군대,
물자, 돈으로) 지원해야 할 의무를 가진다(Kelly 2004, 181).

그렇다면 일반적으로 이렇게 말할 수 있다. 허용될 수 있는 인도
주의적 개입에 도움을 주어야 하는 의무를 각 나라들이 가지지 않는
다고 해도, 기본인권들이 침해되는 상황을 만드는 데에 어떤 나라가
부분적 책임을 가지고 있다면, 혹은 기본인권의 침해를 구제하는 데
에 도움을 제공하겠다고 스스로 공언했다면, 그 나라에는 그와 같은
개입의 의무가 생길 수도 있는 것이다.

7

빈곤, 발전과 정의

제4장에서 나는 필수 자원(essential resources)에 대한 권리를 기본 인권에 포함시키는 주장을 내세웠다. 내가 제5장에서 지적했듯이 때때로 이 권리는 정치적인 이유에서 특정 개인들 혹은 특정 집단들을 굶주림이나 빈곤 상태에 빠뜨리려는 지배자들에 의해서 의도적으로 침해되었다. 그러한 의도적인 정책은 대단히 심각할 경우 외부의 압력을 정당화할 수 있으며, 극단적인 경우에는 인도주의적 개입의 가능성을 정당화할 수도 있다. 그러나 일반적으로 훨씬 더 흔하게 이 권리를 박탈하는 주범은 간단히 말해서 빈곤이며, 그 원인은 복합적이면서 복잡하게 얽혀 있다. 기본적으로 제7장은 인민으로부터 이 기본권을 박탈하지 못하도록 정치체제에 압박을 가하는 것이 아니라, 인민이 그 권리를 안전하게 확보할 수 있도록 정치체제에 도움을 주려는 데에 초점을 둘 것이다. 정의의 의무는 기본인권을 보호하고 여기에 접근할 수 있는 제도들을 창설하고 유지하는 데에 모든 사람이 도움을 줄 것을 요구하는데, 이 기본인권에는 필수 자원에 대한 안전한 접근이 포함되어 있다. 내가 강조했듯이 이 의무의 강도가 모든 사람에게 똑같은 것은 아니다. 다른 조건들이 동일하다면 이 의무는 부유한 사회들, 즉 특정 경우에 가장 효과적으로 도울 수

있는 사회들 그리고 정의롭지 못한 사회질서를 도입하는 데에 (예컨 대 식민주의를 통해서) 역사적으로 일정한 역할을 했던 사회들에 보 다 강하게 부과된다. 베이츠는 이러한 접근법을 다음과 같이 요약한 다. "요지는 이렇다. 누가 행동의 책임을 가지는가 하는 판단은 박탈 의 인과적 책임과 효과적 개입 능력의 교차적인 고려에 달려 있다" (Beitz 2004, 208).

불행하지만, 세계의 많은 곳에서 삶에 극히 중요한 필수 자원에 대한 기본인권이 안전하게 확보되지 못한다는 사실을 힘들여 주장할 필요조차도 없다. 실제로도 박탈의 규모와 정도는 믿기 어려울 정도 이다. 2001년에 세계 인구의 절반에 가까운 사람들이 구매력 평가 (purchasing power parity), 즉 국내의 실제 구매력을 기준으로 책정 한 환율로 환산할 때 하루에 2달러에 미치지 못하는 수입으로 살아 가고 있었으며, 10억 이상의 사람들이 구매력 평가 하루에 1달러 이 하에 해당하는 극빈 상태에 살고 있었다(Chen and Ravallion 2004, 31, 표 4).[1] 이 빈곤의 문턱은 거의 밑바닥이나 다름없다. 하루에 2달러 수준은 예컨대 미국의 공식적인 빈곤 수준의 약 10분의 1 정도 에 해당한다.[2] 또한 포기의 계산에 의하면 "보다 높은 빈곤선(貧困 線)에 [하루에 2달러 수준] 살고 있는 사람들 중에서 43퍼센트 그리 고 낮은 빈곤선에 [하루에 1달러 수준] 살고 있는 사람들 중에서 30퍼

---

1) (구매력 평가) 하루에 1달러의 기준에는 근본적인 문제가 있으며, 극심한 빈 곤의 규모와 정도를 과소평가하는 결과를 초래한다는 주장도 제기된다(Reddy and Pogge 2003). 그렇지만 이 액수는 여전히 표준 척도로 통용된다.

2) 하루에 1달러가 빈곤선의 척도로 계산된 기준 연도에 해당하는 1993년에 미 국 정부는 (미국의 경우) 개인의 빈곤선을 1년에 7,363달러로 정했고, 2003년 에는 9,393달러로 정했다(United States Census Bureau 2004).

센트가 그 평균 이하에서 살아가고 있다.……전자는 인류의 47퍼센트를 차지하며 세계의 전체 소득 중에서 1.25퍼센트의 몫을 보유한다. 후자는 인류의 20퍼센트에 해당하며 세계의 전체 소득 중에서 0.33퍼센트를 보유한다"(Pogge 2004a, 283, 각주 21). 사실상 이것은 세계 인구의 절반 정도가 가장 부유한 나라의 가장 빈곤한 시민들보다 더 가난한—훨씬 가난한 경우가 많다—삶을 살고 있다는 뜻이다.[3] 이 극심한 빈곤이 가져올 귀결은 쉽게 예측할 수 있다. "매년 빈곤과 관련된 원인들로 인해서 약 1,800만[명의 사람들]이 일찍 사망한다. 이 숫자는 인류 전체의 사망 중에서 3분의 1에 해당한다. 5세 이하의 어린이 3만4,000명을 포함하여 매일 5만 명이 목숨을 잃는다"(Pogge 2002, 2). 이러한 사망 중에서 대부분의 경우는 글자 그대로의 기아 때문이 아니라, 어쩌면 경미한 충격에 그칠 수도 있는 질병이나 자연재해 등에 대한 취약성이 늘어난 탓이다. 쉽게 치료할 수 있는 질병도 사망 선고가 된다. 예를 들면, 세계보건기구의 보고에 따르면 "매년 약 40억 건의 설사병이 발생하는데, 이로 인해서 220만 명이 사망한다. 그 대부분은 5세 이하의 어린이이다. 이것은 매 15초마다 한 명의 어린이가 죽는 것과, 혹은 달리 표현하면 매일

---

3) '미국 통계국'은 빈곤선 이하에서 살고 있는 사람들의 숫자에 관한 자료를 모으고 있지만, 미국의 보다 극심한 빈곤에 관한 신뢰성 있는 자료를 입수하기는 어렵다. 미국 '주택도시개발부'는 1996년 자료에 의거하여 홈리스(homeless) 상담 의뢰인들 사이의 30일 소득의 중간값은 300달러라는 것을 알아냈으며, 그중 45퍼센트는 저소득층 식비지원(food stamp)을 포함하여 "자산 조사 결과에 따라서 지급되는 어떤 유형의 정부 원조"를 받는다고 보고했다. 나는 절대로 이러한 홈리스 정책이 관대하다는 뜻으로 말하는 것이 아니다. 적절하다는 말조차 꺼내지 않겠다. 다만 우리가 지금 다루고 있는 하루에 2달러의 국제적인 기준보다는 훨씬 높다는 뜻이다.

대형 여객기 20대가 충돌하는 것과 맞먹는다"(World Health Organization 2000, box 1.2). 태풍, 지진, 가뭄 같은 자연재해 역시 이 삶의 끝에 매달려 있는 사람들에게 최악의 피해를 가하며, 이들은 운명의 사소한 변화에조차 제대로 대처할 수 없다. 또한 극심한 빈곤으로 고통받는 사람들은 부패하고 폭력적인 지배자에게 맞서 싸울 능력도 없고 정치적 억압과 착취에도 가장 취약하다. 포기의 다음과 같은 지적에 동의하지 않기란 어려운 일이다. "'모든 사람이 식량, 의복, 주택, 의료, 필수적인 사회 서비스를 포함하여 자신과 가족의 건강과 복지에 적절한 생활수준을 누릴 권리'(세계인권선언 25조) 같은 사회 경제적 권리들은, 확신하건대 현재 가장 빈번히 실현되지 않고 있는 인권이다"(Pogge 2002, 91).

이와 같은 끔찍한 통계에 직면하여, 우리가 과연 사정이 나아지고 있는지 아니면 악화되고 있는지 한 번 물어보는 것도 합당하다. 대답은 비관과 낙관이 섞여 있는데, 일부 영역에서는 큰 진전이 일어났지만 다른 부문에서는 크게 하락했기 때문이다. 2003년도 국제연합 『인간개발 보고서(*Human Development Report*)』는 몇몇 측면에서 놀라울 정도의 긍정적인 성취를 보였다고 지적한다. "지난 30년은 개발도상국에서 극적인 개선을 보았다. 기대 수명은 8년 상승했다. 문맹률은 거의 절반이나 떨어져 25퍼센트에 도달했다. 그리고 동아시아에서는 하루에 1달러 이하로 살아가던 사람들의 숫자가 1990년대에는 거의 절반으로 줄었다"(United Nations Development Programme 2003, 2). 이러한 극적인 개선은 특히 1997-1998년의 아시아 금융위기를 감안할 때 축하할 만한 일이다. 물론 세계인구가 계속 늘고 있기 때문에 빈곤율이 일정하게 계속 유지된다고 해도 빈곤 상태에서 살고 있는 사람들의 숫자는 크게 늘어날 것이라는 사실을 기억하는 것이 중요하다. 세계은행의 한 경제학자는 이렇게 지적한다.

빈곤발생[률]은 현대 역사를 통해서 점진적으로 감소해왔지만, 일반적으로 인구성장이 빈곤인구의 감소를 능가했기 때문에 빈곤인구의 총 숫자는 실제로는 계속 상승하고 있다.……정말 놀라운 사실은 지난 20년 동안 빈곤층의 숫자가 2억7,500만 명이 줄었지만 동시에 세계 인구는 16억 명이 늘었다는 점이다. 이와 같은 빈곤 인구의 감소는 세계역사에서 그 유례가 없는 일이다(Dollar 2004, 18).

다른 측면에서 보면 모든 경향이 다 긍정적인 것은 아니다. 하루에 1달러로 살아가는 사람의 수는 지난 20년 동안 감소해왔지만, 하루에 2달러 혹은 그 이하로 살아가는 사람의 수는 같은 기간 동안 실제로 증가해왔다(Chen and Ravallion 2004, 5, 16). 또한 지난 20년 동안 세계적인 빈곤 규모의 축소는 대부분 중국에서 이루어졌으며, 그중에서 상당 부분은 1980년대 초기에 나타났다. 중국의 거대한 인구를 감안하면, 세계 규모에서 빈곤의 총 수준에만 초점을 두면 다른 지역에서는 상황이 심각하게 후퇴했다는 사실을 감출 수 있다. 특히 사하라 지역의 아프리카 국가들의 경우, 1981년에서 2001년 사이에 가장 극적으로 빈곤 규모가 증대했다. "빈곤 인구의 숫자는 거의 두 배로……하루에 1달러 이하로 살아가는 사람들이 1억 6,400만 명에서 3억1,600만 명으로 늘어났다"(Chen and Ravallion 2004, 20). 이 시기에 사하라 사막 남쪽의 아프리카 국가들에서는 극빈 인구의 (절대적 숫자뿐만 아니라) 비율조차 계속 상승하여

2001년에는 이 지역 인구의 거의 절반이 하루에 1달러 이하로 살아가게 되었다. 전반적으로 보면 "가난한 사람들의 숫자는 [1981년에서 2001년 사이] 아시아에서는 줄었지만 다른 지역에서는 늘어났다"(Chen and Ravallion 2004, 17; 표 3 참조). 2003년도 국제연합 『인간개발 보고서』는 이러한 사실들을 검토하면서 "인간개발의 측면에서 1990년대는 최고의 시대이자 최악의 시대였다. 몇몇 지역과 국가들은 전례 없는 발전을 보인 반면 다른 곳은 정체하거나 퇴보했다"고 요약한다(United Nations Development Programme 2003, 40).

이러한 사실들에 직면할 때 우리는 문제의 심각성에 그대로 압도된다. 철학자 로티가 지적하듯이 세계적 빈곤을 다루는 중요한 노력은 너무 비용이 많이 들지도 모르기 때문에 (과거) 부유한 나라들이 문제 해결책을 "아직도 스스로 인식할 수 없는" 것은 아닌지, 혹은 가난한 나라들은 제쳐두고 "자신들의 삶은 살 만한 가치가 있다고 생각하는 것은 아닌지" 걱정하는 것은 자연스럽다(Rorty 1996, 15). 그렇지만 로티의 이러한 우려는 가난한 사람들 대다수가 겪고 있는 절대 빈곤이 개선되는 방법을 제대로 알지 못하고 있다. 즉 극심한 빈곤으로 고통받는 많은 사람들이 있는 것은 사실지만, 그들의 부와 소득이 상대적으로 조금만 상승해도 그들의 처지는 크게 달라질 수 있다. 1998년도 국제연합 『인간개발 보고서』의 자료를 보면 이 규모가 어느 정도인지 감지할 것이다. 보고서는 전 세계의 최고 부자 225명의 합계 소득에서 딱 4퍼센트만 떼어내면 "모든 사람에게 기본 교육에 대한 보편적 접근, 모든 사람에게 기본 의료 서비스, 모든 여성에게는 출산 관련 의료 서비스, 모든 사람에게 적절한 식량, 깨끗한 물, 위생시설을 제공하고 유지하는 데에" 충분할 것이라고 지적한다

(United Nations Development Programme 1998, 30, box 1.3). 다른 방식으로는 이렇게 할 수도 있다. 포기는 "매년 전 세계 총 소득의 단 1퍼센트, 액수로는 3,120억 달러"를 가장 부유한 나라들로부터 가장 가난한 나라들로 이전하면 "전 세계적인 심각한 빈곤은 뿌리 채 사라질 것이다"라고 주장한다(Pogge 2002, 2). 물론 한 차례 부의 대규모 이전으로 고질적인 빈곤의 문제가 해결되지는 않을 것이다. 그러나 이 숫자들은 헤아릴 수 없이 많은 사람들을 구하는 데에 필요한 액수는 세계의 가장 부유한 시민들의 복리를 위태롭게 할 수준의 근처에도 가지 않을 것임을 보여준다.

오늘날 세계에서 세계적인 규모의 부와 소득의 극단적인 불평등은 두 개의 매우 다른 이유에서 정의롭지 못하다고 간주될 수 있을 것이다. 첫째, 생존 수준에 대한 기본인권을 보호하는 의무를 이행할 기회가 그렇게 크고 많은 데도 불구하고 전혀 이루어지지 않고 있다는 의미에서 정의롭지 못하다고 지적할 수 있다. 포기가 관찰하듯이 "불평등의 규모"는 "빈곤의 회피 가능성 그리고 빈곤 퇴치의 특전을 부여받은 사람들이 치르는 기회비용, 이 둘의 어림짐작"으로 볼 수 있다(Pogge 2002, 96). 둘째, 또 하나 끌어낼 수 있는 결론은 불평등이 그 자체로 잘못이라는 것이다. 즉 필수 자원에 모든 사람이 최저 수준으로 안전하게 접근한다고 해도, 일부 사람들이 다른 사람들에 비해서 현저하게 많은 부를 가지는 것은 정의롭지 못하다고 생각될 수 있다. 내가 옹호하는 인권 접근법은 앞의 주장은 받아들이지만 뒤의 주장은 받아들이지 않는다. 기본 자원의 충분한 공급에 대한 안정된 접근을 포함하여 기본인권이 보호받고 있는 한 보통 말하는 지구적 불평등은 잘못이라고 할 수 없다. 이 입장은 외국인에게는 아무런 정의의 의무도 부여되지 않는다고 주장하는 현실주의자 그리고 국내적 정의의 원칙이 국제적으로도 또한 적용되어야 한다고 주장하는 범세계적 평등주의자, 즉 강한 세계시민주의자의 논리에 대한 대안으로 볼 수 있다.

극심한 빈곤과 불평등의 문제, 특히 국경을 넘어 외국에서 벌어지고 있는 극심한 빈곤과 불평등이 제기하는 도덕적 함의에 큰 관심을 기울인 철학자들은 1972년 이전까지는 아주 적었다. 당시에 (곧 방글라데시가 된) 동파키스탄에서 벌어진 전쟁과 홍수를 피해서 이주한 약 900만 명의 난민이 참혹한 조건에서 생활하며 "물, 피신처, 의료 서비스의 부족"으로 죽어갈 위험에 처해 있다는 사실에 관심을 기울여달라는 글을 피터 싱어가 발표한 이후, 상황은 변했다(Singer 1972, 229).[4] "어떤 나쁜 일이 일어나지 못하도록 막을 능력이 우리에게 있다면, 그로 인해서 거기에 맞먹는 도덕적 중요성을 전혀 희생하지 않고서도 막을 능력이 있다면, 도덕적으로 우리는 그렇게 해야 한다"는 것이 그의 가정이었다(p. 231). 싱어는 이렇게 주장한다.

나 그리고 나와 유사한 상황에 있는 다른 모든 사람들은, 하나를 더줌으로써 나 자신과 나에 의존하는 사람들에게 심각한 고통이 초래되기 시작할 수준까지, 가능한 한 많이 주어야 한다는 결론이 나온다.

---

4) 실제로는 7,500만 명의 인구 중에서 약 3,000만 명이 거주지에서 쫓겨났다. 900만이라는 숫자는 아마 국경을 넘어 인도로 간 사람들의 숫자일 것이다. 전쟁과 기근으로 인한 사망자 수는 최종적으로 300만을 상회하는 것으로 추산되는데, 아마 실제로는 그 두 배 정도가 될 것이다. 300만이라는 숫자는 당시에 파키스탄의 대통령이었던 야히야 칸의 주장으로부터 나왔을 가능성이 크다. 그는 이렇게 말했다. "그들 300만을 죽여라. 그러면 그 나머지는 우리의 말을 고분고분하게 듣게 될 것이다"(Rummel 1994, 315-337; Payne 1973 참조).

이것이 최소한의 조건이다. 그리고 아마도 이 수준을 넘어 한계효용의 수준까지, 즉 하나를 더 줌으로써 나 자신과 나에 의존하는 사람들에게 벵골 지역에서 막을 수 있는 그런 정도의 고통이 초래될 수준에 이를 때까지 가능한 최대한으로 많이 주어야 한다는 결론이 나온다"(p. 234).

싱어가 자신의 효용론을 통해서 보다 강한 결론을 옹호하고 있음이 분명하다. 즉 세계에서 가장 고통받는 사람들과 우리의 한계효용을 평준화할 때까지 그들을 도울 것이 요구된다는 말이다(Unger 1996 참조).*

나는 싱어의 효용론이 포괄적인 도덕이론으로서 옹호될 수 있다고는 믿지 않지만, 그의 주장은 사회정의가 요구하는 것을 제대로 설명

---

* 싱어는 벤담과 같이 효용론에 입각하여 빈곤에 대한 국제적인 원조와 개입 의무를 주장했다. 도움을 베풀 때 생기는 우리의 정신적, 물질적 손실분보다 우리의 도움으로부터 더 많은 것을 얻을 수 있는 사람들이 있다면, 우리는 그 누구라도 도와주어야 한다는 것이다. 조금 다르게 표현하면 우리의 도움을 받아 삶의 처지가 개선되는 사람들의 복리와 우리의 복리가 같은 수준으로 줄어들 때까지 그 사람들을 도와야 한다는 주장이다. 이것은 거의 극단적인 이타주의인데, 도덕적 원칙으로서 본다면 존경스럽다. 반면 이런 식의 주장을 고수하면 직관적으로 보아 잘못된 행동까지도 국제적인 원조나 개입의 명분으로 옹호될 수 있다는 점이 문제이다(싱어는 그런 주장을 내세우지 않았지만). 예컨대 1998년 세르비아 사태에서 나토는 세르비아 라디오 방송국을 폭격하여 10명의 민간인 직원을 사망하게 만들었다. 그렇지만 잘못된 정보와 선전을 퍼트림으로써 코소보 주민의 고통을 더하고 전쟁을 계속 끌고 나가게 만드는 라디오 방송국을 폭격함으로써 얻게 되는 이득이 10명의 생명보다 중요하다고 공습을 정당화한 사람도 있었다. 영국 국제개발국 장관 클레어 쇼트가 그랬다. 이 부분의 서술은 이 책의 참고 문헌에도 수록되어 있는 Holzgrefe(2003, 19-25)에서 도움을 얻었다.

하지 못하고 있음이 분명하다(R. W. Miller 2004a, 2004c).[5] 행복의 총량을 극대화하는 정의의 의무는 전혀 존재하지 않으며 자원이나 행복의 평등한 몫에 대한 기본인권 역시 존재하지 않는다. 또한 정의는 우리 삶의 모든 측면에서 완벽한 공평성을 보여주어야 한다고 요구하지 않는다. 많은 경우에 내가 딸의 복리를 어느 정도 증진시키기 위해서 내 돈을 사용하는 것은, 비록 그 돈이 다른 누군가의 삶을 보다 훌륭하게 만들어줄 수 있었다고 해도, 정의에 어긋나지 않을 것이다. 그러나 우리가 우리 자신과 특정 타인들에게 보여주어도 괜찮다고 허용받는 편파성(partiality)에는 중요한 한계가 있다. 예를 들면, 딸의 삶을 보다 더 좋게 만들고자 내가 다른 사람을 죽이거나 무엇인가를 훔쳐서는 안 될 것이다. 그런 일을 저지르면 나는 타인을 도와야 한다는 **적극적** 의무를 단순히 방치했다기보다는 내가 모든 사람에 대해서 지고 있는 (타인으로부터 무엇인가를 훔치거나 그들을 죽이지 말아야 한다는) 강한 **소극적** 의무를 위반하게 될 것이다. 많은 경우, 타인을 돕는 **적극적** 의무는 그 의무를 수행할 경우 나의 (혹은 나의 딸의) 삶이 악화될 것 같다는 사실에 의해서 (아주 조금 악화되는 데에 불과하다고 해도) 무시될 수 있다. 그러나 **소극적** 의무는 불편부당하게 적용되는 것이며 쉽사리 무시될 수 없는 것이다.

최근 몇몇 강한 세계시민주의자들은 세계의 빈민을 원조하는 의

---

5) 싱어의 효용론이 정의를 설명하는 데에 적합하지 못한 이유는 그의 주장이 가지고 있는 한 가지 특징 때문이다. 즉 그는 가치 다원주의라는 타당한 사실을 거부하고 있다. 이 부분에 관한 그의 독단적인 주장은, 예를 들면 선호의 만족이나 즐거움에 근거하여 가치의 주관적인 측면을 설명하는 부분에서 은폐될 수 있을지도 모른다. 그러나 그의 주관적인 가치론 자체가 사람들이 합당하게 거부할 수 있는 그런 성격의 것이다(J. Mandle 2000, 147-151).

무를 적극적 의무로만 보는 것은 잘못이라고 주장해왔다. 경쟁적인 여러 고려 사항에 떠밀려 쉽사리 무시될 수 있는 자선의 문제가 아니라는 것이다. 그들은 지구화 과정, 특히 경제적 교역의 성장은 우리를 전 세계 인민과 새로운 관계들로 들어서도록 만들어왔으며, 이 관계들은 보다 강한 정의의 의무를 발생시킨다고 주장한다. 이런 주장에는 두 가지 질문이 고려되어야 한다. 첫째, 이 관계들은 정의의 의무의 내용을 바꾸는가? 특히 이 관계들은 세계 차원에서 평등주의적인 분배 정의의 요구를 발생시키는가? 둘째, 이 관계들은 우리의 의무들이 적극적일 뿐만 아니라 보다 강한 소극적 의무이기도 하다는 점을 의미하는가? 특히 우리가 이 의무들을 위반하면 단순히 타인을 방치할 뿐만 아니라 타인에게 적극적으로 피해까지 끼치게 되는 것인가?

우리가 제2장에서 보았지만 롤스는 사회의 기본 구조에 적용될 것이라는 가정 위에서 자신의 국내적 정의, 곧 일국 차원에서 정의의 원칙을 발전시켰다. 실제로 여러 논자들은 현재 세계적 기본 구조가 있으며, 만일 롤스의 평등주의적인 분배 정의의 원칙(egalitarian principles of distributive justice)이 일국 차원에서 적용된다면, 그 원칙은 세계 차원에서도 적용되어야 한다고 주장한다. 예를 들면 뮐렌도르프는 "분배적 정의의 의무들은……경제적 유대로부터 발생한다. 자본주의가 지구화됨에 따라서 분배적 정의의 의무가 발생하는 주된 장소를 국가가 아니라 세계로 보는 것이 훨씬 더 합당하다"고 주장한다(Moellendorf 2002, 72).[6] 범세계적인 경제적 제도들이 모

---

6) 아래의 논의는 2003년 저작(J. Mandle 2003)에서 다룬 내용을 기반으로 삼고 있다.

든 사람의 복리에 큰 영향을 끼치기 때문에 "정의의 의무는 범세계 적으로 사람들 사이에 존재하지 단순히 동포들 사이에 존재하는 것 이 아니다"라는 것이다(p. 37). 묄렌도르프는 롤스의 평등주의적인 공정한 기회 평등(fair equality of opportunity)의 원칙과 차등원칙은 세계적으로도 적용되어야 한다고 결론을 내린다. 그는 "현재 자원의 세계적 분배는" 공정한 기회 평등의 요구로부터 "너무나도 크게 벗 어나 있다"고 지적하면서, "공정한 기회 평등을 세계적으로 성취하 려면 교육, 의료, 식량, 안전 프로그램을 지원하기 위해서 선진국의 가장 부유한 사람들로부터 개발도상국으로 부의 상당한 이전이 필 요하다"고 언급한다(p. 49). 또한 "공정한 기회 평등의 원칙만이 세 계경제의 광범위한 구조적 변화를 요구한다면, 그 원칙과 차등원칙 의 결합은 더더욱 필요하다"고 주장한다(p. 81; 또한 Caney 2001, Beitz 1999 참조).

범세계적 맥락에서 공정한 기회 평등이 무엇을 요구하는지 결정 하는 데는 중요하고도 흥미로운 개념적인 어려움이 있다(Boxill 1987; D. Miller 2004, Caney 2001 참조). 묄렌도르프는 공정한 기회 평등을 실현하려면 모잠비크 농촌에서 자라나고 있는 어린이도 "자 기 아버지의 지위로 올라갈" 스위스 은행 고급 간부의 어린이와 똑같 아져야 한다고 주장한다. 글자 그대로 받아들인다면 여기에는 국경 의 완전한 개방이 필요할 것이다. 개인이 세계 어디에서도 직업을 구하는 데에 일체의 제약도 있어서는 안 되기 때문이다. 그러나 묄렌 도르프는 정의가 국경 개방을 요구한다고는 믿지 않는다(Moellen-dorf 2002, 66; Carens 1995 참조). 그의 본래 의도는 틀림없이 이런 주장에 가깝다. 즉 공정한 기회 평등은 스위스에 있는 은행의 고위직에 도달하는 스위스 은행가의 자식과 모잠비크에서 온 어린이가 같아져야 한다고 요구하는 것이 아니라, **모잠비크**에 있는 은행에서 그에 **맞먹는** 지위에 평등하게 올라갈 것을 요구한다. 문제는 분명하다. 모잠비크에 있는 은행에는 그에 맞먹는 지위가 없다면 어떻게 되는가? 두 나라의 부의 총량에 대단한 차이가 난다는 것만이 난점은 아니다. 정확하게 상응하는 고용 직위를 제공할 수 있도록 각 나라들의 경제가 조직되어야 한다는 도덕적 요구란 전혀 있을 수 없다. 묄렌도르프도 이것을 인정하고 기회 평등의 요구 사항은 각 사회에 동일한 직위가 있어야 한다고 요구해서는 안 된다는 점에 동의한다 (Moellendorf 2004, 219). 그리고 기회 평등은 재정적 보수, 권위, 명성, 안전 등의 평등한 몫을 차지할 것을 요구한다는 입장을 내놓는다. 그러나 제각각 다른 사회들에서 겉으로는 어떤 직위들이 서로 일치하는 듯이 보여도, 그 직위들이 보수로 받는 이 여러 재화들의 보따리가 똑같다고 가정할 이유는 전혀 없다. 심지어는 그 보따리가 내용적으로 유사하다는 기대조차도 할 수 없기 때문에 문제는 여전히 남는다.

이러한 재화들이 각 사회의 문화적 맥락에서 어떤 평가를 받고 있는지 일체 고려하지 않고, 또 재화들의 균형을 비교 고찰하지 않고, 이 여러 재화들을 '이득(advantage)'이라는 단일척도로 통합함으로써 이 문제가 해결될 수 있다고 하자. 그렇다고 하더라도 이러한 재화들의 가용 보따리(available package)가 여러 사회들에서 평등해야 한다는 요구는 너무 지나친 것으로 보인다. 지위에 따라서 얻는 기회와 재화의 보따리의 내용이 저마다 달라지게끔 각 사회는 발전해나갈 수 있다. 이런 경우를 생각해보자. 부의 총 수준에서는 동일한 두 개의 사회가 있는데, 하나는 부의 평등한 분배를 유지하는 정책을 추구한다. 다른 하나는 상당한 불평등을 허용하면서도 모든 사람에게 최소한의 적절한 부의 몫을 제공하고 모든 시민에게 높은 수준의 부를 성취할 수 있는 공정한 기회를 보장한다고 가정해보자. 불평등 사회의 시민들만이 최고의 지위를 성취할 기회를 가지게 될 것이기 때문에(반면 평등주의 사회의 시민들보다 아래의 위치로 떨어질 가능성도 있다), 이 두 사회의 시민들에게 평등한 기회는 존재하지 않을 것이다. 일국 차원의 국내적 정의의 원칙에서 볼 때 불평등 사회가 열등하다고 우리가 생각하건 말건, 지구적 정의의 관점에서 보면 잘못된 것이 전혀 없다. 즉 한 사회의 부가 다른 사회로 이전되어야 한다는 요구는 지구적 정의의 관점에서는 전혀 성립되지 않는다.

평등주의적인 범세계적 분배 정의의 원칙을 옹호하는 묄렌도르프의 이론은 지금 세계에는 이 원칙에 합당한 범세계적인 경제적 연관성이 존재한다는 자신의 주장으로부터 끌어낸 것이다. 역으로 그는 방대한 범세계적인 경제적 연관 관계가 없을 경우에는 세계 차원에서의 분배 정의의 의무도 없을 것이라고 주장한다(Moellendorf 2002, 36, 37; Pogge 2002, 171 참조). 묄렌도르프는 강한 분배적 정의의 의무를 발생시키기에 충분한 경제적 연관성이 과연 존재하는지, 또 우리가 어떻게 측정해야 하는지에 관해서는 아무런 언질도 주지 않는다. 그렇지만 GDP에서 수출이 차지하는 비율을 보면 범세계적 경제 통합을 우리가 대략 짐작할 것이라고 가정한다. 1998년의 경우 GDP에서 수출이 차지하는 비율은 미국이 11퍼센트, 영국은 26퍼센트, 일본은 11퍼센트에 달한다(World Bank Data Query). 이 나라들과 세계경제의 이 정도의 통합 수준이 지구적 규모에서 강한 평등주의적 정의의 의무를 발생시키기에 과연 충분한 것인지 우리가 어떻게 결정을 내릴 수 있는가? 또한 GDP 중에서 수출이 차지하는 비율의 하한선을, 예컨대 25퍼센트로 명백히 정해놓고, 이 수준을 넘으면 평등주의적 정의의 의무가 발동된다는 그의 주장 역시 타당하다고 보이지 않는다. 이렇게 되면 1998년에는 미국도 일본도 아니고 영국이 지구 차원에서의 차등원칙과 공정한 기회의 평등을 충족시켜야 하는 정의의 의무를 가진다. 그 대안으로 "책임의 강제력은 세계경제와의 연관성의 정도와 정비례한다"는 그의 주장을 반영하여 일종의 누진 척도를 활용하는 방안도 있을 것이다(Moellendorf 2002, 123). 즉 연관성이 높아짐에 따라서 평등주의적 정의의 실현 의무도 높아지게 하자는 주장이다. 그러나 그와 같은 접근법 역시 문제를 안고 있다. 예를 들면 1996년에서 1998년 사이에 한국은 아시아 금융위기로 인해서 GDP의 39퍼센트가 줄었다. 똑같은 시기에 한국의 GDP에서 수출이 차지하는 비율은 30퍼센트에서 49퍼센트로 늘어났다. 경제 규모가 급격하게 줄어든 이 2년 사이에 누군가 세계적 빈곤을 없애는 한국의 의무가 거의 3분의 2 증가했다고 주장하기란 어려울 것이다.

또한 무역과 해외투자가 부유한 나라들에 가난한 나라들의 빈곤을 줄이는 의무를 부과한다면, 그와 같은 경제적 상호거래가 빈곤을 줄이는 데에 유용할 경우조차도, 오히려 그 거래를 회피하려는 강력한 동기를 부여할 수도 있다. 세계가 최근 이룩한 대단한 규모의 경제적 통합은 지구적 정의의 원칙에 새로운 반성을 요청한다고 주장한 점에서 묄렌도르프는 분명히 옳다. 그러나 단순히 (롤스의 의미에서) 사회의 기본 구조가 국가 경계를 넘어 확장되어왔다는 가정을 통해서 지구적 정의의 원칙을 다시 성찰하자는 주장의 적절한 틀이 마련될 것인지는 확실하지 않다. 마지막으로 세계경제로의 통합은 각 나라가 모든 다른 나라들과 상호 교섭한다는 의미는 아니라는 점을 지적하고 싶다. 오직 한 나라(혹은 몇몇 나라들)와만 방대한 교역 및 투자 관계를 맺을 수도 있다. 왜 그와 같은 교역이 도대체 외국의 다른 나라들에 대해서 그 어떤 것이든 정의의 의무를 발생시켜야 하는지 묄렌도르프의 이론에서는 불분명하다. 범세계적 경제관계가 전 세계 나라들의 경제에 종종 심대한 영향을 끼쳐왔다는 사실은 부정할 수 없지만, 그렇다고 해서 지구적 정의는 강한 세계시민주의가 내세우는 평등주의를 필요로 한다는 주장을 확립하기에는 불충분하다.

우리는 제3장에서 밀러의 다음과 같은 주장을 보았다. 그는 최소수준의 자원에 대한 권리를 포함하여 기본권들은 보편적으로 마땅히 보호받아야 하지만, 물질적 평등에 관한 우려는 "다양한 공동체와 결사체, 그중에서도 한 민족국가 내의 시민공동체들의 구성원으로부터"만 나타나며, 이러한 사실이 "가장 중요하다는 것은 거의 틀림없다"라고 주장했다(D. Miller 1999, 189. 같은 저자의 1998a, 2004 참조). 그는 다음과 같은 경우에 해당하는 공동체와 결사체 안에서만 평등주의적 요구가 발생한다고 믿기 때문에, 한 민족국가 내의 구성원이라는 점이 가장 중요하다는 것은 "거의 틀림없다"라고 주장하는 이유가 여기에서는 가장 중요하다. 이 공동체와 결사체 내에서 "구성원들은 정체성을 공유해야, 즉 자신들을 하나의 단위로 묶는 데에는 무엇인가 독특한 것이 있다는 의식을 가져야 한다. 공동체에 그 정신을 부여하는 공통의 인식이나 공통의 목적이 존재해야 한다. 그리고 공동체를 대신하여 활동하는 제도적 구조, 특히 구성원들 사이에 자원의 할당을 감독하는 제도적 구조가 있어야 한다"는 것이다(D.

Miller 1999, 190). 밀러는 현재 세계에서 이와 같은 "공유된 정체성의 의식" 혹은 "공통의 정신"이 기본적으로 민족국가 내에서 발견된다고 주장한다(p. 190). 그렇기 때문에 밀러에게는 평등주의적인 분배 정의의 요구조건은 서로서로 정체성을 확인하고 공통의 가치체계를 공유하는 개인들 사이에서만 존재한다. 이러한 개인들 사이에서만 불평등은 "공동체 구성원으로서 인정과 존경의 실패"로 경험될 것이기 때문이다. 그와 같은 공동체 내에서만 불평등의 수용은 "적은 부분의 혜택만 받은 사람들은 공동체의 단순한 부속물일 뿐이며, 완전한 구성원은 아니라고 선언하는" 셈이 될 것이다(p. 189). 국제교역의 규모와 국제제도의 존재에도 불구하고 강한 지구적 정체성의 의식이 존재하지 않기 때문에 모든 사람에게 평등한 처우를 받을 자격을 부여할 '세계 공동체'는 현재로서는 존재하지 않는다는 주장이다.

우리가 제3장에서 살펴보았지만, 밀러의 주장이 가지는 문제점의 하나는 정의의 요구를 개인들의 주관적 일체감(identification)에 의거하도록 만든다는 것이다. 그와 같은 주관적 일체감은 국내적 정의 원칙과 세계적 정의 원칙을 구분하는 근거가 될 수 없다고 주장한 점에서 강한 세계시민주의자들은 옳다. 주관적 일체감에 의거하는 정의론은 "우리가 얽매이는 혹은 얽매이고 싶어 하는 것이 무엇인지에 관계없이" 정의의 의무들은 구속력을 가지고 있다는 사실과 양립될 수 없다(Moellendorf 2002, 35).[7] 그렇다고 해도, 국내적 기본 구조와 세계적 기본 구조에는 아무런 합당한 차이가 전혀 없다거나 혹

[7) 물론 주관적 일체화는 추가적인 도덕적 의무를 발생시키는 중요한 원천이 될수는 있다. 그러나 이 추가적 의무들이 정의의 의무의 토대를 마련할 수 있다는 뜻은 아니다(Caney 1999, 129-130 참고).

은 국내적으로 옳은 정의의 원칙들은 세계적으로도 옳아야 한다고 내세우는 강한 세계시민주의자들의 주장에 동의할 필요는 없다. 제6장에서 다루었던 정치적 정당성의 논의는 그 둘을 구분하는 설명의 기반을 마련한다. 평등주의적 분배의 정의의 원칙들은 동료 국민들 사이의 주관적인 일체감에 근거를 두는 것이 아니라 동료 시민들과 공유하는 정당한 정치구조에 그 기반을 두는 것이다.

이러한 접근법은 최근 블레이크에 의해서도 옹호되어왔는데, 그는 정의란 "외부 사회의 절대적 박탈"에는 우려하고 "상대적 박탈에 대한 염려는 유보"할 것을 요구한다고 주장한다(Blake 2001, 259). 피상적으로 보면 이것은 밀러의 주장과 유사한 듯하다. 그러나 블레이크에게 평등주의적 요구는 다음과 같은 이유에서 마땅히 필요하다.

우리가 외부인보다 동료 국민에게 더 마음을 쓰기 때문이 아니라, 우리가 국가 수준에서 공유하는 정치적, 법적 제도들이 독특한 형태의 정당화를 필요로 하기 때문이다. 국가 통치의 강제적 네트워크에 대한 책임을 공유하는 개인들에게 자유주의적 원칙이 적용될 때에만 상대적인 경제적 몫의 문제가 고려해야 할 대상이 되며, 나는 이것이 자유주의적 원칙의 합당한 해석이라고 주장한다. 개인들이 그와 같은 시민권의 연계 관계를 공유하지 않는 경우, 자유주의적 원칙은 그 문제에 대해서 고려할 것을 요구하지 않는다(p. 258).

우리가 제2장에서 보았듯이 정의의 자유주의적인 접근법에 따르면, 집합적 결정의 강제적 부과는 그것을 정당화해야 하는 큰 부담을 떠맡아야 한다. 특히 강제에 따라야 하는 사람들이 그 정당화를 합당하게 수용할 수 있어야 한다. 정치적, 법적 질서는 모든 시민에게 강제적으로 부과되기 때문에 정당화 논리에 평등주의적 요소를 포함할 때에만 정당화의 그 무거운 부담에 대응할 수 있다. 국제적 정의의 원칙들에는 대응해야 할 그렇게 높은 부담이 없으며, 따라서 그와 같은 평등주의적인 분배의 정의의 요구조건이 포함되지 않는다.

국내 영역과 달리 국제 영역에서는 국가에 비견할 만한 아무런 제도도 존재하지 않는다. 무역, 외교 혹은 국제협정의 연계관계가 아무리 실질적으로 충실한 내용을 갖추고 있다고 해도 국제 수준에서 존재하는 제도들은 개별적인 도덕적 행위자의 의사에 반하여 국내의 경우와 같은 종류의 강제적 실천을 부과하는 데에 관여하지 않는다 (p. 265).[8]

이런 사실을 보다 생생하게 전달하기 위해서 블레이크는 롤스 (1999b, 117)를 비롯한 다른 논평자들과 마찬가지로 서로 떨어져 있는 두 사회를 상상해보라고 한다. "두 사회는 모두 정상적이고 풍요로운 삶을 살기에 충분한 식량을 가지고 있으며, 기근이나 상당한 빈곤으로 당장 떨어질 위기에 처해 있지 않지만" 한 사회는 상대적으로 부유한 반면, 다른 한 사회는 상대적으로 가난하다(p. 290). 가난한 사회에서 온 탐험가들이 부유한 사회를 발견하고 두 사회 사이의 불평등은 정의롭지 못하며, 정의는 부의 일정 부분이 자신들의

---

8) 블레이크는 국제적 강제의 다른 형태들도 있다고 강조하지만, 이 강제들이 국내의 법적 질서가 발생시키는 것과 같은 종류의 평등주의적 고려를 발생시키지는 않는다고 주장한다.

사회로 이전될 것을 요구한다고 강변한다. "우리가 산의 반대쪽에서 태어난 것은 운명의 장난일 뿐이며 불평등의 사실을 정당화하는 데에 이런 우연이 이용되어서는 안 된다"는 주장을 내세우면서 말이다 (p. 290). 블레이크는 부자 사회에는 그런 의무가 전혀 없으며, 또한 정말 두 사회가 서로 교역관계를 설립하기 시작하더라도, 이 교역으로 인해서 그들 사이에 평등주의적 의무가 발생하지는 않는다고 지적한다.

강한 세계시민주의자들은 "부유한 나라들의 시민들은⋯⋯**집합적으로**⋯⋯자기 나라의 부적절한 국내정책에 대해서 책임이 있다. 비록 이 정책을 만드는 데에 아무런 역할도 맡지 않았다고 하더라도 그렇다"라고 주장하면서(Tan 2000, 179) 이런 입장에 반대한다. 그러나 우리가 지금 다루고 있는 사회는 정당한 정치질서를 보유하고 있으며 앞으로도 그럴 것이라고 가정한다. 사회의 모든 구성원이 그 사회가 내리는 모든 결정에 동의할 것이라고 우리가 기대할 수는 없지만, 그 결정들은 사회 전체의 집합적이고 정당한 결정으로 간주되는 것이 적절하다. 또한 더딘 경제성장을 야기하는 결정이 반드시 '부적절하다'고 믿을 이유도 전혀 없다. 최대한의 경제성장을 의도하는 정책들을 한 사회가 거부하는 데는 사회적 분열과 환경파괴에 대한 우려에서부터 "보다 친환경적이고 여유 있는 사회를 선택하려는"(Rawls 1999b, 117) 철학에 이르기까지 다양하고도 완벽할 정도로 훌륭한 이유가 많다. 물론 각 사회는 후대의 판단에서 비추어보면 잘못된 것으로 밝혀지게 될 정책도 자유롭게 채택할 수 있다. 점차 시간이 지나며 각 사회는 자신들의 정책 우선권을 바꿀 수 있고, 사실 경제계획 수립은 완벽한 과학과는 거리가 멀다. 정당한 정치구조를 갖춘 사회가, 올바른 정책뿐만 아니라 다른 사회 혹은 심지어 그들 자신도 잘못이라고 보게 되는 정책도 포함하여, 스스로 그러한 결정을 내릴 능력이 없다고 부정하는 것은 그 사회와 그 시민의 자치능력을 부정하는 데에 불과하다. 그 결정에는 올바른 정책뿐만 아니라 다른 사회 혹은 심지어 그들 자신도 잘못이라고 보게 되는 결정도 포함된다.

최근 포기는 범세계적인 제도적 질서가 일반적인 동의 없이도 세계 인구에 어떻게 강제적으로 의무를 부과하는지에 관한 대안적인 설명을 전개해왔다. 그는 "범세계적인 심각한 빈곤의 지속에 세계경제질서가 중요한 역할을 담당하고, 우리 인민의 이름으로 행동하는 우리의 정부들이 이 질서를 만들고 유지하는 데에 두드러지게 간여하고 있다면, 저 멀리 살고 있는 궁핍한 사람들의 빈곤은 그들을 도와야 할 적극적 의무뿐만 아니라 그들에게 피해를 입히지 말아야 하는 보다 엄중한 소극적 의무와도 우리를 관련시키는 것이 당연하다"고 주장하기 때문에, 그러한 범세계적인 제도적 질서의 존재가 그에게는 특히 중요하다(Pogge 2004a, 265). 그는 이 질서를 확립하고 옹호한 정치가와 외교관들은 "우리들의 이름을 빌려 인류에게 대규모 범죄를 저지르며 굶주린 사람들을 거리낌 없이 처형하는 사형 집행자들"이라고 혹독하게 밀어붙인다(p. 277). 다시 말하지만 그는 가난한 사람들의 극심한 빈곤에 우리가 일말의 인과적 책임이라도 있건 없건, 우리는 도움을 절실히 필요로 하는 사람들을 도와야 할 적극적 의무들을 가지고 있으며, 실제로도 우리는 그들의 빈곤을 초래하는 데에 부분적인 책임을 공유하기 때문에 강한 소극적 의무 또한 위반하고 있다고 믿는다(p. 278. 같은 저자의 2001, 14 참조).

범세계적인 제도적 질서가 극심한 빈곤의 지속에 부분적인 책임이 있다는 주장을 계속 밀고 나가려면 포기는 이에 맞서는 또다른 설명적 가설, 즉 빈곤은 **전적으로** 가난한 사회의 국내적 특징들의 측면에서 설명될 수 있다는 가설을 이겨내야 한다. 그는 많은 나라에서 빈곤과 저개발의 가장 가까운 원인은 "많은 개발도상국의 정치체제와 경제에 만연한 부패 문화"에 있으며, 이 문화는 "국가의 경제성장을 질식시키거나 혹은 자극하는 데에 실패하고 국가적인 경제적 불의를 낳는 잘못된 국내 정책과 제도"로 귀결되는 경우가 많다고 솔직하게 인정한다(Pogge 2002, 200. 또 같은 책 139-140 참조). 그러면서도 포기는 빈곤의 원인을 오직 국내적 측면에서만 찾는 설명은 "국내적 측면에만 시야를 고정시키고, 그로 인해서 가난한 나라들의 국가경제와 정부가 놓여 있는 경제적이고 지정학적인 맥락을 완전히 무시하고 있다"는 점에서 불완전하다고 지적한다(p. 140). 달리 말하자면 포기가 지적하는 국제적 요소들은 국내적 요소와 독립된 것이 아니라, 실제로는 전자가 후자를 통해서 작동한다. 따라서 그의 분석은 "가난한 나라들의 독재자, 군벌, 부패 관료, 악덕 고용주들에게 우리가 부과한 도덕적 책임을 줄여주지" 않는다는 것이다(p. 116).

포기는 세계질서가 몇몇 경우에 빈곤과 가장 직접적인 관계가 있는 국내적 원인을 촉발할 수 있는 방식들을 지적한다. 나는 그가 강조한 두 개의 상호 밀접하게 연계된 특징에만 초점을 맞추고자 한다.[9] 첫째는 그가 '국제적인 자원 특권'이라고 부르는 것이다. 포기

---

9) 다른 요소들은 식민주의의 역사적 유산, 부패의 지속 그리고 WTO(세계무역기구)를 통해서 교섭되는 특별한 교역조건 등을 포함한다. WTO와 교역조건

는 주어진 영역에서 그 사회의 구성원에게 효과적으로 강제를 행사할 수 있는 능력을 가진 개인이나 집단은 또한 그 영토 내의 모든 자원에 대해서 정당한 통제를 행사할 자격이 있음을 국제적으로 인정받게 된다고 지적한다. 이 경우 그 개인이나 집단이 행사하는 정당성이나 권력이 어떻게 획득되었는가 하는 점은 고려되지 않는다는 것이다(Pogge 2002, 140). 이러한 국제적 인정은, 특히 지배자가 자신이 선택한 거래 조건에 따라서 '자신의' 재산을 판매할 자격을 갖추었음을 의미한다. 거래가 이루어지면 "다른 모든 국가의 법원과 경찰력에 의해서 보호받고 집행되도록 예정되어 있는—실제로 그렇게 되고 있는—소유의 모든 권리와 자유까지도 구매자는 획득하게 된다"는 것이다(p. 113).[10] 둘째 메커니즘도 이와 유사하다. "국제적 차용 특전(international borrowing privilege)"은 그 나라의 사실상의 지배자에게 "사회 전체의 이름으로 자금을 빌려오고, 이로 인해서 나라 전체에 국제적으로 타당한 법적 의무가 부과"되는 것을 허용한다(Pogge 2002, 114). 한 나라에 대한 통제력을 어떻게든 확보한 사람은 그가 누구이건 자기 나라의 자원을 처분하고 자기 나라의 이름으로 융자금을 빌려올 수 있는 권리를 획득한다고 국제 공동체에 의해서 인정받는다는 사실은 "자원 부국에서는 쿠데타 시도와 내전을 유발하는 강한 동기를 부여한다"(p. 113). "누구든 그러한 나라에서 수단과 방법을 가리지 않고 권력을 장악할 수 있게 되면, 광

의 문제는 제8장에서 논할 것이다.

10) 포기는 이 과정을 훔친 물건을 '장물아비'에게 되파는 도둑의 사례와 대조시킨다. 장물아비는 그 물건을 소지할 수는 있지만 소유자는 아니다. 특히 국가의 소유권 보호는 장물아비의 소지물을 보호하지 않는 데서 그치지 않고 재산을 법적으로 정당한 소유자에게 돌려줌으로써 정당화될 것이다.

범위한 대중적 반대에 직면해서조차도, 천연자원의 수출로 얻은 수입과 미래의 자원판매를 담보로 빌려온 자금으로 자신이 필요로 하는 무기와 군대를 사들임으로써 자신의 지배를 유지할 수 있기"때문이다(Pogge 2004a, 270). 이런 현실은 이 정당성을 상실한 지배자들로 하여금 자기의 권력을 유지하기 위해서 동료 시민들의 긴급한 요구를 해결하기보다는 자원의 장악에 초점을 맞추게 한다. 더 나아가 그 나라는 정당성이 없는 지배자가 죽거나 쫓겨난 이후에도 그가 만들어놓은 소위 더러운 채무(odious debt)를 갚아야 할 책임에서 벗어나지 못한다(Kremer and Jayachandran 2002). 예를 들면 다음과 같은 추산이 있다. "1997년에 쿠데타로 쫓겨날 때까지 [독재자 모부투 세세 세코는]……32년이라는 통치 기간 동안 자이르가 국제통화기금(IMF)으로부터 받은 원조대금 120억 달러 중 거의 절반을 빼돌렸고, 자신의 나라를 도저히 감당할 수 없는 빚더미에 빠뜨렸다"(Denny 2004, 12).

최소한 일부 더러운 채무가 그 나라에 악영향을 남긴 것이 사실이라고 해도, 그러한 정권에 대한 국제적 인정이 포기가 지적한 메커니즘을 통해서 초래한 빈곤의 규모를 평가하기란 어려운 일이다. 이 논변은 정당성을 상실한 정치체제를 국제적으로 인정해줌으로써 그 나라에는 민주주의가 이룩되지 못했으며, 다시 민주주의의 결여로 인해서 빈곤이 지속되었다는 점을 보여주어야 한다. 첫 번째 연계관계는 직관적으로 그럴 듯하게 보이지만, 얼마나 강한 연계관계가 있는지에 대한 평가는 상당 부분을 추측에 근거할 수밖에 없음이 확실하다. 통계적으로 볼 때 천연자원 부국이 민주적으로 될 가능성이 낮다는 증거가 있기는 하다. 경제학자 리키 램과 레너드 원체콘의 분석은 "천연자원 분야의 규모가 [GDP 대비] 1퍼센트 증가하면 민주적 정치체제의 생존 가능성이 0.5퍼센트 정도 낮아진다"고 발견했다(Pogge 2002, 163-164). 포기의 주장은 이 놀라운 발견을 뒷받침하는 한 가지 가능한 설명을 제공하기는 하지만, 여기에는 다른 가능성들도 존재한다. 또한 우리가 제4장에서 보았듯이, 1960년 이래 민주적인 사회들은 최소한 통계적으로는 권위주의 정치체제와 같은 정도의 경제적 성과를 달성해왔지만, 민주주의가 경제발전에 중대하게 기여한다는 확실한 증거는 없다(Halperin et al. 2005).

포기가 지적한 메커니즘이 정확하다고 하더라도, 부유한 나라들의 시민들이 소극적 의무를 어기고 있다는 주장이 성립되는지는 불분명하다. 제4장에서 논했던 제도적 차원의 특수한 성격 때문에 사실은 소극적 의무와 적극적 의무의 엄격한 구분이 깨지는 것처럼 보인다. 또한 자원 특권과 차용 특권이 국제적으로 시행되고 있지만 이 특권들이 빈곤의 지속에 어느 정도의 책임을 가지는지 평가하려면, 그 특권들이 없을 경우의 빈곤의 규모와 비교해야 한다. 그러한 비교는 추측에 그칠 뿐만 아니라, 어떤 근거에서 비교의 타당한 기준선을 만들 것인지 납득하기도 매우 어렵다(Pogge 2002, 136-139, 202-203).

또한 포기의 주장에 완전히 힘을 실어준다고 해도 의무의 내용이 평등주의적이라는 주장을 확립하기에는 충분하지 못하다(그리고 그는 자신의 글 어디에서도 그렇다고 주장하지 않는다).[11] 포기의 주

---

11) 과거에 포기는 범세계적인 평등주의적 분배 정의의 원칙을 옹호해왔으며, 그러한 원칙을 부정하는 롤스의 주장은 근거가 없다고 계속 비판했다(Pogge 2002, 104-108). 그런데 최근 저작에서 그는 범세계적인 평등주의적 표준을 직접 옹호하는 주장을 눈에 띄게 피하고 있다. (Pogge 1994, 196)와 (Pogge

장에 따르면 국내 질서와 국제 질서는 극심한 빈곤에 영향을 끼치는 방식에서 중대한 차이가 있다. 후자는 전자에 미치는 영향력을 통해서 빈곤을 만들어낸다는 것이다. 국내 제도들은 다수의 이익에는 무관심한 반면 엘리트의 협소한 이익에 도움이 되는 법과 정책들을 통해서 빈곤에 직접적으로 영향을 끼친다. 반면 세계질서는 이러한 국내의 법률과 정책들을 강제로 부과하는 지배자들로 하여금 정당성을 상실한 지배체제를 지탱할 수 있도록 도움을 줌으로써 빈곤에 간접적으로 영향을 끼친다. 국제적 제도들에 대해서 정당한 정치체제의 창설에 도움을 주어야 한다거나 혹은 적어도 정당성이 없는 지배를 지탱하는 데에 도움을 주지 말아야 한다고 요구하는 것은 타당하다. 반면 정치제도들이 법을 통해서 명시적이고 집합적인 결정을 강제적으로 부과하는 국내 질서에 대해서는, 이 제도들이 평등주의적 정의의 의무의 추가 조건들을 충족시켜야 한다고 요구하는 것이 적절하다. 따라서 부유한 나라의 시민들이 세계빈곤의 지속에 크게 영향을 끼친다는 포기의 주장에 동의하건 안 하건, 우리가 지구 차원의 정의의 원칙의 내용과 일국 차원의 정의의 원칙의 내용을 구분할 수 있다는 것은 여전히 타당하다. 의무의 강도와 의무의 내용이 혼동되어서는 결코 안 된다.

여기에서 내가 취하는 제도적 접근법에 따르면, 정의의 일차적 의무는 기본인권을 보호하고 안전하게 확보하는 제도의 창설을 돕는 데에 있다. 큰 위기가 벌어질 동안에는 재정적 혹은 물질적 원조를 제공할 의무가 생길 수도 있지만, 장기적인 목표는 앞으로도 존속할 수 있는 제도의 창설에 두어야 한다. 롤스는 이렇게 지적한다.

2002, 36, 51, 96)를 비교해보라.

질서가 잘 잡힌 사회에 사는 만민은 고통받는 사람들을 원조해야 할 의무가 있다. 그렇지만 이러한 원조의 의무를 실행하게 하는 유일한 또는 최선의 방법은 사회들 간의 경제적, 사회적 불평등을 규제하는 분배의 정의의 원칙을 따르는 것이라는 결론은 나오지 않는다.…… 목적은 적당한 (혹은 적정 수준의) 제도들을 실현하고 보존하는 것이다. 그러나 부의 평균수준 또는 어떤 사회의 부 또는 사회 내의 그 어떤 특별 계층의 부를 단순히 증가시키거나 무제한으로 극대화하는 것은 목적이 아니다(Rawls 1999b, 106-107).

롤스는 "고통받는 사회의 정치문화가 지극히 중요하다.……질서가 잘 잡힌 사회에 사는 만민이 고통받는 사회로 하여금 정치적, 사회적 문화를 변경하도록 도와주는 데에는 아무런 비법, 특별하게 쉬운 비법은 없다"고 지적한다(p. 108). 이런 지적은 올바르다고 보인다. 한 사회의 정치적, 사회적 문화를 바꾸라고 지시할 능력이 외부 사회들에게는 거의 없다. 다른 한편 포기가 지적하듯이 최소한 외부 사회는, 예를 들면 자원 특권과 차용 특권을 인정해줌으로써 정당하지 않은 정치체제를 후원하고 지탱해주는 일을 멈출 수 있다. 정의롭지 못한 제도적 구조에 참여하는 것을 회피할 수 있는 제한적 능력을 부유한 나라의 개인들이 가지고 있는 한, 그들은 희생자들에게 보상해주는 이차적 의무를 가진다(Pogge 2002, 50).

가장 가난한 나라의 경우, 필수 자원에 대한 안전한 접근을 확보하는 유일한 방법은 경제발전과 성장을 통해서 마련된다. 노벨상 수상 기념 강연에서 사이먼 쿠즈네츠는 경제성장을 "다양한 경제적 재화를 점진적으로 더 크게 그 인구에 공급하는 능력의 장기적 상승"

이라고 규정하고 "이 능력의 상승은 기술의 발전 그리고 기술의 발전에 따라서 요구되는 제도적, 이데올로기적 적응에 기반을 두고 있다"고 지적했다(Kuznets 1973, 165). 이 개념의 규정이 의미하는 바와 같이 경제발전은 1인당 소득 같은 협소한 척도에만 초점을 맞추어서는 정확히 포착될 수 없다. 자신의 구성원에게 재화를 제공하는 사회의 능력은 그 어떤 단순한 거시경제 정책만으로는 도달할 수 없는 제도적, 이데올로기적 조건에 달려 있다. 다른 한편, 경제발전이 정의 자체의 요구 혹은 좋은 사회의 이상과 혼동되어서는 안 된다. 당연히 경제발전의 증가는 반드시 정의의 증가에 기여한다고 가정되어서도 안 된다. 경제발전의 개념 규정을 지나치게 넓게 잡음으로써 이러한 경험적 문제를 무시하는 것은 오류라고 보아도 좋을 것이다(Bardhan 1993, 47).

전형적으로 경제발전은 그 총량에서 측정되지만, 한 사회의 부와 생산능력의 전반적인 상승이 모든 사람에게 이득을 가져오도록 작동될 필요는 없다. 실제로 쿠즈네츠는 경제발전의 낮은 수준에서는 상대적으로 유리한 사람들이 새로운 기회들을 이용할 능력이 있는 반면 상대적으로 가난한 사람들은 뒤처지게 됨으로써, 성장이 처음에는 보다 큰 불평등을 낳는다는 가설을 내놓았다(Kuznets 1955). 경험적 증거는 이 가설을 일반적인 패턴으로 확증하지 못했지만, 여전히 이 문제는 논쟁을 불러일으키고 있다. 지난 40년에 걸친 92개국의 경제성장을 조사한 최근의 대규모 표본 연구에서는 "한 나라의 하위 20퍼센트의 평균소득은 그 나라의 평균소득의 등락과 동일한 비율로 성장 혹은 감소한다"는 사실이 발견된다(Dollar and Kraay 2002, 218). 달리 표현하자면, 한 나라의 경제발전과 평균소득 상승이 이루어지면 하위 20퍼센트의 소득은 그 나라의 평균소득과 같은 비율로 상승한다는 것, 즉 소득불평등이 증가하는 경향을 보이지 않는다는 것이다.[12] 그렇다고 소득 분배는 변할 수 없다거나 혹은 불평등을 축소하려는 노력이 가난한 사람들에게 도움을 줄 수 없다는 말은 아니다. 연구자들은 결론에서 다음과 같은 사실을 강조한다.

> 우리의 발견은 가난한 사람들의 삶을 향상시키는 데는 성장만이 필요하다는 결론을 암시하지 않는다. 오히려 우리는 평균적으로 성장이 한 사회의 모든 사람들에게 이득을 주듯이 가난한 사람에게도 이득을 준다는 것, 따라서 성장을 높여주는 표준적인 정책이 모든 효과적인 빈곤 감소 전략의 핵심이 되어야 한다는 사실을 강조할 뿐이다 (p. 219).

경제발전이 불평등을 증대시킬 필요는 없으며, 실제로도 경제발전은 모든 사람에게 이득을 주게끔 작용하는 것이 가능하다.

경제발전을 촉진하는 가장 효과적인 전략은 아직도 논쟁을 불러일으키고 있으며 불확실하다. 또한 가난한 나라들은 급박한 단기적인 구호(救護)에 대한 요구와 장기적인 발전 사이에서 선택을 강요받게 되는 경우가 많다(Kitching 2001, 144). 몇몇 경우에서는 외부의 원조가 한 나라를 이 갈등에서 벗어나도록 도움을 줄 수 있으며, 부유한 나라에 과도한 희생을 부과하지 않고서도 이런 식의 도움을

---

12) 달러와 크레이는 다양한 성장친화적인 정책들이 소득불평등에 미치는 영향을 다루면서 "이 정책과 제도들이 가장 가난한 5분위(quintile)의 소득 몫에 체계적인 영향을 끼친다는 증거는 거의 없다"는 사실을 발견했다(Dollar and Kraay 2002, 196).

줄 수 있다. 불행하지만 기존 정부가 심각할 정도로 부패해 있으며 빈곤 해결에 관심도 없는 경우들도 있다. 그런 경우에 일차적인 문제는 정치적 정당성에 관한 것이며, 발전에만 국한되지 않는다.[13] 반면 보다 유리한 상황, 즉 정당성을 갖춘 정치구조가 자리를 잡고 있는 곳에서는, 이러한 자원들을 끌어내고 가장 절박한 인민에게 분배하는 많은 가능한 메커니즘이 존재한다.

직접적인 구호를 목표로 기금을 마련하고 분배하려는 노력들은 가능하다면 발전을 포함하는 장기적인 목표에 방해가 되지 않는 방식으로 그리고 그 목표의 달성에 도움이 되는 방식으로 고안되어야 한다는 것이 중요하다. 유감스럽지만 얼마 전까지만 해도 구호의 의도되지 않은 부작용에 관한 논의를 압도했던 한 가지 쟁점이 있었다. 그것은 인구에 미치는 구호의 파급효과였다. 1960년대와 1970년대 말에는 신(新) 맬서스주의적인 주장이 아주 흔하게 언급되었다. 이 입장의 가장 유명한 옹호자들 중의 하나인 개럿 하딘은 결국에는 가난한 나라에 대한 식량 구호는 역효과를 불러올 것이라고 주장했다. 식량 구호로 인해서 사망률이 감소되고 따라서 인구가 성장함으로써 훨씬 더 많은 사람들이 극심한 가난에 빠지게 된다는 것이 그 이유였다. 기근이라는 냉혹한 치료약이 없을 경우 "가난한 나라들은 자신의 방식을 고칠 것을 배우지 않을 것이며, 그 인구가 성장함에 따라서 점진적으로 더 큰 위기들을 겪게 될 것이다"(Hardin 1996, 10. 또한 Ehrlich 1968 참조). 그들의 생존에 도움을 줌으로써 결국

13) 포기는 여러 가지 구체적인 의견을 제시했지만 우리는 그중에서 한 가지만 살펴볼 것이다. 그의 제안들 중에는 이제 막 싹트는 민주주의의 헌정에 관련된 제안, 정당성을 잃은 정치체제에 후원을 철회하는 메커니즘에 관련된 제안들이 포함되어 있다(Pogge 2002, ch. 6; 또한 Buchanan 2004, 278, 284 참조).

미래에 한층 더 큰 위기를 만들기보다 그중 일부는 지금 죽게 내버려두는 편이 더 낫다는 것이 그의 주장이었다.

이런 주장은 오늘날에는 자주 제기되지 않는다. 추악한 도덕률만이 미래 세대에 다른 사람들의 더 많은 죽음을 불러오기 때문에 지금 한 생명을 구하지 말아야 한다고 주장할 것이다. 다행스럽게도 관련 증거는 이런 결과가 벌어질 가능성은 낮다고 시사한다. 식량 문제에 국한해서 보아도 기술발전은 인구 증가를 쉽게 앞지르는 식량 생산의 증가로 이어져왔다. "1인당 세계 식량 생산에는 아무런 실질적 감소가 없었을 뿐만 아니라(오히려 그 반대이다), 제3세계 중에서도 가장 인구가 밀집한 지역(특히 중국, 인도 그리고 그외 아시아 지역)에서 1인당 생산은 가장 크게 이루어져왔다"(Sen 1999, 205). 보다 일반적인 수준에서 경제발전과 인구의 관계는 아주 복잡하다. 19세기 말 북서부 유럽에서 소위 사망률 감소 혁명이 일어나기 시작했을 때의 출생 시 기대수명은 약 35세였다. 한 세기도 지나지 않아 기대 수명은 70세로 두 배가 상승했다. 이러한 극적인 변화는 일차적으로는 대단히 높은 유아 사망률을 줄임으로써 이루어졌다(Easterlin 1996, 7-8). 그러나 유아 사망률의 감소와 함께 출산율의 극적인 감소도 따라오게 되었다. 경제학자이자 인구학자인 리처드 이스털린은 이렇게 지적한다.

선진국의 역사적 경험은……인구 폭발론자[인구 폭발을 예측한 사람들]의 우려에 의심을 제기한다. 사망률이 감소하는 나라마다 출산율 감소, 즉 인구학자들이 '인구 전환(demographic transition)'이라고 규정한 패턴이 함께 따라왔다. 건강 증진 혹은 모유 수유의 감소 때문에 출산 능력이 상승했을 때는 인구 전환의 간격이 생기기도 했다. 그러나 결국에는 사망률 감소 혁명을 겪은 모든 나라들에 출산율 감소 혁명도 함께 나타났다(p. 10).

간단하게 말하자면, 도움을 절실하게 필요로 하는 사람들에게 원조를 제공하는 것이 미래에 인구 폭발과 더 큰 인도주의적 위기를 낳을 것이라는 견해를 받아들일 이유는 전혀 없다. 센이 지적하듯이 "일반적으로 경제발전과 사회발전은 출산율의 큰 감소와 소가족의 등장이라는 표준적 현상과 결부되어왔다는 데는 거의 의심의 여지가 있을 수 없다"(Sen 1994, 64). 인구성장을 통제하고 미래의 기근을 축소하는 (도덕적으로 유일하게 매력적이지는 않다고 해도) 가장 효과적인 전략은 경제발전을 자극하고 경제적 기회, 교육, 산아제한 등을 통해서 여성에게 능력을 부여하는 것이다.

인구 성장보다 한층 심각한 우려는 지구 온난화에 영향을 끼치는 온실가스의 생산을 포함하여 경제발전이 앞으로 환경에 미칠 영향에 관한 문제이다(Gardiner 2004). 우리가 이 문제를 상세히 다룰 수는 없지만 각 나라들이 경제적으로 발전함에 따라서 에너지 소비의 효율성도 높아진다는 점을 지적하는 것이 중요하다. 그렇지만 에너지 소비의 효율성이 이렇게 높아졌음에도 에너지 소비는 훨씬 빨리 증가하고 있으며, 따라서 경제적 선진국들은 가난한 나라들보다 1인당 온실가스 총량을 엄청나게 더 많이 만들고 있다(Marland and Boden 1996; Singer 2002, ch. 2). 이를 막기 위해서는, 세계의 가난한 사람들을 돕는 기금을 마련하기 위해서 포기가 도입한 전략들 중의 하나를 이용하면 환경적으로 유익한 파급효과가 만들어질 것 같다. 포기

212

가 내놓은 '지구자원 할당금(Global Resource Dividend)'의 아이디어는 많은 형태로 변형될 수 있겠지만, 그 기본 생각은 이렇다. 즉 각 나라는 자기 영토에 매장된 가용 천연자원을 채굴하고 사용할 것인지, 그 방법은 어떻게 할 것인지 결정할 권위를 계속 보유할 것이다. 그러나 자원이 소비되거나 판매되면 그 나라는 작은 비율의 금액, 예컨대 자원 가치의 1퍼센트에 달하는 기금을 세계적으로 심각한 빈곤의 구호 기금으로 지불해야 할 것이다(Pogge 1998; 2002, ch. 8; J. Mandle 2000a). 증권시장의 우선주(preferred stock)를 모델로 삼은 이 착상은 지구상의 모든 사람이 세계 천연자원의 집단적 소유권을 가지고 있다는 생각을 반영하고 있는 것 같다. "나의 제안에 따르면, 예를 들면 사우디아라비아는 자신들의 원유 매장량에 대한 통제권을 완전히 유지하게 될 것이다. 사우디아라비아는 원유를 채굴해 달라는 요구를 받지 않을 것이고, 다른 나라들에게 사우디아라비아 석유의 채굴을 허용하라는 요구도 받지 않을 것이다. 그러나 사우디아라비아가 일단 채굴하기로 결정하면, 자기가 사용하기 위해서 채굴했건 혹은 해외 판매를 위해서 채굴했건, 채굴된 모든 원유에는 일정 비율의 할당금을 지불할 것을 요구받는다"(Pogge 1998, 511). 기본적으로 포기는 절망적일 정도로 가난에 빠진 사람들을 돕는 기금의 원천으로 '지구자원 할당금'을 제안한다. 물론 천연자원을 채굴하는 나라들은 당연히 그 비용의 상당 부분을 소비자 판매 금액에 얹을 것이기 때문에, 그러한 제안은 천연자원의 가격을 상승시킬 것이다. 포기는 원유 채굴에만 배럴당 2달러의 (갤런 당 약 4.75 센트의) 지구자원 할당금을 부과해도 매년 약 500억 달러가 마련될 것이라고 추산했다. 그러한 정책은 가난한 사람들에게 혜택을 줄 뿐만 아니라 보다 재생가능하면서도 공해를 덜 유발하는 대체 에너지원(源)의 개발과 에너지 절약에 큰 동기를 부여함으로써 환경보호에도 이바지할 것이다.

나는 생존에 대한 인권은 소극적 의무와 적극적 의무를 모두 발생시킨다고 주장해왔다. 또한 두 의무 모두와 몇몇 특징들을 공유하는 제도적으로 매개된 책임도 발생시킨다고 지적해왔다. 그러나 이 권리가 그 어떤 평등주의적인 세계적 분배 정의의 의무를 발생시킨다는 주장에는 반대해왔다. 기본인권의 고려를 넘어서는 범위까지 정의의 의무를 제기하는 것은 정치구조가 공유되는 경우에 한정된다. 세계국가 혹은 여기에 맞먹는 정치구조가 부재한 상황에서, 우리가 외국인으로 하여금 생존에 필요한 자원을 포함한 기본권에 대한 접근을 안전하게 확보하도록 도움을 주었다면, 외국인에 대한 우리의 책무를 완수해왔다고 할 수 있다. 물론 또다른 도덕적 의무들이 존재할 수 있지만, 이 의무들은 기본인권에 의해서 발생되는 것이 아니며, 지구적 정의가 요구하는 것도 아니다. 마지막으로 강조하고 싶은 점은 이렇다. 즉 자유주의적 민족주의자, 강한 세계시민주의자 그리고 내가 여기서 옹호하는 보다 온건한 세계시민주의자들에게는 상당한 공통분모가 존재한다는 것이다.

2002년 3월에 멕시코 몬테레이에서 열린 국제연합 회의는 부유한 나라들이 해외 직접 원조에 GNP의 0.7퍼센트를 제공하도록 만들고자 하는 목표를 범세계적으로 재확인한 최근의 유일한 회담이었다(United Nations Development Programme 2003, 145).[14] 그러한 수

---

14) 이 수치는 1970년 국제연합 총회에서 승인된 것이다. United Nations 1970, 146, box 8.2 참조.

준은 전례가 없는 것이었다. 1948년에서 1951년 사이에 미국은 마셜 플랜을 통해서 유럽 재건에 130억 달러의 원조액을 제공했다. 당시 기준으로 보면 이 액수는 GDP의 1.52퍼센트에 달했다. 0.7퍼센트 수준의 두 배 이상이다.[15] 그런데 최근 노르웨이, 덴마크, 네덜란드, 룩셈부르크, 스웨덴만이 GDP의 0.7퍼센트 혹은 그보다 높은 수준의 금액을 공적개발원조(Official Development Assistance)에 배정했다. 여러 항목을 다 합한 해외원조의 총 수준은 여기에 훨씬 미치지 못하는데, 총 수준은 1990년 0.33퍼센트에서 2003년 0.25퍼센트로 계속 하락해왔다(United Nations Development Programme 2003, 146; Organization for Economic Cooperation and Development 2004). 미국은 경제협력개발기구(OECD) 국가 중에서 절대 액수로는 가장 많이 제공하지만, GDP 비율을 따지면 최소액이다. 2003년의 경우, GDP 대비 0.14퍼센트였다(Organization for Economic Cooperation and Development 2004). 더 나아가 이 돈의 상당 몫은 기본 욕구를 가장 유용하게 충족시킬 것이라는 나라들을 판단하여 그곳에 배정되는 것이 아니라 전략적인 정치적 고려에 따라서 배정되어 있다 (Alesina and Dollar 2000, 33). 예를 들면, 미국 해외직접원조의 약 3분의 1은 이스라엘과 이집트 단 두 나라에만 간다(p. 55). 전략적 고려가 자원의 할당에 과연 영향을 미치는 것인지, 그렇다면 어느 정도로 영향을 미치는 것인지 논의할 여지는 많지만, 전략적 고려에 입각한 원조는 극심한 빈곤의 구호를 목표로 하는 개발원조와 혼동되

15) 1948년과 1951년 사이에, 미국 GDP는 1년 평균 2,830억 달러였다. 같은 시기에 미국은 GDP의 1.52퍼센트에 해당하는 약 43억 달러의 액수를 마셜플랜에 해마다 지원했다. GNP 관련 자료는 다음의 문건을 이용했다. United Sates Department of Commerce 1952, 253.

지 말아야 한다. "모든 고소득 국가들은 다 합쳐서……가난한 외국의 기본 욕구가 충족되도록 돕는 데에 매년 46억5,000만 달러를 사용한다. 이 액수는 이 나라들의 GNP 총합의 0.02퍼센트에 달하는데, 선진국 시민 1인당, 매년 약 5.15달러 정도를 내는 셈"이라고 포기는 계산했다(Pogge 2002, 207). 또한 "다른 부유한 나라들도 공적개발원조에 [0.7퍼센트 수준을 채운 다섯 나라만큼] 지출하고, 그들의 공적개발원조를 (특히 기본 의료서비스와 교육을 포함한) 빈곤 퇴치에 초점을 맞춘다면, 전 세계적인 극심한 빈곤은 2015년까지는, 그 이전까지 되지 못한다면, 근본적으로 사라질 수 있다"(Pogge 2004b, 388).

부유한 나라들이 자신들의 생활 방식에 기껏해야 아주 미미한 영향만 받으면서 극심한 빈곤의 구호에 훨씬 더 많은 일을 할 수 있다는 데는 의심의 여지가 거의 없다. 실제로도 가난한 나라들의 경제발전은 부유한 나라에게 혜택을 주도록 작용할 수 있다. 경제발전은 제로섬 게임이 아니다. 정의에 관한 설득력 있는 설명은 우리에게 현재 수준보다 더 많은 것을 제공할 것을 요구하기 때문에, 정의가 정확하게 어떤 형태의 요구를 제기하는지를 둘러싼 복잡한 논의가 어떤 의미에서는 단순히 학문적인 논의에 불과하다고 보일지도 모른다. 우리가 더 많은 것을 제공하지 못하도록 막는 것은 정치적 의지의 실패, 아마도 우리의 행동과 방관이 초래할 결과를 주의 깊게 보려고 하지 않는 도덕적 상상력의 실패에서 비롯된 정치적 의지의 실패일 뿐이다. 이 정치적 의지의 실패는 가난한 나라들뿐만 아니라 부유한 나라들에 대해서도 더욱더 위험한 결과를 초래할 수 있다. 포기는 이렇게 지적한다.

개발도상국에서 벌어지고 있는 현실을 무시해도 되는 시절은 영원히 지나갔다. 개발도상국의 경제성장은 우리의 환경에 큰 충격을 끼칠 것이며, 그들의 군사적, 기술적 성장에는 심각한 위험이 동반된다. 그중에서도 핵무기, 생화학 무기와 결부된 위험만이 현재로서는 가장 눈에 띌 뿐이다(Pogge 2002, 212).

빈곤 자체가 테러의 원인이 된다고 믿는 것은 소박한 생각이라고 지적할 수도 있지만, 세계의 가난한 사람들이 처한 곤경에 부유한 나라들이 보이는 무관심이 그들의 분노와 억울함을 더 크게 불러일으키지 않을 것이라는 가정 또한 똑같이 근시안적인 태도일 것이다.

8

지구화 시대의 정의

지구적 정의의 관점에서 볼 때 지구화 과정은 기회와 도전을 함께 제기한다. 이 마지막 장에서 우리는 지구화 과정의 일부 측면들을 검토하고, 정의로운 지구화의 모델을 고찰하고자 한다. 많은 이론가들이 지난 수십 년을 지구화의 시대로 규정하지만 지구화가 정확하게 무엇을 의미하는지 불분명한 경우가 종종 있다. 지구화 과정은 많은 다른 측면들을 포괄하고 있지만, 그 경제적 차원에 초점을 맞추어 시작하는 것이 유용하다. 경제학자 바그와티는 "무역, (기업과 다국적 행위자에 의한) 해외직접투자, 단기적 자본 이동, 기술의 이동, 노동자 그리고 보다 일반적으로는 인간의 국제적 이동을 통한 국민경제의 국제경제로의 통합"이라고 경제적 지구화를 규정한다 (Bhagwati 2004, 3). 아마 놀랄 일이겠지만 우리가 국제무역, 해외직접투자, 노동이주 등 경제적 통합의 여러 차원들을 유심히 살펴보면 현재의 통합 수준이 제1차 세계대전 이전의 시기와 그렇게 다르지 않다는 사실이 밝혀진다. 실제로도 몇몇 경제적 척도에 의하면 현재의 국제경제는 한 세기 전에 비해서 통합이 덜 되어 있다(Kitching 2001, 18; Weiss 1998, 171; Baker et al. 1998, 5; Quiggin 2001, 57). 20세기 후반부에는 무역, 해외직접투자, 노동 이주가 증가했지만, 그 증가분은 경제적 고립주의로 전환하기 이전의 20세기 전반부와 (특히 두 차례의 세계대전과 대공황 시기와) 비슷한 수준으로 우리를 다시 복귀시킨 데에 불과하다.

그러나 이러한 수치는 한 세기 전인 제1차 세계대전이 발발하기 이전의 시기와 현재의 지구화 사이에는 여러 중요한 차이들이 있다는 사실을 제대로 포착하지 못한다. 여러 영역에서의 기술진보가 중요한 차이들을 만들어왔지만 가장 근본적 차이는 '정보혁명'이라고 부르는 변화 때문에 생긴 것이다. 특히 컴퓨터 기술은 정보가 처리, 운용, 전송되는 방식에 극적인 변화를 이끌어냈다. 키칭은 "(사람을 포함하여) 무거운 물리적 사물의 이동"에는 항상 비용이 수반될 것이기 때문에 범세계적 경제통합은 늘 한계에 직면하게 될 것이라고 적절하게 지적한다(Kitching 2001, 110). 그런데 이제는 큰 비용이 수반되지 않고서도 막대한 양의 **정보**가 실제로 세계 모든 곳에서 즉각 이동할 수 있게 되었다. 사람들은 현대적인 경제생산에 필요한 지식을 습득할 수 있을 뿐만 아니라, 보다 일반적으로는 대단히 다른 여러 삶의 방식들을 알 수 있게 되었다. 이러한 새로운 정보는 사람들로 하여금 자신의 삶의 방식을 성찰하게 하고, 자신들의 믿음과 열망뿐만 아니라 다른 생활방식들과의 사회적, 정치적, 경제적 관계의 변화 가능성을 고려하도록 이끌 수도 있다.

정보혁명과 더불어, 오늘날의 지구적 경제질서와 한 세기 전 혹은 심지어 반세기 이전을 지배했던 세계적 경제질서 사이에는 중요한 제도적인 차이점들이 있다. 미국 뉴햄프셔 주 브레턴우즈에서 열린 국제회의에서 고안된 제2차 세계대전 이후의 세계적 경제질서에는 IMF와 국제부흥개발은행(IBRD, 후일 세계은행으로 바뀌었다)이 포함되어 있었다. IMF는 경제침체로 인해서 국제수지 의무를 이행하는 데에 어려움을 겪는 나라들에 대해서 단기차관을 제공함으로써 도움을 주고자 고안된 기구였다. 기본적으로 국제부흥개발은행은 전쟁의 폐허 이후에 유럽의 재건을 원조하기 위해서 장기차관을 제공하려고 고안되었지만, 미국이 마셜플랜을 통해서 원조를 제공함에 따라서 그 역할이 크게 퇴색했다.[1] IMF와 국제부흥개발은행을 설립한 이후 1948년에는 세계무역협회(International Trade Association)를 설립하려는 협정이 이루어졌다. 그러나 미국 상원이 협정을 거부하면서 협회는 설립되지 못했다. 그 대신 1947년과 1994년 사이에 '관세와 무역에 관한 일반협정(GATT)'의 주관 아래 여덟 차례의 무역협상이 열렸다. 이 범세계적 경제체계의 핵심은 "세계 주요 통화들 사이에 고정환율 시스템의 창설이었다. 이 시스템은 전후 미국 달러의 힘에 의해서 기본 골격이 자리잡고, 미국을 제외한 세계의 모든 주요 경제들이 자본과 환율을 공정하게 엄격히 통제함으로써 유지되었다"(Kitching 2001, 52-53).

브레턴우즈 체제는 1950년대와 1960년대를 통해서 놀라울 만큼 성공적으로 작동했다. 이 "장기 호황의 시대에는 산출과 소득이 세계 규모에서 그 어느 때보다 급속하게 성장했을 뿐만 아니라, 이 지구상의 소수 국민(기본적으로는 북아메리카, 서유럽, 일본 국민)의 생활수준과 실질소득은 인류 역사의 그 어떤 시기에 비해서도 더 빠르고 더 지속적으로 상승했다"(Kitching 2001, 24). 1971년에 미

---

[1] 1960년대와 1970년대를 통해서, 특히 로버트 맥나마라가 1968년에 총재로 임명된 이후에 세계은행은 가난한 나라들의 발전 프로젝트를 원조하는 방향으로 빈곤 문제 해결의 초점을 바꾸었다.

국은 고정환율로 달러를 금으로 바꿔주겠다는 약속을 포기했다. 환율을 고정시키려는 노력이 있었지만 결국은 끝까지 지킬 수 없는 것으로 드러났다. 변동환율제도는 통화 자체에 새로운 시장이 만들어졌음을 의미했다. 환율 변동에 따른 자산 가격의 변화에 대처하려는 투기꾼과 사업들이 미래의 환율 변화에 돈을 걸 수 있게 되었던 것이다. 세계적 금융 시장의 발전에 관한 상세한 고찰은 이 책의 범위를 훨씬 넘어선다(이 문제의 유용한 개관은 Kitching 2001, 제5장과 제6장에 있다). 그렇지만 분명히 금융거래는 무거운 사물의 이동을 필요로 하지 않는다는 것, 오늘날 금융거래는 세계 어느 곳에서도 즉각 발생할 수 있다는 것에 주목하자. 놀라운 사실도 아니지만 국제 금융시장은 1980년대와 1990년대에 대단히 급속하게 성장했다.

제2차 세계대전 이후 GATT의 후원 아래에서 성사된 협정들은 무역에 소요되는 비용을 높게 만들었던 관세와 수출입한도(quotas)를 낮추었다. GATT 주관 아래에서 열린 여덟 차례의 다자협상은 회원국들 사이의 평균 산업관세를 40퍼센트에서 3퍼센트로 축소하는 데에 성공했다(K. Jones 2004, 4). 또한 1948년의 첫 번째 회의와 1994년의 마지막 회의 사이에 회원국 수는 23개국에서 128개국으로 늘었다(K. Jones 2004, 79, 표 4.1). 그렇지만 GATT에는 내재적인 구조적 한계가 있다.

GATT는 진정한 자유무역을 확립하지 못했다. GATT 서명국들은 관세를 제로 수준으로 줄일 것을 강요받지 않았다. 그 대신 GATT 절차에 따르면 각국은 자신들의 주요 교역 대상국들과 상호 관세 축소를 협상할 것을 요구받는다. 교섭국들 사이에서 관세를 축소하는 방향으로 조정이 이루어지면, GATT 협정의 조항은 협상 참가국들이 그와 똑같은—축소된—관세를 모든 가맹국들로 확장할 것을 규정한다. 이 규정은 최혜국특권(most favored nation privilege)의 확장이라고 묘사되었다(J. R. Mandle 2003, 12).

1994년에 열린 GATT의 마지막 협상은 세계무역기구(WTO)를 창설함으로써 이 **임시변통** 조치를 끝냈다.

본질적으로 세계무역기구는 다자무역협상을 위한 포럼이며, 모든 회원국에게 적용되는 일련의 단일한 규칙 아래에서 모든 당사국들이 교역조건을 협상하는 곳이다. WTO는 회원국들 사이의 무역 갈등을 해결하기 위해서 '분쟁해결기구(Dispute Settlement Body, DSB)'를 두고 있다. "과거의 WTO 체제에서는 분쟁해결 패널이 권고안을 마련하여 GATT 위원회에 보내고, 제안된 권고안이 만장일치로 승인을 받아야 구속력을 가질 수 있었다. 이 만장일치 규칙은 GATT의 집행력을 거의 빈껍데기로 만들었다. 패널의 결정에 반대하는 국가들은 제안된 권고안에 거부권을 행사할 수 있었다"(J. R. Mandle 2003, 32). WTO에는 그와 같은 거부권 조항이 없다. 다른 한편, WTO의 집행력을 과대평가하지 않는 것이 중요하다. 한 나라가 WTO 협정을 위반한 것이 발견되더라도, WTO가 할 수 있는 최대의 대응책은 피해 당사국이 그 보상 조치로 자신이 받은 피해와 동일한 액수를 관세의 형태로 부과하도록 승인하는 것이다. 그와 같은 승인 외에 WTO는 자신의 결정을 집행할 아무런 힘도 없다. 현실에서는 그러한 보상적 관세가 실제로 부과되는 경우도 극히 드물다.

대개의 경우에는 제재의 위협만으로도 관련 국가들이 분쟁 해결을 위한 협상에 돌입하도록 만드는 데에 충분하다.

정보혁명, 세계적 금융시장, WTO라는 이 모든 특징들은 현재의 지구화 물결과 한 세기 이전의 상황을 분명하게 구분 짓는다. 또한 운송비용의 감소 그리고 GATT와 WTO에 의해서 촉진된 국제적인 재화 교역은 과거와는 다른 특징을 가지고 있다. 최종 생산품의 교역뿐만 아니라 생산과정 자체의 상호의존성도 대단히 크게 성장했다. 생산과정이 과거 그 어느 때보다 훨씬 더 많이 분산되어 있는 것이다. 다국적기업은 지구화의 가장 생생한 상징임이 틀림없지만 지금 논의하는 생산과정의 상호의존성이 전적으로 다국적기업에만 의존하는 것은 아니다. 다국적기업이 없다고 하더라도 생산자들은 여전히 생산과정의 일부를 세계 각지에 분산시킬 것이다. 생산의 여러 다른 요소들은 다른 장소에서 실현될 때 비용이 덜 들기 때문에 실제로 이렇게 이루어지고 있다. 이와 같은 대규모의 생산 분산은 지구적 경제통합이 대단히 중요하게 성장했음을 보여준다.

경제학자들의 압도적 다수는 재화와 서비스 시장의 확장은 최소한 일반적으로 그리고 전체적으로도 좋은 것이라고 믿는다. 그 이유를 이해하기 위해서 먼저 시장에 의존하는 이유들 중에서 한 가지를 살펴보자. 오늘날 사실상 모든 이론가들은 시장 기반 경제가 관료적으로 계획된 경제보다 훨씬 더 효율적이라고 믿는다. 자칭 사회민주주의의 '급진적인 평등주의적' 옹호자라는 닐슨 같은 이론가마저 "사람들의 필요를 최대한 충족시키기 위해서 우리는 시장경제를 필요로 한다"고 주장할 정도이다(Nielsen 2003, 49). 계속해서 그는 최소한 "많은 소규모 산업들은 시장 변수 내에서, 따라서 시장 규율

내에서 운영되어야 한다. 만일 비효율적으로 운영된다면 그 기업들은 도산할 수 있고 도산해야 한다"고 주장한다(p. 61). 경쟁을 통해서 재화와 서비스의 분배 및 생산에 효율성을 높일 수 없으면 그 기업은 사라진다는 것이 시장의 규율이자 실제 경고이다. 일반적으로 시장의 성장은 보다 큰 경쟁을 불러오며, 이것은 다시 가격 인하로 이어지고, 생산성을 증대시키는 기술혁신을 촉발한다. 그 종합적인 결과는 실질적인 부의 총량의 성장으로 나타난다. 그러나 부의 총량의 성장은 모든 개인이 부를 획득한다는 뜻은 아니다. 어떤 기업은 성공하고 어떤 기업은 도산하는 것이 허용되는 체계에서는 필연적으로 여러 불평등이 생길 것이다. 물론 이러한 불평등은 사회보장계획을 통해서 완화될 수 있으며 또 그렇게 되어야 하지만, 시장이 만들어내는 효율성이라는 이익을 훼손시키지 않고서는 불평등이 완전히 사라질 수는 없다.

시장이 실질적인 부의 증대에 중요한 도구일 수 있다는 사실을 인정한다고 해서, 인간이 시장의 결과에 개입해서는 안 된다는 '시장근본주의자'가 되어야 한다거나 혹은 자유방임주의 접근법을 택해야 한다는 뜻은 아니다. 사실 정의가 부의 총량의 극대화를 요구하는 경우는 거의 없으며 때로는 부의 극대화와 정의는 양립할 수 없다. 또다른 중요한 목표들은 시장의 논리에 따르지 않는 보다 광범위한 정치적, 사회적 제도 내에 시장 관계를 놓아둘 것을 요구할 수도 있다. 예를 들면, 시장이 만들어낸 불평등이 평등주의에 입각한 여러 고려 사항에 따라서 제한될 수 있다. 이로 인해서 부의 총량의 극대화에 다소간 희생이 따른다고 할지라도 그럴 수 있는 것이다. 또한 경제학자들은 사회적인 최적 수준에 비례하여 어떤 상품을 과소 혹은 과잉 공급하는 외부효과들이나 독점의 형성을 포함한 여러 형태의 시장의 실패를 인정하고 있다. 더 나아가 시장이 우리에게 유익한 결과를 산출하기 위해서는 여러 필수적인 배경 조건들이 충족되어야 한다. 포기는 이렇게 지적한다.

질병, 영양실조, 문맹으로 인해서 전도유망한 피고용인들의 정신적인 발전이 회복할 수 없을 정도로 손실된 지역, 기본적인 사회 기반 시설이 결여되어 있는 지역에서는 진정한 자유시장조차도 급속한 경제성장을 이룩하기는 어려울 것이다. 그런 지역에 발전이 시작되도록 도우려면 순수한 시장 주도 정책이 아닌 다른 특별한 조처가 필요하다. 사람들이 적절한 음식, 주거, 예방접종, 깨끗한 물, 기본 위생, 기본 의료 서비스, 기초교육에 접근하게 된 이후에야 이 가장 가난한 지역들은 상당한 규모의 민간 투자를 끌어들일 것이다. 이러한 조건들이 갖추어져야 그 사회는 자기 힘으로 발전을 끌고 가고 계속 유지할 수 있다. 이것은 지구화에 반대하는 주장이 아니다. 그러나 이는 가장 가난한 4분위(quartile) 역시 지구화로부터 혜택을 얻을 수 있도록 하려면 선진국들이 보호주의 장벽을 제거하고 상당한 비시장 주도적인(non-market-driven) 노력을 해야 한다는 것을 보여준다 (Pogge 2001, 13).

이러한 이유 그리고 또다른 이유 때문에 시장이 모든 사람에게 이득을 주는 방식으로 작동하도록 보장하기 위해서는 주의 깊게 계획된 제도와 사회정책들이 필요하다. 시장 근본주의자들은 이러한 문제를 교조적으로 묵살할 뿐이다.

실제로 일부 지구화 반대론자들은 국제시장의 확장 과정을 되돌려놓아야 한다고 주장한다. 예를 들면 『경제적 지구화의 대안(*Alternatives to Economic Globalization*)』의 저자는 "의식적으로 현지(local) 우대를 선호하는 새로운 규칙과 구조들을 창설하는 것이 필요하다"고 주장한다(International Forum on Globalization 2002, 60). 특히 "경제적 생산, 노동, 시장이 그 지역에서 이루어질 수 있다면 항상 그렇게 되어야 하고, 규칙을 제정하여 현지 우대 정책을 실현하는 것을 도와야 한다. 물론 국제적, 지역적 교역, 보다 작은 지역 단위에서의 교역은 계속 존재할 것이지만 그와 같은 교역은 시스템의 목적이 아니라 궁여지책으로 마련되어야 한다"고 지적한다(p. 107). 추측하건대 여기에는 현지 생산품이 더 비싸더라도 우선적으로 그것을 선호하고, 아마 그 지역에서 제품이 전혀 생산될 수 없는 경우에야 '마지막 수단으로' 무역을 허용할 규칙과 구조들이 필요할 것이다. 그러나 그와 같은 정책을 추구하는 모든 사회는 실질적 부의 엄청난 감소를 감내해야 할 것이라는 사실은 무시한다. 키칭은 이렇게 지적한다.

이 지구화된 생산구조의 붕괴는 단기적 그리고 중기적으로는 전 세계 수억 명에 달하는 일반 소비자들의 실질적 생활수준에 재앙과도 같은 결과를 미칠 것이다. 소비자들은 자신들의 평균적인 생활수준의 한 부분으로서 당연하게 여겨왔던 재화들(그리고 실제로는 상당히 많은 서비스들)에 대한 접근을 하루아침에 상실할 것이다. 물론 시간이 지나면 발명과 투자의 과정을 통해서 현지에서 생산된 제품들로 이 지구화된 생산물을 대체하는 것도 가능해질 것이다. 그러나 그렇게 된다고 하더라도, 이 현지 생산 대체품의 가격이 크게 상승하는 결과를 감내해야만 가능할 뿐이다(Kitching 2001, 30).

부유한 사회들이 만일 현지 우대를 선택한다면 그들의 실질적인 생활수준의 극적인 감소에도 불구하고 여전히 호사를 누릴 수 있겠지만, 가난한 사회에는 대단히 충격적인 영향을 미칠 것이다. 다행히 "현지 우대로의 복귀가 필연적"이라는 주장을(International Forum on Globalization 2002, 107) 뒷받침하는 증거는 거의 없다.

가뜩이나 낮은 기존의 생활수준을 크게 감소시킬 정책을 분별없이 옹호하는 대신, 현재 필요한 것은 시장이 만들어내는 부의 생산 능력을 모든 사람들이 앞으로 이용할 수 있도록 해주는 정책들을 개발하는 것이다. 전 세계 빈민구호를 위해서 활동하는 국제 NGO 단체 옥스팜(Oxfam, Oxford Committee for Famine Relief)은 2002년 보고서에서 이렇게 지적한다.

역사는 가난한 사람들에게 교역이 유리할 수 없다는 주장을 조롱한다.……전 세계 무역에서 개발도상국들이 차지하는 몫을 5퍼센트만 증가시켜도 3,500억 달러가 만들어진다. 이 액수는 그들이 원조를 통해서 받은 액수의 일곱 배에 달한다. 아프리카의 경우, 세계무역에서 차지하는 몫의 1퍼센트가 늘어나면 700억 달러가 생기는데, 이는 원조와 채무탕감을 통해서 이 지역에 제공된 액수의 약 다섯 배에 해당한다.……아시아, 아프리카 등 각 개발도상 지역이 세계무역에서 차지하는 몫의 1퍼센트가 늘어나면 세계의 빈곤은 12퍼센트가 줄어든다. 무역 비중이 감소되면 그 충격은 빈곤이 가장 밀집된 지역인

사하라사막 이남의 아프리카와 남아시아에서 가장 크게 나타날 것이다(Oxfam 2002b, 8-9).

세계의 가난한 사람들이 처해 있는 운명을 진심으로 우려하는 사람이라면, 부의 창출에서 세계시장의 잠재력을 외면하지 말고, 세계시장이 가난한 사람들을 돕는 방향으로 움직일 수 있도록 하는 방도를 찾아내야 한다. 우리는 지구화로 인한 시장의 팽창이나 지구화 그 자체를 거부하지 않으면서 현재의 정책과 제도를 개혁하고 그 대안을 마련하는 방안을 내세울 수 있다.

실제로는 경쟁적 시장의 확장이 세계의 가난한 사람들을 돕기에 충분할 정도로까지 진행되지 않았다는 것이 몇몇 경우에서는 분명하다. 예를 들면 앞에서 포기도 지적했지만 선진국들이 부과하는 '보호주의 장벽'을 살펴보자. 그는 다른 글에서는 이렇게 지적한다. "WTO 체제에 대한 나의 불만은 시장을 너무 많이 개방했다는 것이 아니다. WTO 체제는 우리 선진국의 시장은 너무 좁게 개방시키고, 이를 통해서 우리는 자유무역의 혜택을 얻지만 세계의 가난한 사람들에게는 그 혜택이 유보되고 있다"(Pogge 2002, 19). 이 주장은 여러 분석에 의해서 입증된다. 『조작된 규칙들과 이중 잣대들(*Rigged Rules and Double Standards*)』이라는 제목이 붙은 옥스팜의 2002년 보고서의 요약문에 따르면, "개발도상국이 부유한 나라의 시장에 수출하면 부유한 나라들끼리 부과하는 관세에 비해서 네 배가 높은 관세 장벽에 직면한다. 이 장벽의 비용은 1년에 1,000억 달러에 달하는데, 그들이 원조로 받는 액수의 두 배이다"(Oxfam 2002b, 5).

관세보다 한층 더 중요한 것은 미국과 유럽연합의 농민들이 대규모 농업보조금의 혜택을 받음으로써 자신들의 농산품을 생산비 이하로 팔 수 있다는 사실이다. '덤핑'이라고 부르는 이 관행은 보조금을 받지 못해서 생산비 이하로 가격을 낮출 수 없는 가난한 나라의 농민들에게는 경쟁을 더 어렵게 만든다. 실제로도 미국과 유럽연합의 보조금 규모와 그것이 가난한 나라들에 미치는 영향은 놀라울 정도이다. "OECD 전체의 농업 보조금은 [1일에 1달러] 이하의 빈곤선에서 살고 있는 12억 인구의 소득 총액을 초과한다"(Oxfam 2002b, 113). 이 보조금들은 OECD 국가들이 제공한 해외직접원조 총액을 왜소하게 보일 정도로 거액에 달한다. 2001년의 경우에 보조금 총액은 3,110억 달러였고, 해외직접원조 총액은 520억 달러였다(United Nations Development Programme 2003, 156). 미국 하나의 경우만 보아도 2002년 농업법(Farm Bill)은 10년에 걸쳐 1,900억 달러를 배정했으며, 이 액수는 그 이전의 보조금 수준보다 75퍼센트 상승한 것이다(Mittal 2002). 2004년 말에 「뉴욕 타임스(The New York Times)」는 "농업 소득은 2년 동안 두 배로 늘었지만 같은 기간 동안 연방 보조금 또한 거의 40퍼센트가 증가했다. 2004년의 농업 보조금은 150억7,000만 달러로 추산되는데, 지난 9년 동안 그 총액은 1,300억 달러에 달한다"고 보도했다(Egan 2004).[2] 전체적으로 볼 때 산업화된 국가들은 자국의 농민에게 1일에 10억 달러 이상을 제공하며, 이로 인해서 미국과 유럽연합의 농민은 "생산비보다 3분의 1 이상 낮은 가격으로" 수출할 수 있게 되었다(Oxfam 2002b, 11).

이러한 보조금의 결과는 가난한 나라들에 거의 재앙에 가까운 결

---

2) 보조금 지불은 소규모 농가의 구제에 목표가 있다고 묘사되는 경우가 종종 있지만, '보조금의 거의 70퍼센트는 상위 10퍼센트의 농업 생산자에게로 간다.'

과를 초래하는 경우가 종종 있다. 물론 우리가 그 결과를 힘들여 예측할 필요도 없겠지만, 다음의 사례를 지적할 필요가 있다. 세계은행에 따르면 "OECD 국가들의 관세와 보조금은 개발도상국에 매년 거의 200억 달러의 복지 손실을 일으키는데, 이 액수는 1998년 원조액의 거의 40퍼센트에 해당한다"(World Bank 2001, 11). 단 한 가지 예만 더 들자. 조지프 스티글리츠에 의하면 "미국의 면화 생산 농민 2만5,000명에게 교부된 보조금은 그들이 생산한 가치를 능가하고 면화의 가격을 크게 떨어뜨린다. 아프리카 대륙 하나만 보더라도, 이곳의 수백만 면화 생산 농민들은 매년 3억5,000만 달러의 손실을 입는다고 추산된다. 아프리카의 몇몇 최빈국의 경우, 이 단 하나의 작물에서 입는 손실액은 매년 이 나라들에 미국이 제공하는 해외원조예산을 초과한다"(Stiglitz 2003, 253-254). 되풀이하지만 여기서 제기하는 비판은 시장의 팽창이 가난한 사람에게 피해를 끼쳐왔다는 것이 아니다. 그보다는 현재의 지구화 체제는 가난한 나라들도 이득을 보며 경쟁할 수 있는 부문(특히 농업과 섬유 같은 노동집약적 부문)에는 시장을 개방하지 않은 반면, 동시에 부유한 나라들이 강점을 가지고 있는 (자본시장과 금융시장 같은) 부문에는 가난한 나라들에 시장을 개방하도록 강요해왔다는 비판이다. 어떻게 이런 일이 발생해왔는지 이해하려면 우리는 지구화를 운용하는 제도들의 구조를 간단히 살펴보아야 한다.

각 나라들은 WTO에 가입하지 않는 것보다 회원국이 됨으로써 경제적으로 보다 유리한 결과를 얻을 수 있다고 믿기 때문에 WTO의 회원국이 된다. 회원국들은 6개월 전에 사전 통고만 하면 그 어떤 이유에서라도 WTO를 탈퇴할 수 있다(K. Jones 2004, 85). 현재 가입국은 148개국에 달한다. WTO는 합의를 통해서 협정에 도달하고자 하는데, 기술적으로는 다수결투표에 의한 협정 체결이 가능하지만, 한 번도 그렇게 한 적은 없다. 공식적으로 각 회원국들은 동등한 투표권을 가지고 있지만, 존스가 관찰한 대로 "실제로 대부분의 중요 교섭 활동은 막후에서 벌어지며, 크고 대개는 부유한 나라들의 중재인이 가장 중요한 쟁점의 협상을 다룬다"(p. 26). WTO의 옹호자인 존스는 분쟁을 해결하는 절차에는 한층 더 심한 불균형이 있다고 지적한다. 가난한 나라들은 자신들의 주장을 떠받치는 강력한 논거를 제기하는 데에 필요한 전문가와 전문 능력을 결여하고 있는 경우가 많기 때문이다(p. 88). 존스의 연구에 따르면 "WTO의 개발도상국들 중에서 70퍼센트는 충분한 재원이 없어 불리한 위치에 있는 대표단들을 가지고 있다"는 것이다(p. 164). 이러한 불균형을 감안하면 부유한 나라들에게 가장 혜택을 줄 부문들에서 관세 축소 협상이 집중되어왔다는 사실은 놀랍지도 않다. 부유한 나라들의 농업 보조금과 섬유산업 보조금을 축소시키려는 중요한 협상이 있었다. 2003년 9월에 멕시코의 칸쿤에서 열린 각료회의였다. 그러나 부유한 나라들은 가난한 나라들이 해외투자에 대한 규제를 낮추거나 없앨 때에야 자신들의 보조금을 낮추는 데에 동의할 용의가 있을 뿐이라는 것이 곧 분명하게 되었다. 개발도상국의 연합체, 즉 중국, 인도, 브라질을 포함한 G-22는 자국 내의 외국인 자본 투자를 통제하는 능력을 포기할 용의가 없었으며, 결국 회의는 아무런 합의에 도달하지 못하고 끝났다.

(관세, 보조금, 수출입 할당을 축소하는) 무역 자유화와 금융 자유화의 차이를 인식하는 것이 대단히 중요하다. 무역 자유화를 지지하

는 경제학자들 사이에는 무역의 이득에 대해서 광범위한 합의가 이루어져 있지만, 투자와 금융거래의 자유화가 무역 자유화만큼 이득을 줄 것인지에 대해서는 그와 유사한 아무런 합의도 없다. 자유무역의 선도적인 옹호자들 중의 한 사람인 바그와티는 "자유무역과 그것이 주는 이익에 관한 아이디어와 이데올로기는……실제로는 자본 이동의 주창자들에 의해서 이용되어왔다"고 불평한다(Bhagwati 1998, 11). 금융 자유화의 몇몇 옹호자들은 금융시장의 확대로 인해서 저개발국에 보다 많은 자본이 유입되고, 따라서 보다 급속한 발전이 이루어질 것이라고 주장한다. 그러나 경험적 증거는 그러한 예측을 뒷받침하지 않는다. 실제로도 금융 자유화는 부유한 나라에서 가난한 나라로의 자본 이동을 이루어내지 못해왔다. 오히려 그 반대이다. "그어느 나라, 그 어느 때, 그 어느 곳보다도 미국으로 유입되는 자본의 비율이 가장 크다." 그중에서 약 3분의 1, 액수로는 900억 달러가 "개발도상국으로부터 유입된 것이라고 볼 수 있다"(DeLong 2004, 4). 아울러 자유화된 금융시장은 금융위기를 악화시키는 강한 경향을 가지고 있다.[3] 이 사실은 1997-1998년 아시아 금융위기에서 가장 분명하게 드러났다. 스티글리츠는 "자본계정(capital account) 자유화가 **금융위기를 몰고 온 가장 중요한 단일 요소였다**"고 지적한다

---

3) 해외직접투자는 기업이 외국에서 실질적인 생산자본의 통제권을 획득하거나 통제권에 투자할 때 발생한다. 여기에는 투자 대상국에서 기존 계정을 취득하는 투자, 혹은 생산시설이나 법인을 직접 설립하는 소위 그린필드 투자도 포함될 수 있다. 포트폴리오 투자는 기존 자본에서 소유권의 이전을 수반하지만, 경영 통제권은 이전되지 않는다. 해외직접투자와 포트폴리오 투자는 기초 생산자본이 전혀 이전되지 않는 통화 투기(currency speculation)와는 구분되어야 한다. 포트폴리오 투자와 통화 투기는 모두 해외직접투자보다 훨씬 더 불안정하고 투기성이 높다.

(Stiglitz 2003, 99).

GATT는 1994년에 무역관련투자조치(Trade-Related Investment Measures, TRIMs)에 관한 협정을 만들었지만 1980년대와 1990년대에 금융시장 개방의 수단으로 활용된 것은 IMF와 세계은행이었다. 평등한 투표권의 원칙에 기반을 두고 움직이지 않기 때문에 IMF와 세계은행은 부유한 나라들에 의해서 크게 좌지우지되며, 이들은 개발도상국이 원조를 받을 자격을 갖추기 위해서 반드시 충족시켜야 하는 조건들을 부과할 수 있다. 이러한 조건들이 자유시장 근본주의를 반영하는 경우가 종종 있다. IMF와 세계은행이 1980년대와 1990년대에 강하게 고집한 '구조조정 프로그램'이 상황의 단기적 악화를 몰고 온 경우가 종종 있었음을 부정하는 사람은 아무도 없다. 그러나 옹호자들은 그것이 장기적 성장을 달성하기 위해서 필요한 조처였다고 주장한다. 실제 현실에서는 이러한 정책을 따른 것이 장기적 성장에 도움을 주었음을 시사하는 소중한 증거는 거의 없다. 오히려 그 반대로 IMF의 조건에 저항한 나라들이 그것을 받아들인 나라들보다 더 좋은 성과를 거둔 경우가 많았다. 스티글리츠는 이렇게 지적한다. "오늘날 IMF조차 [자유화를] 지나치게 밀고 나갔다는 데에 동의한다. 즉, 그와 같은 자본과 금융시장의 자유화는 1990년대 세계적 금융위기의 한 원인이 되었으며 작은 규모의 신흥 경제성장 국가들에게는 큰 재앙을 입힐 수 있다는 데에 동의한다"(Stiglitz 2003, 59). 그는 계속해서 이렇게 말한다. "가장 큰 개발도상국 두 나라가 세계적 경제위기의 참화를 겪지 않았다는 것은 절대 우연이 아니다. 중국과 인도는 모두 외국 자본에 대한 통제권을 가지고 있었다"(Stiglitz 2003, 125).

어떤 형태의 자본 통제가 유익한 결과를 가져올 것인지에 관해서는 아직 아무런 합의도 없으며, 우리 역시 여기에서 그 장단점을 일일이 살펴볼 수는 없다. 그러나 한 가지 구체적인 제안이 특별한 관심을 끈다. 첫째, 그 제안은 국제적으로 실시될 것을 요구하며, 둘째 (포기의 '지구자원 할당금' 제안과 마찬가지로) 유익한 목적을 위해서 자본시장 자유화의 부작용을 이용할 수 있는 방법을 보여준다는 점에서 그렇다. 브레턴우즈 체제의 붕괴 이후 통화를 사고파는 외환 시장은 극적으로 성장했다. 1973년의 경우, 시장의 총 거래액은 1일에 약 150억 달러 정도였다. 2001년이 되면 이 액수는 1일에 약 1조 2,000억 달러, 1년 총액은 약 300조 달러로 늘었는데, 이 액수는 2004년 세계 전체의 재화와 서비스 산출량의 약 열 배에 해당하는 것이었다(Kapoor 2004, 13). 한 분석에 따르면 "[그와 같은] 모든 통화거래의 40퍼센트는 통화를 사고 다시 되파는 데에 3일이 걸리지 않으며," 또한 "외환거래의 80퍼센트는 통화를 사고 되파는 데에 7일 혹은 그 이하의 시간이 걸린다"는 증거가 있다고 한다(Kasa 1999; Tobin 1996, p. xii; Kapoor 2004, 14). 그와 같은 투기성 단기 투자를 보통 '국제투기자본(hot money)'이라고 부른다. 그러한 투기 자체가 경기침체를 일으킨다고 생각하는 경제학자들은 별로 없지만 호황-불황 경기순환의 심각성을 악화시킬 수 있다는 데는 광범위한 합의가 있다(Stiglitz 2003, 17).

노벨 경제학상 수상자인 제임스 토빈은 1972년의 한 강연에서 투기성 투자의 '바퀴에 모래를 끼얹기' 위해서 국제적인 통화거래에 소규모의 세금을 붙이자고 제안했다.[4] 대부분의 제안에는 0.1퍼센트

4) 이 부분에 대한 논의는 저자의 책(J. Mandle 2000a)에서 이미 발표한 내용을

이하의 작은 규모만 외환거래에 부과되기 때문에 단기 투기꾼들에게는 그 부담이 아주 크게 인식되겠지만, 장기적인 자본투자자들을 방해하는 일은 거의 없을 것이다. 토빈이 주장하듯이 "거래세의 핵심적인 특성—매력적인 부분—은 이렇게 간단하다. 즉 짧은 시간 안에 통화를 사고 되파는 거래에 대해서는 자동적으로 일정 규모의 세금을 벌칙으로 부과하는 반면, 상품교역과 장기적인 자본투자를 끌어들이는 데에는 무시해도 좋을 정도의 영향을 끼친다"(Tobin 1996, p. xi). 따라서 변동환율제는 허용하면서도 세금을 통해서 단기적인 통화가치의 급격한 변화를 감소시킬 가능성이 있다. 또한 이는 각 나라들이 자국 경제에 대한 거시경제적 통제권을 어느 정도 보유하도록 도울 것이다. 이런 방안을 통해서 "국내 통화는 여타 부분에 대해서는 통화주권을 계속 보유하고, 국제적인 금융제도와 시장에서의 약간의 마찰 관계는 계속 유지될 필요가 있다.……개발도상국으로 유입되는 자본은 가급적이면 고정 직접투자 혹은 지분의 형태를 취해야 한다"는 것이다(Tobin 1998, 7).

또한 토빈 세(Tobin Tax)는 극심한 빈곤을 구호하고 발전을 고무시키는 데에 이용될 수 있는 상당한 세수입을 만들어낼 것이다. 토빈 세가 실질적으로는 단기적인 통화 투기를 줄이는 데에만 성공한다고 하더라도 여전히 지구자원 할당금에 맞먹는 대규모 자금을 만들 수 있을 것이다. 예상액은 크게 다르지만 최근 한 가지 제안은 0.005퍼센트의 아주 적은 세율로도 매년 100억 달러에서 150억 달러 사이의 자금을 만들 수 있을 것이라고 추산한다(Kapoor 2004, 16). 토빈 세와 지구자원 할당금은 시장을 대체하는 것이 아니라 시장을

기반으로 삼고 있다.

통해서 움직인다는 사실에 주의하는 것이 중요하다. 토빈 세는 통화 가격을 고정 수준에 묶어두지 않으며, 지구자원 할당금은 각 나라들이 자신의 자원의 채굴 규모를 결정하도록 허용한다. 두 시스템은 도움을 받지 못할 경우에 뒤처지게 될 사람들을 돕는 데에 시장제도가 적합한 기능을 발휘할 수 있는 방식으로 소유권을 규정한다. 이 제안들 중에서 어느 것도 지구화에 제동을 걸려고 하지 않는다. 두 제안은 **자유방임체제** 아래에서보다 지구화의 혜택이 한층 더 광범위하게 돌아갈 수 있도록 보장하기 위해서 시장의 힘을 이용하고자 의도한다.

물론 이러한 제안의 실현에는 현실적인 어려움이 있겠지만 절대로 극복될 수 없는 것은 아니다. 여러 나라들이 어떤 목표를 달성하려는 공통의 결정을 내리기 위해서 연합할 때에는, 기존의 제도가 새로운 문제를 떠맡도록 조정하거나 혹은 아예 새로운 제도를 창설함으로써 그 목표를 성취하려고 한다. 우리는 이러한 사례를 금융자유화에 관한 다자협정을 촉진시키기 위해서 고안된 TRIMs 협정에서 이미 보았다. 그러나 그보다 한층 더 극적인 사례는 1994년 GATT의 우루과이 라운드에서 포함된 '무역관련 지적재산권 협정'이다. 사실상 이 협정은 WTO를 국제적 특허권, 상표권, 경영 비밀의 국제적인 집행자로 만들어주었다. 지적재산권은 생산자가 어떤 재화의 생산에 대해서 일정 기간 동안 독점권을 보유할 수 있도록 허용한다. 옹호자들은 이러한 조치가 기술혁신과 기술이전에 박차를 가할 것이라고 주장하는 반면, 비판자들은 이런 조치가 경쟁을 제한하고, 특히 새로운 약품의 가격을 포함하여 제품 가격을 계속 높게 유지하게 만든다고 지적한다.[5] 기술 접근과 기술혁신을 둘러싸고 서로 경쟁하는 이해관계들은 아주 조심스럽게 균형을 잡아야 한다. 그러나 이 문제는 WTO의 표면상의 권한인 재화와 서비스의 교역을 촉진시키는 일과는 거의 관계가 없다. WTO의 옹호자들 중의 한 사람이 지적하는 바와 같이 지적재산권과 관련된 사항은 아무리 좋게 보아주어도 "WTO 시스템 속에 끼워 넣기 어려운 것"이었음에도 불구하고 WTO의 업무가 되었다(K. Jones 2004, 160; Bhagwati 2002, 75-76). 토빈 세와 지구자원 할당금은 그 어떤 기술적인 어려움이 있어서가 아니라 정치적인 의지가 없는 탓으로 실현되지 못하고 있을 뿐이다.

국제적인 노동, 환경 기준은 특히 1999년 시애틀에서 열린 WTO 항의 집회 이후에 지구화 비판자들의 화약고 역할을 해왔다. 나는 이 문제를 아주 간단하게만 언급하고자 한다. 이 책에서 택한 지구적 정의의 틀에서 노동과 환경 기준은 오직 기본인권들이 위험에 처했을 때에만 직접적으로 고려의 대상이 된다. 기본인권의 보호를 넘어 지구적 정의는 상당히 높은 수준의 노동 보호와 환경 보호를 요구하지 않는다. 노동과 환경의 높은 기준은 종종 중요하고 가치 있으며, 많은 경우에 일국 차원의 국내적 정의의 원칙에 의해서 올바르게 요구되는 것이기도 하다. 그러나 그것은 지구적 정의의 문제가 아니며, 국제적 집행의 대상이 되어서도 안 된다. 우리가 노동과 환경의 높은 기준이 어떻게 누구에 의해서 결정되어야 하는가 물어보면 이 문제는 분명해진다. 세계국가가 없는 상황에서 나올 수 있는 유일한 답은 그러한 기준들은 각 나라들의 정당한 정치제도를 통해서 설정되어야 한다는 것이다. 각 나라들이 개별적으로 그리고 교섭

---

5) 지적재산권에 대한 비판 논리는 Oxfam 2002b, ch. 8에 잘 나타나 있다. 찬성자들 중에는 '세계지적재산권기구(WIPO)' 등이 포함되어 있다.

에 의한 협정을 통해서 저마다의 기준을 설정하는 것이다. 우리는 나라마다 제각각 다양한 이유에서 이 요구 기준들을 서로 다른 수준으로 설정하기 원할 것이라는 점을 예측할 수 있다. 예를 들면, 각 나라들은 자연의 다양한 부분과 인간이 맺는 관계를 서로 다른 방식으로 파악할 수 있고, 이 개념에 비추어 자연을 희생시키는 수준을 저마다 다르게 정하려고 할 것이다. 이러한 차이들은 또한 각 나라들의 경제발전 수준 그리고 환경보호를 위해서 비용을 치를 의지와 능력의 수준을 반영할 것이다(Dasgupta et al. 1995, 19). 이와 유사한 고려 사항이 노동 기준에도 적용된다.

노동과 관련하여 기본인권의 침해를 보여주는 다음의 사례를 보자. 최근의 한 연구는 2,700만 명 정도의 사람들이 자신의 의지에 반하여 고용주에게 예속되어 있으며, 그 대다수는 채무의 족쇄에 묶여 있다고 지적한다. 다른 말로 하자면 이들은 노예이다(Bales 1999, 8-9). 타인에 대한 법적인 소유권이 주장되는 경우는 오늘날 극히 드물고, 인종을 중심축으로 삼아 이러한 현대적 형태의 노예제를 옹호하는 나라도 거의 없다(Bales 1999, 11, 80-120). 그 대신 사람들은 금전적인 부채의 대가로 노동을 강요받고, 폭력 및 폭력의 위협 아래에서 자신의 의지에 반해 예속되어 있는 것이다. 어떤 경우에는 순전히 납치당해 끌려온 사람들도 있다. 2002년 세계노동기구(ILO)는 "최소 840만 명의 모든 연령대의 소년, 소녀들이 절대적인 최악의 아동 노동"으로 분류되는 범주에 들어간다고 추산한다. 이 보고서는 '절대적인 최악의 노동'을 "노예 상태, 장기 밀매, 부채 상환 및 그외 여러 형태로 자행되는 강제 노동, 무력 분쟁, 매춘, 포르노 및 불법 활동에 이용하려는 목적에서의 아동 충원"이라고 규정한다

(International Labour Organization 2002, 17, 9). 이러한 경우는 인권 침해가 너무 명백하고 노골적이기 때문에 엄밀한 지구적 정의의 개념을 논하는 것 자체가 본질을 벗어날 뿐이다. 다시 말하지만, 이러한 끔찍한 현실이 사라지지 않는 것은 대부분 정치적인 의지가 부재한 탓이다.

기본인권들이 보호받는 한에서 각 나라는 자신들의 정당성 있는 정치제도를 통해서 환경과 노동의 기준을 스스로 결정할 수 있어야 한다. 서로 대립되는 요소들이 어떻게 균형을 잡아야 하는가의 문제는 각 나라가 스스로 결정하는 것이다. 되풀이해서 말하지만, 그렇다고 한 나라가 내리는 모든 결정이 정의로울 것임을 의미하지는 않으며, 비판에서 벗어난다는 말은 더더욱 아니다. 그러나 한 나라가 정당성 있는 정치구조를 갖추고 있다면, 스스로의 정당성을 의심받게 할 결정을 내리거나 혹은 다른 사회들에 그들이 선택하지 않은 과도한 부담을 부과하지 않는 한, 그 나라는 자신의 우선순위와 요구조건들을 설정하는 자유를 누려야 한다.[6] 물론 특정한 결정 사항에 반대하는 또다른 나라는 환경, 노동 및 그외의 문제들에 관해서 지구적 정의가 요구하는 최소한의 수준을 넘어서는 기준을 지키기로 당사자끼리 약속하는 쌍무(雙務) 혹은 다자 협정을 자유롭게 추진할 수 있어야 한다.

국제적인 무역기구와 지구화 일반에 대해서 크나큰 적대감을 만들어냈던 유명한 사건을 들어서 이러한 협정 과정의 실제 사례를 검

---

6) 지구온난화는 주요 공해유발 국가들이 다른 나라들에 그 나라들이 선택하지 않은 중대한 부담을 부과하고 있는 사례로 보인다(Singer 2002, ch. 2; Gardiner 2004).

토해보자. 1991년에 미국은 멕시코로부터 수입되는 참치에 제한조치를 부과하고자 했다. 멕시코에서 사용하는 참치잡이 그물에 돌고래가 걸려 죽는 경우가 자주 있었기 때문이다. GATT의 한 패널은 미국의 금지조치가 무역 규칙을 위배한다는 사실을 지적한 보고서를 발간했고, 미국과 멕시코 사이의 분쟁을 해결하기 위한 쌍무 협상을 촉구했다. 북미자유협정(NAFTA)을 둘러싼 협상을 벌이고 있던 멕시코는 문제를 더 이상 끌고 가지 않기로 선택했고, GATT 위원회는 공식적으로 아무런 보고서도 채택하지 않았다. "1997년에 미국은 받아들일 수 없는 어로 방법을 동원하여 잡은 참치에 대한 전면적인 금수조치를 해제하고, 그 대신 멕시코 및 그외 국가들과 서명한 국제적인 돌고래 보호 조약의 일환으로서 어획물에 환경 기준 통과 라벨을 붙이는 데에 초점을 맞추었다"(K. Jones 2004, 109).

이 결정은 환경보호론자들 사이에서는 무역기구가 미국의 환경법을 "기각" 혹은 "폐기시킨" 전형적인 사례로 묘사된다(Singer 2002, 58). 그러나 이것은 정확한 설명이 아니다. WTO는 법을 제정하는 (혹은 제정하지 않는) 힘이 전혀 없다(GATT는 이보다도 더 힘이 없다). 우리가 앞에서 보았듯이 (어떤 나라에 불리한 판정을 내림으로써 그 나라를 잠재적으로 망신시키는 것을 넘어) WTO가 할 수 있는 최대의 일은 피해를 입었다고 판정받은 국가에게 보복관세를 부과할 수 있는 권한을 승인하는 것이다. 한 나라가 환경을 이유로 들어 (그 어떤 이유라도 좋다) 반대하는 제품을 그 나라가 받아들이도록 WTO는 강요할 수 없다. 그러나 그와 같은 상품을 배제하는 데에 수반되는 비용을 올릴 수는 있다. 이것이 적절하다. 한 나라가 다른 나라들도, 다른 경우라면 받아들이지 않을, 엄격한 환경 기준을 채택하기를 원한다면, 그 목적을 달성하는 데에 보다 큰 비용을 지불할 용의가 있어야 한다. 어떤 환경 기준이 가치가 있을까 하는 문제에 관해서 각 나라들은 서로 다른 결정을 내릴 수 있고, 또 그것이 합당하다. 한 나라가 다른 나라로 하여금 보다 엄한 환경기준을 채택하도록 하려는 의도에서 관세나 금수조치를 부과할 경우, 그 조치는 보다 약한 환경기준을 유지하는 다른 나라에는 비용을 상승시킨다. 보다 엄한 환경기준을 충족시키려면 추가 비용이 든다. 만일 WTO가 보복관세를 승인한다면, 비용의 일부는 보다 엄한 기준을 원하는 나라로 옮겨 간다. 멕시코가 돌고래 보호 그물을 사용할 것을 요구하면서 미국은 이와 같은 높은 수준의 환경보호에 들어가는 비용을 치를 준비가 되어 있어야 했다. 예를 들면 미국은 그물 구입을 위한 비용을 제공할 수도 있었다. 가난한 나라들에 보다 엄한 환경기준을 부과하려는 쪽은 거의 항상 부유한 나라들이었다는 사실을 강조하는 것이 중요하다. 바그와티가 지적하듯이 "자신들이 선호하는 도덕적 가치를 전파하기 바라는 부유하고 강한 나라들은, 그 가치가 광범위하게 공유되고 있는지 혹은 시대착오적인 것인지는 묻지 말자, 그들이 공개적으로 옹호하는 제조공정방법에 보조금을 지불해야 한다.……자신들이 도덕적으로 선호한다고 주장하는 제조공정방법에 자신의 자원을 내놓아야 한다"(Bhagwati 2004, 157-158).* 나는 이것이 높은 환경기준을 반대하는 주장이 아니라는 점

---

* 제조공정방법(process and production methods)은 환경 기준을 준수하는 제조공정을 말한다. 한 제품의 생산이나 제조는 환경에 중대한 영향을 미치게 된다. 이에 따라서 일부 국가(주로 소위 선진국)에서는 일정한 환경 기준을 지키는 제조공정에 따라서 생산된 제품들만을 수입하는 정책을 취하기도 하고, 제조공정요건(PPMs-related Requirements)을 부과하여 제조업체에 환경오염 비

을 다시 한번 강조하고 싶다. 각 사회는 자신의 정당한 정치제도 그리고 다른 사회들과의 협상을 통해서 적절한 보호조치를 스스로에게 부과할 수 있고 또 그래야 한다. 만일 한 나라가 다른 나라들에게도 높은 기준을 지킬 것을 권장하고 싶다면 그리고 그와 같은 외부의 자극이 없을 경우 그 나라들은 높은 기준을 받아들이지 않는다면, 그렇게 하는 데에 들어가는 비용의 일부를 부담하는 협상에 들어설 용의가 있어야 한다.

각 나라들이 저마다의 환경기준과 노동기준을 가진다면 현재 세계시장의 맥락에서는 '최저수준 경쟁'이 벌어질 것이라는 이유에서 여기에 반대하는 경우가 종종 있다. 기준이 낮은 나라에서는 기업들이 싼 비용으로 운영될 수 있기 때문에, 이 나라들은 높은 기준을 갖춘 나라들에 비해서 경쟁의 우위를 가질 것이라는 생각이다. 따라서 높은 기준의 나라들은 경쟁력을 갖추기 위해서 자신의 기준을 낮추라는 재정적인 압력에 직면하게 될 것이다. 그러한 결과도 이론적으로는 가능하지만, 관련 증거는 이런 일이 환경기준이나 노동기준과 관련해서는 일어나지 않았음을 보여준다. 낮은 기준으로부터 얻을 수 있는 경쟁의 우위는 또다른 고려 사항들에 의해서 압도되는 것처럼 보인다. 현재 이용이 가능한 증거는 다음과 같은 사실을 시사한다.

환경 문제에서 '최저수준 경쟁'은 극히 가능성이 희박한 것으로 보인다. 실제로는 그 반대로 경제성장과 더불어 '기준 높이기'가 벌어지

용을 지불하게 만들기도 한다. 아울러 제조공정요건이 통상규제조치로 사용되는 경우도 증가하고 있다.

는 것으로 보인다. 투자가 고용 및 소득을 증대시킴에 따라서 가장 가난한 나라들도 꾸준히 자신의 환경 수준을 개선한다.……개발도상국들 내의 공동체들은 수동적 행위자도 아니고 물질적 이득에만 전적으로 초점을 맞추지도 않는다. 환경보호의 이득과 비용에 관해서 훌륭한 정보로 무장한 개발도상국들은 자신의 이익을 보호하려고 행동할 것이다. 소득과 교육 수준이 개선되며 개발도상국들은 공해를 보다 엄격하게 규제할 것이다(Wheeler 2002, 11, 13; 다음의 문헌을 참조하라. Copeland and Taylor 2003; Antweiler et al. 2001; Grether and de Melo 2003).

이와 유사하게 나 역시 (예를 들면 노동자의 건강과 안전에 관한 요구 사항에서) 헐거운 노동 법규를 갖춘 나라들이 엄격한 법규를 실시하는 나라들에 비해서 상당한 경쟁의 우위를 가지고 있다는 증거를 전혀 모른다. 오히려 그 반대로 "교섭권과 결사권의 개선 그리고 지속적이고 성공적인 교역의 개선 사이에는 상호 보완 관계"가 존재한다는 증거가 있다(Organization for Economic Cooperation and Development 1996, 112). 노동 법규에 관한 최저수준 경쟁도, 환경 법규에 관한 최저수준 경쟁도 없는 것으로 보인다. 그러나 이미 확립된 임금률 차이는 기업들로 하여금 저임금 국가를 더 선호하거나 혹은 그곳으로 이전하도록 유도할 수 있다는 관련 증거는 있다. 그러나 종종 이 경향은 크게 과장되어 있다. 한 부문에서 경쟁의 우위, 예컨대 저임금으로 인한 경쟁의 우위보다는 생산성과 기반 설비 같은 다른 부문에서의 취약점으로 인한 손실이 더 큰 경우가 종종 있다는 점을 기억하는 것이 중요하다. ILO의 한 연구원의 말을 빌려 요약하면 다음과 같다. "지구화가 산업화 국가에서 노동기준을 낮추게 했다는 명백한 증거는 전혀 없다.……[관련 증거가 시사하듯이] 저임금 국가들과의 무역은 산업화 국가들의 고용과 임금에 아주 제한적인 영향만을 끼쳤을 뿐이다. 그렇다면 지구화는 노동 기준에도 아무런 하향 압력을 행사할 수 없었다는 결론이 나와야 한다"(Lee 1997, 182-183).

최저수준 경쟁에 관한 증거는 별로 없는 것처럼 보인다고 하더라도, 경쟁의 강화는 불안정성을 더 크게 만들고 있다. 이것은 부유한 나라와 가난한 나라에 모두 해당한다. 일부에서는 국가가 세계시장에 직면하여 점차 무력해지고 중요성을 잃는다고 주장한다. 많은 나라들이 자신의 통제 범위를 넘어서는 힘에 점점 더 속박당하고 있지만, 자신이 통제할 수 있는 요소들에 국가가 적절하게 대응해야 할 필요성은 더욱 커지고 있다. 국가의 이러한 기능들은, 예를 들면 사회기반시설, 교육, 훈련에 대한 투자 정책을 통해서 그리고 경쟁의 부정적인 측면을 완화시킴으로써 시민들이 세계시장에서 경쟁력을 갖출 수 있도록 돕는 대응책을 포함한다. 이런 대응책들은 경쟁에서 밀려나는 개인들뿐만 아니라 국내의 경제 전반을 돕기 위해서 실시되는 것이다(Weiss 1998; J. R. Mandle 2003). 키칭은 이렇게 주장한다.

세계의 선진자본주의국가들은……지구화 과정으로 인한 삶의 불안과 불확실성에 자국 시민들이 보다 원활하게 대처할 수 있도록 해주는 **사회정책**들을 시행함으로써 시민들의 불안감을 줄이려는 조치를 취한다는 점이 중요하다. 나는 자국의 노동 인구를 변화에 적응하도록 만들 수 있는 교육, 훈련, 재훈련 프로그램에 대규모 투자가 이루어져 야 한다고 본다. 동시에 나는 일반 대중이 높은 수준의 의료, 사회보 장 및 그외 여러 프로그램들에 접근할 수 있어야 한다는 것도 지적한 다(Kitching 2001, 290).

정당성이 있는 정치구조를 가지고 있는 경우, 그 나라는 노동법과 환경법에 관한 결정을 스스로 내리고, 이 결정을 자신에게 부과하는 데에 이러한 제도들을 이용할 수 있다. 또한 어떤 종류의 경제 전략 을 추진할 것인지, 그러한 정책이 야기하는 불안정성으로부터 자국 시민을 보호하려면 어떤 정책을 활용할 것인지 스스로 결정하는 데 도 이러한 제도들이 이용될 수 있다.

특히 가난한 나라들은 시장 통합과 관련된 충격을 완화하기 위해 서 도움을 필요로 한다. 한 가지 사례만 검토하자. 1999년에 WTO는 일부 유럽 국가들이 서인도제도에서 수입되는 바나나에 특혜 조치를 실시한다고 지적하며 그 조치를 금지하는 결정을 내렸다. 바그와티 에 따르면 "그와 같은 결정은 법적인 측면에서는 완전히 정확하다. 그러나 그 충격은 카리브 해의 작고 가난한 나라들의 국가 소득에 15퍼센트까지 추정되는 손실을 남겼다"(Bhagwati 2004, 235)! 이 문 제를 검토한 후에 바그와티는 다음과 같은 사실을 발견하고 충격을 받았다. 세계은행(World Bank)은 "막대한 손실에 직면한 이 나라들 의 수입을 보상해주는 특별한 원조나 그외의 도움을 줄 프로그램이 전혀 없었다. 원조 총액은 이 작은 나라들에게는 큰 액수가 되겠지만, 세계은행이 사용하고 지출하는 액수 중에서 무시해도 좋을 정도의 규모만 할당해도 될 것이었다"(p. 235). 또한 바그와티는 일반적으로 "WTO 분쟁처리기구의 결정으로 인해서 가난한 나라들이 시장 접근을 상실하고, 그에 따라서 그곳의 생산자들이 새로운 상황에 적응하는 문제와 상당한 소득 손실을 겪게 되면 세계은행은 자동적으로 원조 프로그램을 작동해야 한다"고 주장했다(pp. 235-236; J. R. Mandle 2003, 126-127 참조). 바그와티는 자유무역의 선구적인 지지자임이 틀림없지만 시장근본주의자는 절대 아니다. 그는 지구화의 혜택이 골고루 나누어지도록 보장하기 위해서 국가 수준과 세계 수준 모두에서 제도적 정책의 필요성을 강조하는 것이다(Bhagwati 2004, 239).

극단적으로 한 나라는 더 이상 성장을 추진하지 않겠다거나 혹은 다른 나라들과 교역하지 않겠다는 결정을 내릴 수도 있다. 아직까지는 어떤 나라도 그런 극단적인 선택을 하지 않았지만, 모든 나라는 자신이 가치 있다고 여기는 또다른 목표들을 추진하기 위해서 성장 측면에서 보다 작은 희생을 항상 치르고 있다. 그동안 모든 나라들이 무역 확장을 통해서 성장을 추진하려는 정책을 압도적으로 선택해왔기 때문에, 성장이라는 공동의 목적을 용이하게 하고 조직화하는 현재의 국제적 구조에 과연 어떤 반대 의견이 제기될 수 있을지 알기는 어렵다. 그러나 현재 지구화를 운용하는 제도들에 대한 비판의 여지는 상당히 많다. IMF와 세계은행 역시 경제를 불안정하게 만드는 시장 근본주의적인 의제를 추진하는 경우가 너무 많다 (Woods 2001; Stiglitz 2003). WTO는 재화와 서비스의 교역을 원활하게 하는 핵심 임무를 확장해왔고 이제는 재산권의 집행자 역할을 하게 되었지만, 너무나 망설인 나머지 부유한 나라들에 농업 및 섬유산업 보조금과 관세를 축소하도록 압력을 행사하지 못해왔다. 물론 이러한 실패는 강대국들의 의중을 반영한 것이다. 다른 한편, 이러한 국제적 제도들이 존재하지 않을 경우에 비해서 강대국들이 자신의 의지를 다른 나라들에 부과할 수 있는 능력이 작아졌다는 데는 의심의 여지가 거의 없다. 강대국들은 자신이 원할 경우에 여전히 규칙을 만들기도 하고 위반하기도 하지만, 이러한 국제적 제도들이 없으면 일종의 면책 특권까지 누리며 마음대로 행동할 수 있게 될 것이다. 예를 들면, 2002년 3월에 미국은 수입된 철강에 30퍼센트의 관세를 일방적으로 부과했다. 일부의 추산에 따르면, 이로 인해서 브라질의 철강산업은 10억 달러에 달하는 손실을 감내했고 5,000개의 일자리가 위기에 처했다(Oxfam 2002a). 결국 WTO는 미국의 관세 부과가 위법이라고 판정했고 미국은 2003년 12월에 관세를 철회했다. 피해는 막대했지만 WTO가 없었으면 이런 일은 비일비재하게 벌어졌을 것이다. 그러한 일방적인 제재로부터 부유한 나라들을 물러서게 할 압력이 훨씬 더 적었을 것이기 때문이다.

현재 국제제도들의 조직과 관련된 일련의 또다른 문제는 이 제도들의 발전이 불균형하게 이루어져왔다는 사실과 결부되어 있다. 인권과 환경의 보호에 주력하는 국제제도들은 여럿이 있지만 이 제도들은 현재 세계경제에 관련된 문제를 다루는 제도가 누리는 권위 같은 것을 전혀 가지고 있지 못하다. 인권이나 환경보호 같은 대의명분의 지지자들은 기존의 강력한 제도들이 관심의 영역을 넓혀 이와 같은 추가적인 문제들까지 포괄하기를 바랄 수도 있다는 것은 당연하다. 그러나 이것은 아마 잘못일 것이다. 이유는 아주 간단하다. WTO는 인권과 환경 협정의 감시자 및 집행자로서는 대단히 부족할 것이기 때문이다. 이러한 명분에 전념하는 제도들, 즉 국제노동기구, 국제연합 인권위원회 같은 제도를 확장하고 강한 권한을 부여하며, 쌍무적, 다자적인 환경 협정을 촉진하고 통합할 수 있는 '지구환경기구(GEO)' 같은 제도를 만드는 편이 아마 더 좋을 것이다(Runge 2001). 물론 이와 같은 협정을 집행하는 데에 충분히 강력한 제도들을 만들기는 쉽지 않을 듯하지만, 기존의 경제 제도들이 이러한 목표를 추진하는 데에 꼭 효과적일 것이라고 생각할 만한 이유는 없다(Dommen 2002; K. Jones 2004; Esty 1993).

내가 지적한 변화들, 예를 들면 지구환경 분담금에 동의하기, 토빈 세 실시, 세계은행, IMF, WTO를 보다 개방적으로 만들기, ILO의 강화, GEO 창설 등은 지구화가 모든 사람의 이득에 보다 공정하게 기여할 수 있도록 지구화 과정의 방향을 재정립할 수 있다. 그러면서도 이 방법들은 국경을 넘어서 광범위하게 확장되는 시장의 기본 논리에 도전하지는 않을 것이다. 지구화의 일부 비판자들에게는 바로 이것이 문제가 된다. 시장의 확장이 아마 부의 총량을 증대시킬 것이고, 적절한 제도 개혁을 통해서 부의 증가분이 빈곤 구호에 도움을 줄 수 있다는 점을 마지못해 인정한다고 하더라도, 이 비판자들은 지구화로 인해서 치러야 할 경제외적 측면의 비용이 너무 높다고 주장한다. 이러한 비판자들 중에서 많은 사람들이 지구화의 **문화적 함의**에 초점을 맞춘다. 이 비판의 중심적인 기본 개념은 지구화가 문화의 '획일화(homogenization)'로 귀착된다는 것이다. "모든 곳이 나날이 더욱더 다른 모든 곳과 같아지고 있는" '세계적 단일 문화'의 공포이다(International Forum on Globalization 2002, 23; Barnet and Cavanagh 1996 참조). 『지하드와 맥월드(*Jihad vs. McWorld*)』의 저자 벤저민 바버는 지구화의 "문화적 획일화는 상업과 그 시장의 승리를 편애하는 자본이 지배하는 거대 평화를 확립할 가능성이 있다"고 주장한다(Barber 1996, 20). 바버는 지구화가 평화의 전망과 부를 증진시킬 수 있다는 점을 인정하지만, 이러한 이득은 시장과 관련된 보다 심각하면서도 포착하기 어려운 타락상 앞에 그 의미가 사라진다고 지적한다. "맥도날드 세계의 거주자는 자신이 통제할 수 없는 시장에서 소비자이자 고객이다. 그들의 자유는 시장에서의 구매 권리로 이루어져 있으며, 그들의 정체성은 자신들이 좀체 의식하지 못하는 소비주의에 의해서 부과된다"(p. 223).

지구화의 힘이 문화와 생활방식의 극적인 변화를 가져온 것은 부인할 수 없지만, 이러한 변화가 다양성의 상실과 획일화로 규정될 수 있을지는 분명하지 않다. 대개 비판자들은 고유한 토착 요리, 건축, 음악 등이 소멸되고 있다고 말하면서 지구화가 가져다준 상실을 한탄조로 묘사한다. 토머스 프리드먼 같은 지구화의 유명한 옹호자조차 다음과 같은 전망에 걱정을 표한다. "모든 곳이 전부 다 똑같이 보이기 시작할 것이다.……세계여행은 모든 우리마다 똑같은 동물들, 잔뜩 먹어 배부른 동물들이 들어 있는 동물원 구경과 같아질 것이다"(Friedman 1999, 221-222). 그렇지만 지역적 고유성의 상실은 다른 의미의 다양성과 공존할 수 있다. 문화와 실천이 지리에 의해서 제약받지 않고 국경을 넘어 계속 멀리 확산될 수 있다면, 여러 장소들이 앞으로 더욱 비슷하게 보일 수도 있을 것이다. 그렇지만 과거에는 가능하지 않았던 다양한 문화적 형태를 경험하고 여기에 참여할 수 있는 보다 많은 기회가 개인들에게 부여되면서 그렇게 될 것이다. 이질적이고 낯선 문화와 지역을 경험하는 능력이 모자라는 부유한 관광객의 눈에만 그러한 변화가 다양성의 상실을 수반한다고 보일 것이다. 대부분의 사람에게 그와 같은 변화는 상당한 이득을 수반할 것이다. 타일러 코웬이 지적하듯이 "교차문화적 교류는 한 사회 내부에서는 다양성을 촉진하는 경향이 있지만, 여러 사회들을 가로지르는 다양성은 회피하는 경향이 있다"(Cowen 2002, 15).

그 개념의 정의가 보여주듯이 지구화 과정은 전에는 서로 격리되어 있던 문화들 사이에 상호작용의 빈도를 극적으로 증대시킨다. 이것이 각 사회의 내부에 문화적 다양성을 크게 증가시키는 결과로 이어졌다는 것은 의심의 여지가 없다. 코웬은 이렇게 지적한다. "개인들은 그 어느 때보다 더 **공간의 압박**으로부터 해방되었다.……이 변화는 인류 역사에서 성장한 가장 의미 있는 자유 중의 하나에 해당한다"(Cowen 2002, 5. p. 129도 참조). 그와 같은 과정은 여러 사회들 **사이**에서는 다소간의 다양성 상실을 초래할 수도 있다. 그렇지만 나는 비판자들이 다양성이 상실된 것의 규모를 과장하고 있다고 믿는다. 또한 몇몇 형태의 획일화는 유감스러운 일이 절대 아니라는 점을 인정하는 것이 중요하다. 기본인권이 보편적으로 존중되는 세계를 가진다는 것은 분명히 좋은 일일 것이다. 필연적으로 경제발전의 과정은 생산방법을 넘어서 훨씬 더 넓은 범위에 영향을 끼친다. 개인들이 빈곤에서 벗어남에 따라서 과거의 몇몇 실천들은 사라지고, 그중에는 약간 아쉬운 것도 있을 것이다. 물론 또다른 경우들에서는 진정으로 아쉬워할 만한 것들이 사라지기도 한다.

내가 보기에는 지구화의 문화적 비판자들이 **진짜** 반대하는 것은 문화에 미치는 시장의 실질적인 영향이다. 그들은 지구화가 문화의 내용에 실질적인 영향을 끼친다고 믿는다. 코웬이 주장하듯이 "교차문화적 교류에 관한 비판의 많은 부분은 다양성 그 자체와는 전혀 관계가 없다. 현재의 문화에 대한 대부분의 비판자들은 특정 경향, 보다 일반적으로는 근대성이나 상업주의와 자주 결부되는 경향을 혐오한다"(Cowen 2002, 17. 132-135 참조). 지구화의 문화적 비판자들이 획일화를 비판할 때는 핵심을 제대로 짚지 못하고 있다. 그렇지만 지구화가 가져다준 문화의 극적인 변화가 좋은지 나쁜지, 그 변화가 문화적 진보와 개선을 이루어내는지 아니면 퇴보와 상실을 만들어내는지 질문을 제기하는 것은 납득할 수 있다. 어떤 변화들은 새롭고 생산적인 분야의 창조성을 여는 반면, 또다른 변화들은 하루살이 유행의 물결 속에서 귀중한 전통들을 쓸어가고 있다.

정의의 관점에서 보면, 핵심은 어떤 특정 변화가 좋은지 나쁜지를 둘러싸고 납득할 만한 의견의 충돌이 거의 항상 생긴다는 사실이다. 앞으로 다가올 변화에 대해서 일부 사람들은 열정적으로 새것을 받아들일 것이고 또다른 사람들은 낡은 것에 집착할 것이다. 때때로 이러한 논란은 한 사회의 관행과 전통의 진정한 혹은 참된 해석이 무엇인지 그리고 무엇이 외부의 악영향인지에 관한 논쟁의 형태로 제기된다. 정의가 문화의 모든 변화를 금지한다는 것은 전혀 사실이 아니다. 정의는 외적인 발전에 의해서 유도 혹은 선동되는 문화의 변화를 금지한다는 것조차도 사실이 아니다. 그런 주장은 문화를 박물관의 전시품으로 만들 것이다. 문화는 전통을 변용시키고, 전에는 이질적이었던 외부의 요소들을 포함시키며, 새로운 상황에 적응함으로써 그 생명력을 유지해나간다. 제러미 월드런이 관찰하듯이, 문화에는 새로운 압력과 기회에 대응하여 새 요소들을 포함시키고 낡은 요소들을 재해석하는 능력이 있음을 부정하는 것은 "많은 사람들이 문화의 가장 매력적인 특징이라고 간주하는 것, 즉 **역사**를 만들어가는 능력"을 인정하지 않는 것이다(Waldron 1992, 788). 물론 의도된 변화가 좋은지 나쁜지 결정할 규칙은 여전히 없다. 지구화의 물결에 직면하여 각 사회들은 시장의 힘이 만들어낸 근대화 경향에 맞서 자신들의 전통적인 생활방식을 보존하기 위한 조치들을 취할 것인지 결정해야 한다. 전통적인 실천의 옹호자들은 특별한 지원이 없이는 경쟁할 수 없고 자신들의 전통적인 생활방식을 포기하도록 강요받게 될 것이라는 주장을 정당하게 내세울 수 있다. 그들은 각 사회들이 스스로의 전통을 보존하기 위해서 그외의 다른 목표와 이익들을 희생해야 한다고 주장한다. 반면 이에 맞서 또다른 사람들은 진심으로 아쉬운 것들이 상실된다고 하더라도, 전통적인 실천의 유지는 보다 큰 가치를 가진 다른 여러 창조적인 기회들의 희생을 수반할 것이라고 답할 수 있다. 롤스의 지적과 같이 "어떤 사회도 그 자체에 모든 삶의 방식을 포괄할 수는 없다.⋯⋯손실이 없는 사회세계는 없다. 즉 모든 사회세계는 특정한 근본적 가치를 특별한 방식으로 실현하는 일부 삶의 방식들을 배제하고 있다"(Rawls 1996, 197). 가치들은 서로 충돌하기 때문에 선택이 이루어져야 한다.

기본인권이 위험에 처하지 않은 경우, 지구적 정의의 수준에서 우리는 절차적인 관점을 받아들여야 한다. 지구적 정의의 관점에서 중요한 것은 어떤 실천이 진보인지 퇴보인지를 가르는 내용적인 판단이 아니라, 그러한 논쟁을 다루는 방법에 관해서 한 사회가 집합적인 결정을 내릴 수 있도록 해주는 정당한 정치제도가 마련되어 있느냐 하는 것이다. 한 사회는 그 어떤 특정한 문화적 실천을 장려하거나 방해하는 데에 국가 권력을 의도적으로 행사하지 않는 '점잖은 무시(benign neglect)' 정책을 택하기로 자신의 정당한 정치제도를 통해서 결정할 수도 있다(Brighouse 1998). 다른 선택들, 예를 들면 어떤 실천들에 보조금을 지불하거나 공식적으로 인정하거나 혹은 다른 방식으로 장려하는 등의 선택지 역시 지구적 정의 개념과 일치한다(Kymlicka 1995). 물론 기본인권을 침해하는 방식으로 문화적 실천에 영향을 미치려는 시도는 용인될 수 없다. 이러한 맥락에서 가장 연관성이 높은 인권은 표현과 양심의 자유이다. 예를 들면, 배교(背敎)를 금지하거나 특정 언어의 사용을 불법화함으로써 전통적 실천을 유지하려는 시도는 정의에 어긋날 것이다.

핵심은 문화적인 문제에 관해서 정치제도가 반드시 훌륭한 심판자는 아니라는 점이다. 정치제도가 내리는 결정들은 문화적 실천의 진정한 가치를 정확하게 반영하지 못할 수도 있다. 때때로 한 사회는 나중에 어떤 중요한 실천들을 보호하지 못한다고 후회하게 될 비극적인 결정을 내릴 수도 있다. 그러나 사람들이 그러한 판단을 자신의 정당한 정치제도를 통해서 스스로 결정을 내리도록 하는 것 외에는 다른 선택지가 없는 것처럼 보인다. 이런 설명은 문화적인 문제에 정치적으로 개입하는 것을 옹호하는 주장도 아니고, 문화적인 생산에 영향을 미치는 순수한 시장관계를 옹호하는 주장도 아니다. 또한 나는 정당한 정치제도가 내린 결정들은 일국 차원의 어떤 특정한 **국내적** 정의의 개념에 비추어 항상 정의로울 것이라고 주장하지도 않는다.[7] 그러나 그 결정들이 기본인권을 침해하는 것을

---

7) 우리가 여기에서 한 사회와 문화적 소수의 관계를 규정하는 데에 어떤 **국내적** 정의의 원칙들이 합당한지 검토할 수는 없다. 내가 지금까지 여기서 설명한 정당성의 논리는 다양한 형태의 연방을 옹호하는 주장들 그리고 민족적, 문화적 소수자들의 주장들과도 공존할 수 있다는 점만 간단하게 지적하고자 한다. 국내적 정의의 원칙들과 문화의 관계에 대한 문헌은 킴리카의 선구적인 연구

수반하지 않는 한에서 그리고 그와 같은 집합적 결정들을 내리는 정당한 정치제도가 자리를 잡고 있는 한에서, 지구적 정의의 관점에서 볼 때 그 결정들은 용인될 수 있다는 뜻이다. 정당성이 있는 사회들이 환경정책과 사회복지정책에 관한 고유한 결정을 스스로 내릴 수 있듯이, 문화정책에 관한 자신들만의 결정 역시 내릴 수 있는 것이다.

내가 여기에서 제시한 정의로운 세계질서의 모습은 정당성을 갖춘 국가들에 의해서 기본인권들이 우선적으로 보호받는 세계이다. 기본인권을 안전하게 확보하고 보호하는 기본 책임은 그 사회의 정치구조 그리고 그 구조들을 통해서 집합체(corporate body)로서 활동하는 동료 시민들에게 부여된다. 이 제도들이 기본인권을 보호하는 데에 실패하거나, 심지어 침해한다면 의무의 무게 추는 보다 국제적인 방향으로 옮겨간다. 모든 인간은 인권을 누릴 권리가 있고, 동료 시민뿐만 아니라 모든 사람이 기본인권을 존중할 의무를 가지고 있기 때문에, 사람들이 정치제도를 공유하지 않더라도 지구적 정의의 의무는 국경을 넘어서 공유된다. 직접적인 인도주의적 개입이나 원조가 요구되는 위기들이 생길 수도 있지만, 장기적인 목표는 한 사회가 자신의 기본인권을 안전하게 확보할 수 있도록 해주는 정당한 정치구조의 창설이다. 이것을 기본선으로 삼고 한 나라는 자신의 여러 목표들, 즉 노동기준과 환경기준의 설정, 문화적 활동의 형태를 만들기, 다른 나라들과 서로 도움을 주고받는 상호작용의 추진

이후에 지난 10년 동안 급속도로 증가했다. 예를 들면 다음의 문헌을 참조하는 것이 좋다. Kymlicka 1995; Tomasi 1995; Waldron 1992; Barry 2001; Carens 2000; Benhabib 2002.

등을 포함하는 여러 목표들을 어떻게 추진할 것인지에 관해서 집합적인 결정을 자유롭게 내릴 수 있다.

이것은 현재 우리가 살고 있는 세계는 아니다. 또한 우리는 지금까지 이런 세계를 가져본 적도 없다. 그러나 단언하건대 처음으로 그러한 세계를 만들어내는 것이 가능하다. 그곳을 향해서 나가지 못하는 것은 우리의 집단적인 실패 탓이지 인간의 통제를 벗어난 한계들 탓이 아니다. 내가 지금까지 제기한 주장은 롤스가 '현실적 유토피아'라고 부른 것이다(실제로도 나의 주장은 롤스 자신의 입장과 가깝다)(Rawls 1999b, 5-6, 11-12). 롤스는 현실적 유토피아를 이렇게 말한다.

현실적 유토피아는 그러한 세계가 언제, 어디에선가는 존재할 수 있을 것이라는 가능성을 말할 뿐이며, 이것이 틀림없이 실현되어야 한다거나 혹은 앞으로 실현될 것이라고는 말하지 않는다.……이 가능성은 단순한 논리적 가능성이 아니라 그 사회적 세계의 심층적인 경향 및 성향들과 결부된 것이다. 정의롭다고 합당하게 인정받을 수 있는 자립적인 정치 및 사회적 질서가 국내에서나 외국에서나 가능하다는 설득력 있는 근거들을 우리가 신뢰한다면, 우리들은 우리들 또는 다른 사람들이 언제, 어디에선가 이를 달성하리라는 것을 희망할 수 있기 때문이다. 그리고 우리는 이것을 달성하기 위해서 무엇인가를 할 수 있을 것이다. 이 하나만으로도 우리는 성공 또는 실패의 문제를 떠나서 포기와 냉소주의의 위험을 떨쳐버리기에 충분하리라 생각된다. 사회적 세계가 현실적 유토피아의 특성을 어떻게 실현할 수 있는지를 보여줌으로써 정치철학은 정치적인 노력의 장기적인 목표를 제공해주고, 또한 그것을 위해서 매진함에 있어 우리가 오늘날 할 수 있는 것에 의미를 부여해준다(Rawls 1999b, 127-128).

다른 한편, 앞으로의 개혁을 이끌 평가 기준으로 기여하기 위해서는 그와 같은 주장이 기존의 제도와 실천들에만 국한될 수는 없다. 만일 사정이 순조롭게 진행될 경우, 정의로운 질서가 어떤 모습을 보일 수 있을 것인지 모델을 기획해야 한다. 다른 한편, 상호 모순되는 가치들과 포괄적 교리들의 다양성 같은 인간의 조건의 본질적인 특징들을 간과하지 않으면서 실천으로 옮겨질 수 있는 실행이 가능한 개념을 제공해야 한다.

롤스는 언급하지 않았지만 내가 현실적 유토피아를 구축하는 데에 핵심이라고 믿는 추가적인 고려 사항이 있다.[8] 기존의 현실을 먼저 극적으로 악화시키지 않고 현재의 상황으로부터 정의로운 질서로 갈 수 있는 길을 찾아내는 것이 중요하다. 주변에 불의가 만연해 있음을 발견하면, 사람들이 여기에 놀라고 정의의 대의명분을 추진할 것이라는 우리의 희망에는 잘못된 것이 전혀 없다. 그러나 만일 정의를 향한 진보가 곧 다가올 것 같지 않으면, 그 주창자들은 자신들이 바라는 호응을 촉발하기 위해서, 현재의 상황이 더 악화되기를 바라는 태도를 취해서는 안 된다. 그러한 태도는 도덕적인 파멸과 정치적인 자살을 불러온다. 우리는 크나큰 불의에 대한 환멸감에 기대지 않는 정의를 향한 길, 기존의 여러 효과들을 긍정적인 방향으로 끌고나가는 정의를 향한 길을 찾아내야 한다. 그러한 시나리오를 만들어내는

---

8) 이 문단과 다음 문단의 내용은 앞으로 출간될 저자의 글에서 다룬 내용을 바탕으로 하고 있다(J. Mandle, forthcoming).

데에 요점은 그 시나리오가 필연적이지도 않고, 필연적인 가능성에도 미치지 못하지만, 닐슨이 지적하듯이 "**경험적으로 타당한 정치적인 가능성의 영역**"에 있어야 한다는 것뿐이다(Nielsen 2003, 270).

지구화는 사람들 사이의 상호작용을 국경을 넘어서 엄청나게 확장시켰다. 물론 그 일차적인 상호작용은 교역을 통해서 이루어지고 있으며, 여기에서부터 발전된 관계들은 제한적이다. 그러나 세계시장 관계가 요즘처럼 극적으로 확장되기 이전에 존재했던 인간의 태도를 순진하게 바라보지 않는 것이 중요하다. 역사적으로 사회들 간의 관계가 별로 바람직하지 못한 경우가 자주 있었다. 기껏해야 무지와 무관심에 기반을 두고 그런 관계들이 이루어진 경우가 많았다. 최악의 경우에는 외부인과 낯선 생활방식에 대한 폭력적인 적대감이 있었다. 사람들이 서로에 대해서 무관심하거나 적대적일 때, 시장관계의 확립은 상호 존경과 관용의 관계를 만들어내는 데에 그리고 보다 깊은 합의를 발견할 가능성을 높이고 그것을 창조하는 데에 중요한 첫 단계가 될 수 있다. 롤스는 이렇게 전망한다.

친근감(affinity)의 관계는 고착된 것이 아니라 만민이 발전시켜온 협력적인 제도들 내에서 만민이 함께 일을 하게 되면서 지속적으로 장기간에 걸쳐서 강화된다. 자유주의적인 인민과 적정 수준의 위계 사회의 만민의 특징으로서 그들은 모든 만민이 질서가 잘 잡힌 정치체제를 가지는 하나의 세계를 추구한다. 우리는 처음에는 이 목적이 각 만민의 '자기이익'에 의해서 추구되는 것으로 가정할 수 있다. 그러한 정치체제들이 위험스럽지 않고 평화적이고 협력적이기 때문이다. 그렇지만 만민 간의 협력이 빨리 진행됨에 따라서 이들은 상호

간에 관심을 가지게 되며 만민 간의 친근감은 보다 강화될 수도 있다. 이렇게 되면 이들은 더 이상 단순히 자기이익에 의해서가 아니라 삶의 방식과 문화에 대한 상호간의 관심에 의해서 행동하게 될 것이다. 그리고 이들은 서로를 위해서 희생하려고 할 것이다. 이러한 상호 배려는 상당한 시간 동안 이들 간의 협력적인 노력의 결실과 공통 경험의 결과이다.

오늘날 세계에서 상대적으로 협소한 테두리 내의 만민 간의 상호 배려는 오랜 기간이 지나면 확장될 수 있는 것이기 때문에 결코 고착된 것으로 보아서는 안 된다(Rawls 1999b, 112-113).

우리가 세계의 문화, 실천, 가치들의 다양성 그리고 국경 너머의 외부에 대한 무관심과 적대의 역사를 염두에 둔다면 궁극적으로 지구화의 과정은 인류를 보다 더 인간답게 만드는 경향으로 이끌 것 같아 보인다. 과연 우리가 지금 이 목표를 향해서 가고 있는지 아니면 거기에서 멀어지고 있는지 감히 추측하지 않겠으나, 최소한 이것이 지구적 정의의 방향으로 나아가는 가능한 길이다. 내가 주장했듯이 그러한 길이 가능하지만 필연적이지 않다면, 우리의 할 일은 도덕적 설파에 그치지 않고 우리 모두가 이 길을 향해서 나아갈 수 있도록 돕는 것이다.

참고 문헌

Ackerman, B. (ed.) 2002: *Bush v. Gore: The Question of Legitimacy*. New Haven: Yale University Press.

Ahrensdorf, P. J. 1997: Thucydides' Realistic Critique of Realism. *Polity*, 30 (2), 231-65.

Alesina, A. and Dollar, D. 2000: Who Gives Foreign Aid to Whom and Why? *Journal of Economic Growth*, 5 (1), 33-63.

Amnesty International 2000: NATO/Federal Republic of Yugoslavia, "Collateral Damage" or Unlawful Killings? <http://www.amnesty.org/ailib/intcam/kosovo/docs/nato_all.pdf>

Anderson, B. 1991: *Imagined Communities: Reflections on the Origin and Spread of Nationalism*, rev. ed. New York: Verso.

An-Na'Im, A. A. 1992: Conclusion. In A. A. An-Na'Im (ed.), *Human Rights in Cross-Cultural Perspectives: A Quest for Consensus*, Philadelphia: University of Pennsylvania Press, 427-35.

Antweiler, W., Copeland, B. R. and Taylor, M. S. 2001: Is Free Trade Good for the Environment? *American Economic Review*, 91 (4), 877-908.

Baker, D., Epstein, G. and Pollin, R. 1998: Introduction. In D. Baker, G. Epstein, and R. Pollin (eds), *Globalization and Progressive Economic Policy*, New York: Cambridge University Press, 1-34.

Bales, K. 1999: *Disposable People: New Slavery in the Global Economy*. Berkeley: University of California Press.

Barber, B. R. 1996: *Jihad vs. McWorld: How Globalism and Tribalism Are Reshaping the World*. New York: Ballantine Books.

Bardhan, P. 1993: Symposium on Democracy and Development. *Journal of Economic Perspectives*, 7 (3), 45-9.

Barnet, R. and Cavanagh, J. 1996: Homogenization of Global Culture. In J. Mander and E. Goldsmith (eds), *The Case against the Global Economy: And for a Turn toward the Local*, San Francisco: Sierra Club Books, 71–7.

Baron, H. 1987: *The Consent Theory of Political Obligation*. New York: Croom Helm.

Barry, B. 2001: *Culture and Equality: An Egalitarian Critique of Multiculturalism*. Cambridge, Mass.: Harvard University Press.

Bedau, H. A. 1979: Human Rights and Foreign Assistance Programs. In P. G. Brown and D. MacLean (eds), *Human Rights and U.S. Foreign Policy: Principles and Applications*, Lexington, Mass.: Lexington Books, 29–44.

Beitz, C. R. 1999: *Political Theory and International Relations*, 2nd edn. Princeton: Princeton University Press.

Beitz, C. R. 2004: Human Rights and the Law of Peoples. In D. K. Chatterjee (ed.), *The Ethics of Assistance: Morality and the Distant Needy*, New York: Cambridge University Press, 193–214.

Bell, D. A. 1996: The East Asian Challenge to Human Rights: Reflections on an East–West Dialogue. *Human Rights Quarterly*, 18 (3), 641–67.

Bell, D. A. 2000: *East Meets West: Human Rights and Democracy in East Asia*. Princeton: Princeton University Press.

Benedict, R. 2001: Anthropology and the Abnormal. In P. K. Moser and T. L. Carson (eds), *Moral Relativism: A Reader*, New York: Oxford University Press, 80–9.

Benhabib, S. 2002: *The Claims of Culture: Equality and Diversity in the Global Era*. Princeton: Princeton University Press.

Bernstein, A. unpublished: "A Cosmopolitan Law of Peoples."

Beversluis, E. H. 1989: On Shunning Undesirable Regimes: Ethics and Economic Sanctions. *Public Affairs Quarterly*, 3 (2), 15–26.

Bhagwati, J. 1998: The Capital Myth: The Difference between Trade in Widgets and Dollars. *Foreign Affairs*, 77 (3), 7–12. Bhagwati, J. 2002: *Free Trade Today*. Princeton: Princeton University Press.

Bhagwati, J. 2004: *In Defense of Globalization*. New York: Oxford University Press. Blake, M. 2001: Distributive Justice, State Coercion, and Autonomy. *Philosophy and Public Affairs*, 30 (3), 257–96.

Boxill, B. R. 1987: Global Equality of Opportunity and National Integrity. *Social Philosophy and Policy*, 5, 143–68.

Brandt, R. B. 1972: Utilitarianism and War. *Philosophy and Public Affairs*, 1 (2), 145–65.

Brighouse, H. 1998: Against Nationalism. In J. Couture, K. Nielsen, and M. Seymour (eds), *Rethinking Nationalism*, Canadian Journal of Philosophy suppl. vol. 22 (1996), Calgary, Alberta: University of Calgary Press, 365‒405.

Buchanan, A. 1997: Theories of Secession. *Philosophy and Public Affairs*, 26 (1), 31‒61.

Buchanan, A. 1998: What's So Special about Nations? In J. Couture, K. Nielsen, and M. Seymour (eds), *Rethinking Nationalism*, Canadian Journal of Philosophy suppl. vol. 22 (1996), Calgary, Alberta: University of Calgary Press, 283‒309.

Buchanan, A. 2004: *Justice, Legitimacy, and Self-Determination: Moral Foundations for International Law*. New York: Oxford University Press.

Calhoun, C. 1997: *Nationalism*. Minneapolis: University of Minnesota Press. Caney, S. 1999: Nationality, Distributive Justice and the Use of Force. *Journal of Applied Philosophy*, 16 (2), 123‒38. Caney, S. 2001: Cosmopolitan Justice and Equalizing Opportunities. *Metaphilosophy*, 32 (1/2), 113‒34.

Carens, J. H. 1995: Aliens and Citizens: The Case for Open Borders. In W. Kymlicka (ed.), *The Rights of Minority Cultures*, New York: Oxford University Press, 331‒49.

Carens, J. H. 2000: *Culture, Citizenship, and Community: A Contextual Exploration of Justice as Evenhandedness*. New York: Oxford University Press.

Chen, S. and Ravallion, M. 2004: *How Have the World's Poorest Fared since the Early 1980s?* World Bank Policy Research Working Paper 3341. <http://econ.worldbank.org/files/36297_wps3341.pdf>

Chomsky, N. 1999: *The New Military Humanism: Lessons from Kosovo*. Monroe, Me.: Common Courage Press.

Christie, K. 1995: Regime Security and Human Rights in Southeast Asia. *Political Studies*, 43 (special issue), 204‒18.

Coady, C. A. J. 2003: War for Humanity: A Critique. In D. K. Chatterjee and D. E. Scheid (eds), *Ethics and Foreign Intervention*, New York: Cambridge University Press, 274‒95.

Cohen, J. 1986: Review of *Spheres of Justice*, by Michael Walzer. *Journal of Philosophy*, 83 (3), 457‒68.

Cohen, J. 2004: Minimalism about Human Rights: The Most We Can Hope For? *Journal of Political Philosophy*, 12 (2), 190‒213.

Cohen, M. 1984: Moral Skepticism and International Relations. *Philosophy and Public Affairs*, 13 (4), 299‒346.

Copeland, B. R. and Taylor, M. S. 2003: *Trade and the Environment: Theory and Evidence*. Princeton: Princeton University Press.

Cortright, D. and Lopez, G. A. 2002: *Smart Sanctions: Targeting Economic Statecraft*. Lanham, Md.: Rowman and Littlefield Press.

Cowen, T. 2002: *Creative Destruction: How Globalization is Changing the World's Cultures*. Princeton: Princeton University Press.

Cranston, M. 1962: *What Are Human Rights?* New York: Basic Books.

Damrosch, L. F. 1993: The Civilian Impact of Economic Sanctions. In L. F. Damrosch (ed.), *Enforcing Restraint: Collective Intervention in Internal Confl icts*, New York: Council on Foreign Relations Press, 274–315.

Damrosch, L. F. 1994: The Collective Enforcement of International Norms through Economic Sanctions. *Ethics and International Affairs*, 8, 60–80.

Dasgupta, S., Mody, A., Roy, S. and Wheeler, D. 1995: *Environmental Regulation and Development: A Cross-Country Empirical Analysis*. World Bank Policy Research Working Paper 1448. <http://econ.worldbank.org/files/807_wps1448. pdf>

DeLong, J. B. 2004: Should We Still Support Untrammelled International Capital Mobility? Or are Capital Controls Less Evil than we once Believed? *The Economists' Voice*, 1 (1), <http://www.bepress.com/ev/vol1/iss1/art1>

Denny, C. 2004: Suharto, Marcos, and Mobuto Head Corruption Table with $50bn Scams. *The Guardian*, March 26.

Diamond, J. 1997: *Guns, Germs, and Steel: The Fates of Human Societies*. New York: W. W. Norton.

Dollar, D. 2004: *Globalization, Poverty, and Inequality since 1980*. World Bank Policy Research Working Paper 3333. <http://econ. worldbank.org/files/39000_ wps3333.pdf>

Dollar, D. and Kraay, A. 2002: Growth is Good for the Poor. *Journal of Economic Growth*, 7 (3), 195–225.

Dommen, C. 2002: Raising Human Rights Concerns in the World Trade Organization: Actors, Processes and Possible Strategies. *Human Rights Quarterly*, 24 (1), 1–50.

Donnelly, J. 1998: *International Human Rights*, 2nd edn. Boulder, Colo.: Westview Press.

Donnelly, J. 1999: Human Rights and Asian Values: A Defense of "Western" Universalism. In J. R. Bauer and D. A. Bell (eds), *The East Asian Challenge for Human Rights*, New York: Cambridge University Press, 60–87.

Donnelly, J. 2003: *Universal Human Rights in Theory and Practice*, 2nd edn. Ithaca, NY: Cornell University Press.

Drinan, R. F. 2001: *The Mobilization of Shame: A World View of Human Rights*. New Haven: Yale University Press.

Dunn, R. S. 1979: *The Age of Religious Wars: 1559–1715*, 2nd edn. New York: W. W. Norton.

Dworkin, R. 1977: *Taking Rights Seriously*. Cambridge, Mass.: Harvard University Press.

Dworkin, R. 1984: Rights as Trumps. In J. Waldron (ed.), *Theories of Rights*, New York: Oxford University Press, 153–67.

Easterlin, R. A. 1996: *Growth Triumphant: The Twenty-first Century in Historical Perspective*. Ann Arbor: University of Michigan Press.

Edmundson, W. 1998: Legitimate Authority without Political Obligation. *Law and Philosophy*, 17 (1), 43–60.

Egan, T. 2004: Big Farms Reap Two Harvests with Subsidies a Bumper Crop. *New York Times*, Dec. 26., sec.1, p. 36. <http://www.nytimes. com/2004/12/26/national/26farm.html>

Ehrlich, P. R. 1968: *The Population Bomb*. New York: Ballantine Books.

Emmerson, D. K. 1995: Singapore and the "Asian Values" Debate. *Journal of Democracy*, 6 (4), 95–105.

Englehart, N. A. 2000: Rights and Culture in the Asian Values Argument: The Rise and Fall of Confucian Ethics in Singapore. *Human Rights Quarterly*, 22 (2), 548–68.

Estlund, D. M. 2003: The Democracy/Contractualism Analogy. *Philosophy and Public Affairs*, 31 (4), 387–412.

Esty, D. C. 1993: GATTing the Greens: Not Just Greening the GATT. *Foreign Affairs*, 72 (5), 32–6.

Farer, T. J. 2003: Humanitarian Intervention before and after 9/11: Legality and Legitimacy. In J. L. Holzgrefe and R. O. Keohane (eds), *Humanitarian Intervention: Ethical, Legal, and Political Dimensions*, New York: Cambridge University Press, 53–89.

Freeman, M. 2002: *Human Rights: An Interdisciplinary Approach*. Cambridge: Polity.

Frei, C. 2001: *Hans J. Morgenthau: An Intellectual Biography*. Baton Rouge, La.: Louisiana State University Press.

Friedman, T. L. 1999: *The Lexus and the Olive Tree*. New York: Farrar, Straus, and Giroux.

Gardiner, S. M. 2004: Ethics and Global Climate Change. *Ethics*, 114 (3), 555–600.

Gellner, E. 1983: *Nations and Nationalism*. Ithaca, NY: Cornell University Press.

Glendon, M. A. 2001: *A World Made New: Eleanor Roosevelt and the Universal Declaration of Human Rights*. New York: Random House.

Glover, J. 1999: *Humanity: A Moral History of the Twentieth Century*. New Haven: Yale University Press.

Gomberg, P. 1990: Patriotism is like Racism. *Ethics*, 101 (1), 144–50.

Goodin, R. E. 1988: What is so Special about Our Fellow Countrymen? *Ethics*, 98 (4), 663–86.

Gourevitch, P. 1998: *We Wish to Inform you that Tomorrow we will be Killed with our Families: Stories from Rwanda*. New York: Farrar, Straus, and Giroux.

Grether, J. M. and de Melo, J. 2003: *Globalization and Dirty Industries: Do Pollution Havens Matter?* National Bureau of Economic Research Working Paper 9776. <http://papers.nber.org/papers/W9776.pdf>

Grieco, J. M. 1993a: Anarchy and the Limits of Cooperation: A Realist Critique of the Newest Liberal Institutionalism. In D. A. Baldwin (ed.), *Neorealism and Neoliberalism: The Contemporary Debate*, New York: Columbia University Press, 116–40.

Grieco, J. M. 1993b: Understanding the Problem of International Cooperation: The Limits of Neoliberal Institutionalism and the Future of Realist Theory. In D. A. Baldwin (ed.), *Neorealism and Neoliberalism: The Contemporary Debate*, New York: Columbia University Press, 301–38.

Habermas, J. 2002: On Legitimation through Human Rights. In P. D. Greiff and C. Cronin (eds), *Global Justice and Transnational Politics*, Cambridge, Mass.: MIT Press, 197–214.

Halperin, M. H., Siegle, J. T. and Weinstein, M. M. 2005: *The Democracy Advantage: How Democracies Promote Prosperity and Peace*. New York: Routledge.

Hampshire, S. 1989: *Innocence and Experience*. Cambridge, Mass.: Harvard University Press. Hampshire, S. 2000: *Justice is Conflict*. Princeton: Princeton University Press.

Hardin, G. 1996: Lifeboat Ethics: The Case against Helping the Poor. In W. Aiken and H. LaFollette (eds), *World Hunger and Morality*, 2nd edn, Upper Saddle

River, NJ: Prentice-Hall, 5-15.

Harman, G. and Thomson, J. J. 1996: *Moral Relativism and Moral Objectivity*. Malden, Mass.: Blackwell.

Hechter, M. 2000a: *Containing Nationalism*. New York: Oxford University Press.

Hechter, M. 2000b: Nationalism and Rationality. *Studies in Comparative International Development*, 35 (1), 3-19.

Hegel, G. W. F. [1821] 1991: *Elements of the Philosophy of Right*, ed. A. Wood, trans. H. B. Nisbet. New York: Cambridge University Press.

Herodotus [440 BCE] 1954: *The Histories*, trans. Aubrey de Sélincourt. New York: Penguin Books.

Hobbes, T. [1660] 1994: *Leviathan*, ed. E. Curley. Indianapolis: Hackett Publishing.

Holmes, S. and Sunstein, C. R. 1999: *The Cost of Rights: Why Liberty Depends on Taxes*. New York: W. W. Norton and Co.

Holzgrefe, J. L. 2003: The Humanitarian Intervention Debate. In J. L. Holzgrefe and R. O. Keohane (eds), *Humanitarian Intervention: Ethical, Legal, and Political Dimensions*, New York: Cambridge University Press, 15-52.

Ignatieff, M. 2001: *Human Rights as Politics and Idolatry*, ed. A. Gumann. Princeton: Princeton University Press.

Ignatieff, M. 2003: State Failure and Nation-Building. In J. L. Holzgrefe and R. O. Keohane (eds), *Humanitarian Intervention: Ethical, Legal, and Political Dimensions*, New York: Cambridge University Press, 299-321.

Interagency Council on Homelessness 1999: *Homelessness: Programs and the Peoples They Serve*. Washington, DC: United States Department of Housing and Urban Development. <http://www. huduser.org/publications/homeless/homeless-ness/highrpt.html>; chap ter 5, "Income, Income Sources, and Employment" at <http://www.huduser.org/Publications/pdf/home_tech/tchap-05.pdf>

International Forum on Globalization 2002: *Alternatives to Economic Globalization: A Better World is Possible*. San Francisco: Berrett-Koehler Publishers.

International Labour Organization 2002: *A Future without Child Labour*. <http://www. ilo.org/dyn/declaris/declarationweb.ind expage>

Jones, C. 1999: *Global Justice: Defending Cosmopolitanism*. New York: Oxford University Press.

Jones, K. 2004: *Who's Afraid of the WTO?* New York: Oxford University Press.

Judah, T. 2002: *Kosovo: War and Revenge*, 2nd edn. New Haven: Yale University Press.

Kant, I. [1797] 1996: *The Metaphysics of Morals*, ed. and trans. M. Gregor. New York: Cambridge University Press.

Kapoor, S. 2004: The Currency Transaction Tax: Enhancing Financial Stability and Financing Development. <http://www.waronwant.org/?lid=9100&cc=1>

Kasa, K. 1999: Time for a Tobin Tax? *The Federal Reserve Bank of San Francisco Economic Letter*, 99 (12) (Apr. 9), <http://www.frbsf.org/econrsrch/wklyltr/wklyltr99/el99-12.html>

Kausikan, B. 1993: Asia's Different Standard. *Foreign Policy*, 92 (Fall), 24–41.

Kausikan, B. 1997: Governance that Works. *Journal of Democracy*, 8 (2), 24–34.

Keller, S. 2005: Patriotism as Bad Faith. *Ethics*, 115 (3), 563–92.

Kelly, E. 2004: Human Rights as Foreign Policy Imperatives. In D. K. Chatterjee (ed.), *The Ethics of Assistance: Morality and the Distant Needy*, New York: Cambridge University Press, 177–92.

Kennan, G. F. 1951: *American Diplomacy 1900–1950*. Chicago: University of Chicago Press.

Keohane, R. O. 1986: Realism, Neorealism and the Study of World Politics. In R. O. Keohane (ed.), *Neorealism and its Critics*, New York: Columbia University Press, 1–26.

Keohane, R. O. and Nye, J. S. 2001: *Power and Interdependence*, 3rd edn. New York: Longman Publishers.

Kitching, G. 2001: *Seeking Social Justice through Globalization: Escaping a Nationalist Perspective*. University Park, Pa.: Pennsylvania State University Press.

Kolers, A. 2002: The Territorial State in Cosmopolitan Justice. *Social Theory and Practice*, 28 (1), 29–50.

Krasner, S. D. 1999: *Sovereignty: Organized Hypocrisy*. Princeton: Princeton University Press.

Kremer, M. and Jayachandran, S. 2002: *Odious Debt*. National Bureau of Economic Research, Working Paper 8953. <http:/www.uber. org/papers/w8953>

Kuznets, S. 1955: Economic Growth and Income Inequality. *American Economic Review*, 45 (1), 1–28.

Kuznets, S. 1973: Modern Economic Growth: Findings and Reflections. In *Population, Capital, and Growth: Selected Essays*, New York: W. W. Norton, 165–84.

Kymlicka, W. 1989: *Liberalism, Community, and Culture*. New York: Oxford University Press.

Kymlicka, W. 1990: *Contemporary Political Philosophy: An Introduction.* Oxford: Clarendon Press.

Kymlicka, W. 1995: *Multicultural Citizenship.* New York: Oxford University Press.

Kymlicka, W. 1996: Social Unity in a Liberal State. *Social Philosophy and Policy,* 13 (1), 105-36.

Laden, A. S. 2002: Democratic Legitimacy and the 2000 Election. *Law and Philosophy,* 21 (2), 197-220.

Lango, J. W. 2001: Is Armed Humanitarian Intervention to Stop Mass Killing Morally Obligatory? *Public Affairs Quarterly,* 15 (3), 173-91.

Lee, E. 1997: Globalization and Labour Standards: A Review of Issues. *International Labour Review,* 136 (2), 173-89.

Luban, D. 2002: Intervention and Civilization: Some Unhappy Lessons of the Kosovo War. In P. D. Greiff and C. Cronin (eds), *Global Justice and Transnational Politics,* Cambridge, Mass.: MIT Press, 79-115.

Lustick, I. S., Miodownik, D. and Eidelson, R. J. 2004: Secessionism in Multicultural States: Does Sharing Power Prevent or Encourage It? *American Political Science Review,* 98 (2), 209-29.

Lyons, D. 1976: Ethical Relativism and the Problem of Incoherence. *Ethics,* 86 (3), 107-21. MacIntyre, A. 1984: *After Virtue,* 2nd edn. Notre Dame, Ind.: University of Notre Dame Press.

Malcolm, N. 1998: *Kosovo: A Short History.* New York: New York University Press.

Mandelbaum, M. 1999: A Perfect Failure: NATO's War against Yugoslavia. *Foreign Affairs,* 79 (5), 2-8.

Mandle, J. 1999: The Reasonable in Justice as Fairness. *Canadian Journal of Philosophy,* 29 (1), 75-108.

Mandle, J. 2000a: Globalization and Justice. *Annals of the American Academy of Political and Social Science,* 570 (July), 126-39.

Mandle, J. 2000b: *What's Left of Liberalism?: An Interpretation and Defense of Justice as Fairness.* Lanham, Md.: Lexington Books.

Mandle, J. 2003: Review of Moellendorf, *Cosmopolitan Justice. Utilitas,* 15 (1), 123-6.

Mandle, J. 2005: Tolerating Injustice. In G. Brock and H. Brighouse (eds), *The Political Philosophy of Cosmopolitanism,* New York: Cambridge University Press, 219-33.

Mandle, J. forthcoming: Nielsen's Just Globalization. *Economics and Philosophy.*

Mandle, J. R. 2003: *Globalization and the Poor*. New York: Cambridge University Press.

Margalit, A. and Raz, J. 1990: National Self-Determination. *Journal of Philosophy*, 87 (9), 439–61.

Maritain, J. 1949: Introduction. In *Human Rights: Comments and Interpretations*, ed. UNESCO, New York: Columbia University Press, 9–17.

Martin, L. L. 1992: *Coercive Cooperation: Explaining Multilateral Economic Sanctions*. Princeton: Princeton University Press.

McCarthy, T. 1997: On the Idea of a Reasonable Law of Peoples. In J. Bohman and M. Lutz-Bachmann (eds), *Perpetual Peace: Essays on Kant's Cosmopolitan Ideal*, Cambridge, Mass.: MIT Press, 201–17.

McGarry, J. 1998: "Orphans of Secession": National Pluralism in Secessionist Regions and Post-Secession States. In M. Moore (ed.), *National Self-Determination and Secession*, New York: Oxford University Press, 215–32.

Mearsheimer, J. J. 2001: *The Tragedy of Great Power Politics*. New York: W. W. Norton.

Mill, J. S. [1861] 1991: *Considerations on Representative Government*. In *On Liberty and Other Essays*, ed. J. Gray, New York: Oxford University Press, 203–467.

Miller, D. 1995: *On Nationality*. Oxford: Clarendon Press.

Miller, D. 1998a: The Limits of Cosmopolitan Justice. In D. R. Mapel and T. Nardin (eds), *International Society: Diverse Ethical Perspectives*, Princeton: Princeton University Press, 164–81.

Miller, D. 1998b: Secession and the Principle of Nationality. In J. Couture, K. Nielsen, and M. Seymour (eds), *Rethinking Nationalism*, Canadian Journal of Philosophy suppl. vol. 22 (1996), Calgary, Alberta: University of Calgary Press, 261–82.

Miller, D. 1999: Justice and Global Inequality. In A. Hurrell and N. Woods (eds), *Inequality, Globalization, and World Politics*, New York: Oxford University Press, 187–210.

Neier, A. 2000: Economic Sanctions and Human Rights. In S. Power and G. Allison (eds), *Realizing Human Rights: Moving from Inspiration to Impact*, New York: St Martin's Press, 291–308.

Newport, F. 2004: Third of Americans Say Evidence Has Supported Darwin's Evolution Theory. *The Gallup Organization*. <http://www.gallup.com/poll/

content/login.aspx?ci=14107>

Nickel, J. W. 1987: *Making Sense of Human Rights: Philosophical Reflections on the Universal Declaration of Human Rights*. Berkeley: University of California Press.

Nielsen, K. 2003: *Globalization and Justice*. Amherst, NY: Humanity Books.

Nietzsche, F. [1887] 1998: *On the Genealogy of Morality: A Polemic*, ed. and trans. M. Clark and A. J. Swensen. Indianapolis: Hackett Publishing.

Nussbaum, M. C. 1996: *For Love of Country: Debating the Limits of Patriotism*, ed. J. Cohen. Boston: Beacon Press.

Nussbaum, M. C. 2004: Women and Theories of Global Justice: Our Need for New Paradigms. In D. K. Chatterjee (ed.), *The Ethics of Assistance: Morality and the Distant Needy*, New York: Cambridge University Press, 147–76.

Organization for Economic Cooperation and Development 1996: *Trade, Employment and Labour Standards: A Study of Core Workers' Rights and International Trade*. Paris: OECD.

Organization for Economic Cooperation and Development 2004: Net Official Development Assistance in 2003. <http://www.oecd.org/dataoecd/42/61/3150 4039.pdf>

Oxfam 2002a: *Europe's Double Standards: How the EU Should Reform its Trade Policies with the Developing World*. <http://www.oxfam.org/eng/pdfs/pp0204_Europes_Double_Standards.pdf>

Oxfam 2002b: *Rigged Rules and Double Standards: Trade, Globalization, and the Fight against Poverty*. <http://www.maketradefair.com/assets/english/report_english.pdf>

Paul VI 1967: Declaration on Religious Freedom: *Dignitatis Humanae*. <http://www.cin.org/v2relfre.html>

Payne, R. 1973: *Massacre*. New York: Macmillan.

Philpott, D. 1998: Self-Determination in Practice. In M. Moore (ed.), *National Self-Determination and Secession*, New York: Oxford University Press, 79–102.

Pierce, A. 1996: Just War Principles and Economic Sanctions. *Ethics and International Affairs*, 10, 99–113.

Pogge, T. W. 1994: An Egalitarian Law of Peoples. *Philosophy and Public Affairs*, 23 (3), 195–224.

Pogge, T. W. 1998: A Global Resource Dividend. In D. A. Crocker and T. Linden (eds), *The Ethics of Consumption: The Good Life, Justice, and Global*

Stewardship. Lanham, Md.: Rowman and Littlefield, 501–36. Pogge, T. W. 2001: Priorities of Global Justice. *Metaphilosophy*, 32 (1/2), 6–24.

Pogge, T. W. 2002: *World Poverty and Human Rights*. Cambridge: Polity.

Pogge, T. W. 2004a: "Assisting" the Global Poor. In D. K. Chatterjee (ed.), *The Ethics of Assistance: Morality and the Distant Needy*, New York: Cambridge University Press, 260–88.

Pogge, T. W. 2004b: The First United Nations Millennium Development Goal: A Cause for Celebration? *Journal of Human Development*, 5 (3), 377–97.

Pollis, A. and Schwab, P. 1979: Human Rights: A Western Construct with Limited Applicability. In A. Pollis and P. Schwab (eds), *Human Rights: Cultural and Ideological Perspectives*, New York: Praeger Publishers, 1–18.

Powell, C. L. with Persico, J. 1996: *My American Journey*, paperback edn. New York: Ballantine Press.

Power, S. 2002: *"A Problem from Hell": America and the Age of Genocide*. New York: Basic Books.

Przeworski, A. and Limongi, F. 1993: Political Regimes and Economic Growth. *Journal of Economic Perspectives*, 7 (3), 51–69.

Quiggin, J. 2001: Globalization and Economic Sovereignty. *Journal of Political Philosophy*, 9 (1), 56–80.

Rawls, J. 1996: *Political Liberalism*, expanded paperback edn. New York: Columbia University Press.

Rawls, J. 1999a: *A Theory of Justice*, rev. edn. Cambridge, Mass.: Harvard University Press.

Rawls, J. 1999b: *The Law of Peoples with "The Idea of Public Reason Revisited"*. Cambridge, Mass.: Harvard University Press.

Rawls, J. 2001: *Justice as Fairness: A Restatement*, ed. E. Kelly. Cambridge, Mass.: Harvard University Press.

Reddy, S. G. and Pogge, T. W. 2003: How *Not* to Count the Poor. <http://www.columbia.edu/~sr793/count.pdf>

Risse, T. and Sikkink, K. 1999: The Socialization of International Human Rights Norms into Domestic Practices: Introduction. In T. Risse, S. C. Ropp and K. Sikkink (eds), *The Power of Human Rights: International Norms and Domestic Change*, New York: Cambridge University Press, 1–38.

Rorty, R. 1996: Who Are We? Moral Universalism and Economic Triage. *Diogenes*, 44 (1), 5–15.

Rorty, R. 1998: Human Rights, Rationality, and Sentimentality. In *Truth and Progress: Philosophical Papers*, vol. 3, New York: Cambridge University Press, 167–85.

Roth, K. 2004: War in Iraq: Not a Humanitarian Intervention. In *Human Rights Watch World Report 2004: Human Rights and Armed Conflict*, New York: Human Rights Watch, 13–35. <http://www.hrw.org/wr2k4/download/wr2k4.pdf>

Rummel, R. J. 1994: *Death by Government*. New Brunswick, NJ: Transaction Publishers.

Runge, C. F. 2001: A Global Environment Organization (GEO) and the World Trading System. *Journal of World Trade*, 35 (4), 399–426.

Sandel, M. J. 1998: *Liberalism and the Limits of Justice*, 2nd edn. New York: Cambridge University Press.

Scanlon, T. M. 2003: Human Rights as a Neutral Concern. In *The Difficulty of Tolerance: Essays in Political Philosophy*, New York: Cambridge University Press, 113–23.

Sen, A. 1981: *Poverty and Famines: An Essay on Entitlement and Deprivation*. New York: Oxford University Press.

Sen, A. 1994: Population: Delusion and Reality. *New York Review of Books*, 41 (15) (Sept. 22), 62–71.

Sen, A. 1997: *Human Rights and Asian Values*. New York: Carnegie Council on Ethics and International Affairs. <http://www.carnegiecouncil.org/media/254_sen.pdf>

Sen, A. 1999: *Development as Freedom*. New York: Alfred A. Knopf.

Shue, H. 1996: *Basic Rights: Subsistence, Affluence, and U.S. Foreign Policy*, 2nd edn. Princeton: Princeton University Press.

Shue, H. 1998: Let Whatever Is Smouldering Erupt? Conditional Sovereignty, Reviewable Intervention and Rwanda 1994. In A. J. Paolini, A. P. Jarvis and C. Reus-Smit (eds), *Between Sovereignty and Global Governance: The United Nations, the State and Civil Society*, New York: St Martin's Press, 60–84.

Silberbauer, G. 1991: Ethics in Small-Scale Societies. In P. Singer (ed.), *A Companion to Ethics*, Cambridge, Mass.: Basil Blackwell, 14–28.

Singer, P. 1972: Famine, Affluence, and Morality. *Philosophy and Public Affairs*, 1 (3), 229–43.

Singer, P. 2002: *One World: The Ethics of Globalization*. New Haven: Yale University Press.

Smith, M. J. 1986: *Realist Thought from Weber to Kissinger*. Baton Rouge, La.: Louisiana State University Press.

Solana, J. 1999: NATO's Success in Kosovo. *Foreign Affairs*, 78 (6), 114–20.

Steel, R. 2004: George Kennan at 100. *New York Review of Books*, 51 (7) (Apr. 29), 8–9.

Stiglitz, J. E. 2003: *Globalization and its Discontents*, paperback edn. New York: W. W. Norton.

Sumner, W. G. 2001: Folkways. In P. Moser and T. Carson (eds), *Moral Relativism: A Reader*, New York: Oxford University Press, 69–79.

Tamir, Y. 1993: *Liberal Nationalism*. Princeton: Princeton University Press.

Tan, K. C. 2000: *Toleration, Diversity, and Global Justice*. University Park, Pa.: Pennsylvania State University Press.

Tesón, F. R. 1988: *Humanitarian Intervention: An Inquiry into Law and Morality*. Dobbs Ferry, NY: Transnational Publishers.

Thomas, D. C. 1999: The Helsinki Accords and Political Change in Eastern Europe. In T. Risse, S. C. Ropp, and K. Sikkink (eds), *The Power of Human Rights: International Norms and Domestic Change*, New York: Cambridge University Press, 205–33.

Thomas, D. C. 2001: *The Helsinki Effect: International Norms, Human Rights, and the Demise of Communism*. Princeton: Princeton University Press.

Thompson, D. F. 1976: *John Stuart Mill and Representative Government*. Princeton: Princeton University Press.

Thucydides 1998: *The Peloponnesian War*, trans. S. Lattimore. Indianapolis: Hackett Publishing Co.

Tobin, J. 1996: Prologue. In M. ul Haq, I. Kaul and I. Grunberg (eds), *The Tobin Tax: Coping with Financial Volatility*, New York: Oxford University Press, pp. ix–xviii.

Tobin, J. 1998: Financial Globalization: Can National Currencies Survive? Keynote Address to the Annual World Bank Conference on Development Economics, 1998. <http://www.worldbank.org/html/ rad/abcde/tobin.pdf>

Tomasi, J. 1995: Kymlicka, Liberalism, and Respect for Cultural Minorities. *Ethics*, 105 (3), 580–603.

Ullman, R. 1999: The US and the World: An Interview with George Kennan. *New York Review of Books*, 46 (13) (Aug. 12), 4–6.

Unger, P. 1996: *Living High and Letting Die: Our Illusion of Innocence*. New York:

Oxford University Press. United Nations 1945: *Charter of the United Nations*. <http://www.un.org/aboutun/charter/>

United Nations 1948a: *Convention on the Prevention and Punishment of the Crime of Genocide*. <http://www.unhchr.ch/html/menu3/b/p_genoci.htm>

United Nations 1948b: *Universal Declaration of Human Rights*. <http://www.un.org/Overview/rights.html>

United Nations 1970: *Declaration on Principles of International Law concerning Friendly Relations and Co-operation among States in accordance with the Charter of the United Nations*. <http://www.un.org/documents/ga/res/25/ares25.htm>

United Nations 1993: *Vienna Declaration and Programme of Action*. <http://www.unhchr.ch/html/menu5/wchr.htm>

United Nations Development Programme 1998: *Human Development Report 1998*. New York: Oxford University Press. <http://hdr.undp.org/reports/global/1998/en/>

United Nations Development Programme 2003: *Human Development Report 2003: Millennium Development Goals: A Compact among Nations to End Human Poverty*. New York: Oxford University Press. <http://hdr.undp.org/reports/global/2003/>

United States Census Bureau 2004: Poverty Thresholds. <http://www.census.gov/hhes/poverty/threshld.html>

United States Department of Commerce 1952: *Statistical Abstract of the United States 1952*. <http://www2.census.gov/prod2/statcomp/documents/1952-05.pdf>

Waldron, J. (ed.) 1987: *Nonsense upon Stilts: Bentham, Burke and Marx on the Rights of Man*. New York: Methuen.

Waldron, J. 1992: Minority Cultures and the Cosmopolitan Alternative. *University of Michigan Journal of Law Reform*, 25 (3 & 4), 751-93.

Waldron, J. 1993: Special Ties and Natural Duties. *Philosophy and Public Affairs*, 22 (1), 3-30.

Waltz, K. N. 1979: *Theory of International Politics*. New York: McGraw-Hill Publishers.

Walzer, M. 1992: The New Tribalism: Notes on a Difficult Problem. *Dissent* (Spring), 164-71.

Walzer, M. 2000: *Just and Unjust Wars: A Moral Argument with Historical Illustrations*, 3rd edn. New York: Basic Books.

Walzer, M. 2004: *Arguing about War*. New Haven: Yale University Press.

Weber, M. [1922] 1946: Structures of Power. In H. H. Gerth and C. W. Mills (trans. and ed.), *From Max Weber: Essays in Sociology*, New York: Oxford University Press, 159–79.

Weinstock, D. 2001: Constitutionalizing the Right to Secede. *Journal of Political Philosophy*, 9 (2), 182–203. Weiss, L. 1998: *The Myth of the Powerless State*. Ithaca, NY: Cornell University Press.

Wenar, L. 2002: The Legitimacy of Peoples. In P. D. Greiff and C. Cronin (eds), *Global Justice and Transnational Politics*, Cambridge, Mass.: MIT Press, 53–76.

Wheeler, D. 2002: *Racing to the Bottom? Foreign Investment and Air Pollution in Developing Countries*. World Bank Policy Research Working Paper 2524. <http://econ.worldbank.org/files/1340_wps2524.pdf>

Wong, D. 1984: *Moral Relativity*. Berkeley: University of California Press. Wong, D. 1991: Relativism. In P. Singer (ed.), *A Companion to Ethics*, Cambridge, Mass.: Basil Blackwell, 442–50.

Woods, N. 2001: Making the IMF and the World Bank More Accountable. *International Affairs*, 77 (1), 83–100.

World Bank Data Query, <http://devdata.worldbank.org/data-query>.

World Bank 2001: *World Development Report 2000/2001: Attacking Poverty*. Overview: <http://siteresources.worldbank.org/INT POVERTY/Resources/WDR/overview.pdf>

World Conference on Human Rights 1993: *Final Declaration of the Regional Meeting for Asia of the World Conference on Human Rights* ["Bangkok Declaration"]. <http://law.hku.hk/lawgovtsociety/Bangkok%20Declaration.htm>

World Health Organization 2000: *Global Water Supply and Sanitation Assessment 2000*. <http://www.who.int/docstore/water_sanitation_health/Globassessment/Global1.htm>

World Intellectual Property Organization. <http://www.wipo.int>

Young, I. M. 1990: *Justice and the Politics of Difference*. Princeton: Princeton University Press.

Zakaria, F. 1994: Culture is Destiny: A Conversation with Lee Kuan Yew. *Foreign Affairs*, 73 (2), 109–26.

옮긴이의 말

오늘날 세계를 보노라면 누구라도 심각한 절망감을 느끼지 않을 수 없을 것이다. 입만 열면 '세계정의'를 운운하는 소위 강대국들은 천연자원을 장악하거나 국제정치의 패권을 위한 무력 개입을 서슴지 않으면서도 막상 도움의 손길을 절실히 필요로 하는 사람들의 호소와 참상은 외면하고 있다. 내전과 혼란을 피해서 북아프리카와 중동에서 유럽으로 탈출하려는 난민에 대한 소위 유럽 '선진문명국들'의 태도, 하루에도 수많은 무고한 사람들이 죽음으로 내몰리는 시리아 알레포 사태를 보노라면 '인류의 양심'이나 세계정의 같은 말은 차라리 사치에 가까운 것이 아닌가 하는 의구심이 들기도 한다. 우리나라의 언론이나 일반 여론도 유럽 국가들의 이기심과 위선을 비판하며 난민에 대한 적극적인 구호 대책을 촉구했지만, 나와 관계없는 '강 건너 불구경' 식의 태도에 불과했다. 난민 보도와 관련하여 국내의 인터넷 사이트에는 '이들을 절대로 받아들여서는 안 된다'라는 의견이 압도적 우위를 점하고 있다. 과연 세계 차원에서 정의는 있기나 하는 것인가?

정치학의 주요 개념을 소개하는 '핵심 개념(Key Concepts)' 시리즈 중의 하나로 출간된 이 책 『지구적 정의란 무엇인가(*Global Justice*)』(Polity, 2006)는 바로 이러한 문제에 접근하는 이론적인 토대와 관련된 쟁점을 알려주는 개설서이다. 저자는 미국 피츠버그 대학교(University of Pittsburgh)에서 박사학위를 받고 현재는 뉴욕 주립대학교 (State University of New York, SUNY) 올버니 대학교(University at Albany)의 철학과에서 정치철학을 가르치고 있다. 그는 롤스의 정의론, 지구적 정의와 관련된 연구에 노력을 집중하고 있으며, 이 책 출간 이후에는 『롤스의 정의론(*Rawls's A Theory of Justice: An Introduction*)』(2009), 『롤스 길라잡이(*A Companion to Rawls*)』(2013) 그리고 공저로 『케임브리지 롤스 개념 사전(*The Cambridge Rawls Lexicon*)』(2015) 등의 저서를 출간했다.

세계 차원에서 정의의 문제를 다룬 연구들은 주로 세계평화, 빈곤, 국제법, 인권 등 여러 분야에서 진행되어왔지만, 일목요연하게 관련된 쟁점을 정리하여 소개한 책은 국내에서 찾기 어렵다. 이 책이 가진 가장 큰 덕목은 지나치게 이상주의적인 주장과 냉혹한 현실주의를 배격하고 '실현 가능한' 세계정의를 추구한다는 데에 있다. 저자는 기본적으로 존 롤스의 『정의론』, 『정치적 자유주의』, 『만민법』을 바탕으로 지구적 정의론을 전개하고 있다. 저자가 롤스의 주장들을 하나씩 비판하고 검토하며 도달한 결론을 바탕으로 저술한 책이기 때문에, 먼저 이 책과 관련된 범위 내에서 롤스의 주장을 잠시 살펴볼 필요가 있다.

롤스의 정의론은 기본적으로 미국과 같이 개인주의에 기반을 둔 사회에서 사회복지정책을 정당화할 수 있는 원리를 찾으려는 의도에서 나온 것이다. 미국은 기본적으로 개인주의, 그중에서도 '완고한 개인주의(rugged individualism)'를 기본 이념으로 삼고 있는 나라이다. 사회적 다원주의와 밀접하게 결부된 이 주장은 '지금 성공한 사람들은 자신의 노력과 재능으로 그 자리에 올라온 것이며, 자선을

278

빙자하여 여기에 개입하는 것은 (지식, 능력, 노력, 열정 등의 면에서) 열등한 지위에 있는 사람들을 구제하려고 한다는 점에서 자연의 법칙에도 어긋나고 실효성도 없으며 오히려 사태를 악화시킬 뿐'이라고 강조한다. 반면 롤스는 노력과 능력이라는 것 자체가 신뢰할 만한 근거가 되지 못한다고 주장한다. 이른바 노력과 능력이란 사람들이 유전과 환경을 통해서 가지는 특성이며, 능력을 갖추려면 가족의 도움을 받고 교육을 많이 받아야 하는데 그 자체가 이미 '공정'이라는 조건에서 어긋난다는 것이다.

롤스는 두 개의 원칙에 입각하여 자신의 정의론을 전개한다. 그 핵심 논지는 형식적인 기회의 평등이 아니라 모든 사람이 계층이나 가정환경에 관계없이 똑같은 출발선에 설 수 있어야 한다는 것이다. 첫째 원칙은 언론의 자유와 종교의 자유 같은 기본 자유를 모든 사람이 평등하게 그리고 되도록 많이 누려야 한다는 것이다. 둘째 원칙은 모든 사람이 기회의 평등을 누려야 하고, 불평등한 분배가 최하층 사람들의 이익이 되는 쪽으로 작동하지 않는 한 각 사람은 평등한 몫의 부와 권력을 가져야 한다는 것이다. 즉 불평등한 분배는 오직 그것이 사회 내 최하층 사람들의 처지를 개선시키기 위한 것일 때에만 정당화되며, 만일 최상위 계층의 부와 권력이 최하위 계층에게 간접적으로 이익이 되지 않는다면, 그러한 부와 권력은 더 평등한 방식에 가깝게 재분배되어야 한다는 주장이다. 첫째 원칙은 기본적 자유에서의 평등원칙, 둘째 원칙은 기회 평등의 원칙과 차등원칙이라고 부른다. 롤스는 이 원칙들에 입각하여 자신이 옹호하는 자유주의 사회의 틀을 제시한다. 그것은 각 개인이 사상, 언론, 양심, 집회, 선거, 공직 등에 참여할 자유를 평등하고도 최대한도로 누리는 동시에 사회경제적으로 가장 불리한 입장에 있는 사람들도 이익을 획득할 수 있을 뿐만 아니라 삶 전반에 걸쳐서 공정한 기회를 이용할 수 있도록 보장하는 사회를 말한다.

롤스의 정의론은 원초적 입장(original position)이라는 가상의 상황에서 내리는 선택을 바탕으로 삼고 있다. 원초적 상황은 부, 명예, 권리 등 사회적인 기본가치가 분배되기 이전의 상황을 말하는데, 이속에서 각 개인은 자신이 어떤 사람인지 일시적으로 전혀 모르는 무지의 베일(veil of ignorance)에 싸여 있다. 말하자면 각 개인은 자신의 계층, 성별, 인종, 정치적인 견해를 스스로도 모르고 사회경제적으로도 불평등하지 않은 그야말로 평등한 상태에 놓여 있는 것이다. 롤스는 자기이익을 극대화하고 타인의 이해관계에는 무관심한 개인들이 자신이 하위계층으로 떨어지는 위험을 회피하고자 하위 등급에게 돌아가는 몫을 극대화하는 선택을 하게 된다고 지적하며, 이처럼 협상에서 어느 누구도 우월한 위치에 놓여 있지 않은 상황에서 당사자들이 이성적이고 도덕적인 판단에 합의한다면, 그 합의는 공정하다고 주장한다.

반면 이 책의 저자 맨들은 롤스의 정의론의 원칙을 국제관계에 받아들이는 것을 두 가지 이유에서 반대한다. 첫째, 롤스의 주장은 개인주의와 자유주의를 기본 이념으로 삼고 있는 미국 사회에서 사회복지정책을 뒷받침하는 논리이기 때문에 저마다 이념, 가치, 윤리, 종교 등이 다른 나라들로 구성된 국제사회에서는 정의의 원칙으로서 인정받기 어렵다고 지적한다. 둘째, 롤스의 차등원칙과 기회 평등의 원칙을 결합하면 개발도상국의 교육, 의료, 식량, 안전 프로그램을 지원하기 위해서 선진국의 가장 부유한 사람들로부터 개발도상국으로 부의 상당한 이전이 필요하고, 더 나아가 세계경제의 광범위한 구조적 변화를 필요로 하게 되는데, 이런 요구는 현실적으로 실현되기 어렵다는 것이다. 그 대신 현재 주어진 현실에서 국제사회의 구성원들이 광범위하게 동의할 수 있고 실행이 가능한 동시에 새로운 미래의 가능성을 열어갈 수 있는 원칙이 필요하다는 점을 지적한다. 저자는 『정치적 자유주의』와 『만민법』에서 제기된 롤스의 아이디어를 일부 빌려서 이 원칙을 확립하고자 시도한다.

『정치적 자유주의』(1993)에서 롤스의 관심은 서로 충돌하지만 그러면서도 저마다 타당한 내용을 가지고 있는 '포괄적 교리들(comprehensive doctrine)'이 존재하는 사회에서, 상호 수용할 수 있는 합당한 정치적 원칙들을 합의할 수 있는가 하는 문제이다. 포괄적 교리는 쉽게 말하면 개인이 가지고 있는 종교적, 철학적, 도덕적 신념을 의미한다. 예를 들면, 한 사람은 기독교적 신념을 가지고 있고 다른 사람은 불교적 신념을 가지고 있다면 둘은 서로 다른 포괄적 교리를 가지고 있는 것이다. 롤스는 현대 민주주의 사회에서 각 개인들이 저마다의 포괄적 교리를 가지고 있으며, 삶의 목표나 도덕의 본질에 관해서 서로 해소할 수 없는 의견 차이가 생기는 현상을 당연한 것으로, 즉 민주주의의 지속적인 조건으로 받아들이자고 제안한다. 단일한 하나의 가치관에 대한 지속적인 합의는 불가능하며, 하나의 가치관으로 통합된 정치공동체는 국가권력의 강압을 통해서나 가능하다는 것이다. 롤스는 이러한 다원주의 사회에서는 특정한 포괄적 교설(教說)을 정치제도로서 강요하는 정치철학은 바람직하지 않다고 보았다. 그 대신 서로 다른 포괄적 교리들이 서로 중첩되는 지점에서 중첩적 합의(overlapping consensus)를 도모해야 한다고 강조한다. 필요한 것은 민주체제의 여러 가치와 이상을 나타내는 정의관이어야 하며, 이런 정의관만이 다원주의 사회에서 여러 의견들 사이의 중첩적 합의를 끌어내는 기대를 가지게 한다는 것이다.

롤스가 말하는 '질서가 잘 잡힌 사회(well ordered society)'는 기본적인 도덕적 혹은 종교적 신념으로 뭉친 집단이 아니라 정의의 '정치적' 개념으로 연결된 사회이다. 롤스는 사회의 기본 구조가 바로 정치적인 것의 영역이며, 도덕철학이 다루는 일반적인 문제들은 이 영역에서 논의의 대상이 아니라는 점을 지적한다. 롤스에게 안정성은 정치적 정의의 문제에 대한 중첩적 합의를 확립함으로써 얻어지며, 그럼으로써 기본구조의 여러 제도들이 각각의 모든 시민들에게 정당화될 수 있다. '공정성으로서의 정의(justice as fairness)'는 그와 같은 정치적 개념의 한 사례로 이해된다. 그가 『정치적 자유주의』에서 전개하는 사회운용의 원칙으로서 정의의 원칙은 『정의론』의 주장과 큰 차이가 없다. 기본적인 자유에서의 평등원칙, 기회 평등의 원칙과 차등원칙은 여전히 유지된다. 그리고 정치적 자유들의 공정한 가치를 보장하고, 형식적인 기회의 평등이 아니라 가능한 가장 온전하게 '기회의 공정한 평등'을 강조한다. 핵심은 기회의 공정한 평등 그리고 이러한 기회의 평등 아래에서도 생겨나게 될 개인 간의 최종적인 차등을 감소시키고 모든 사람의 이득을 도모하는 차등원칙의 결합이다.

이 책의 저자 맨들 역시 '정치적 정의관'의 필요성을 강조한다. 국제사회는 포괄적 교리의 다양성이 국내보다 훨씬 더 심하기 때문에 어떤 특정한 포괄적 교리에 입각하여 정의의 원칙을 수립한다고 해서 다른 방향에 있는 문화나 사람들에게 널리 받아들여지지는 않는다는 것이다. 진지하고 양심적인 논의를 통해서도 포괄적 가치관들 사이에 어떤 합의에 이를 가능성은 없다. 따라서 맨들은 범세계 차원에서 정의는 제각각 다른 포괄적 교리들이 받아들일 수 있는 어떤 것이어야 한다고 지적하면서 지구적 정의를 수립하는 토대로서 '정치적 정의관'을 빌린다.

『정의론』과 『정치적 자유주의』는 기본적으로 미국 사회를 전제로 하고 있으며, 이 저작들에서 논하는 정의는 일국 차원에서의 국내 정의를 가리킨다. 이 논의를 확장하여 국제사회를 지배하는 국제 정의의 문제를 다룬 저작이 『만민법』(1999)이다. 그는 세계정부가 존재해야 한다고 주장하지 않는다. 국제사회에는 다양한 사회들이 있다는 것, 이 사회들이 비록 자유주의의 입장에서 볼 때는 불만족스럽겠지만, 일단 '있는 그대로' 보는 자세가 필요하다는 것을 강조한다. 그 자신이 주장했던 일국 차원의 국내적 정의 개념이 적용되고 실현될 수 있을 정도로 국제사회의 모습이 이상적이지는 않다는 사실을 받아들이면서, 국제적 차원에서 적용될 수 있는 정의론을 통해서 세계질서를 이상적인 모습으로 접근시키려고 시도하는 것이다. 롤스는 이런 점에서 자신의 주장을 '현실적 유토피아'라고 부른다. 즉 현재 주어진 한계를 인정하고, 그 틀 안에서 실현이 가능한 것을 모색하면서, 궁극적으로는 국제질서를 보다 바람직한 것으로 바꾸고자 하는 시도를 말한다. 이 책의 저자 맨들 역시 주어진 현실을 인정하고, 국제사회를 '점진적으로' 이상적인 상황에 가깝게 만들 수 있는 실현이 가능한 정의의 원칙을 모색하고자 한다.

롤스는 다양한 성격의 국가들 그리고 저마다 합당한 포괄적 교리들을 가지고 있는 국가들로 이루어진 국제관계 역시 특정한 포괄적 교리에 입각한 정의론이 적용되어서는 안 된다고 강조한다. 설사 그런 식으로 정의의 개념이 마련된다고 하더라도, 세계국가가 없는 상황에서 그 원칙이 강제될 수도 없고, 저마다 다른 포괄적 교리들을 가지고 있는 사회들에 받아들여지지도 않는다는 것이다. 그 대신 정치적 정의의 개념에 합의하는 것이 필요하다고 주장하는데, 국제적 차원의 정의를 규제하는 원칙이 바로 만민법이다. 여기에서 만민법은 만민의 관계에 적용되는 규범질서로서, 국제사회를 규율하는 법과 관행의 총체, 고정된 단일한 법이 아니라 여러 가지 법 원칙과 체계가 공존하는 포괄적 규범체계로 볼 수 있다.

롤스는 국제사회의 구성원을 '합당한 자유주의 사회(reasonable society)', 자유주의적 원칙에 입각하지는 않았지만 자유주의 사회가 받아들일 정도로 일정한 타당성을 갖춘 '적정 수준의 위계사회(decent hierarchical society)', '무법 국가(outlaw state)', '불리한 여건으로 고통받는 사회(society burdened by unfavorable conditions)', '자비로운 절대주의 체제(benevolent absolutism)'로 구분한다. 그리고 '불리한 여건으로 고통받는 사회들'과 '무법 국가들'과의 관계를 정립하는 것에 관한 문제를 다룬다. 그는 현재 존재하는 국제사회를 출발점으로 해서, 비록 자유주의적이지는 않지만 그 나름의 적정성을 갖춘 사회를 포괄하는 관용의 원칙을 확립하는 문제를 가장 중요하게 다룬다.

롤스의 주장에 따르면 적정 수준의 위계사회는 비록 자유주의적 정치질서가 완전히 구축되지는 않았지만, 그 나름대로 '정의로운 사회'라고 할 수 있으며, 자유주의 사회들과 평화적인 공존이 가능한 사회이다. 이 사회는 비록 제한적이기는 하지만 일정 수준의 인권이 보호, 존중되고 있으며 그 나름의 협의체를 통해서 그 사회의 일반적인 이익에 관한 요구가 전달되는 사회이기 때문에 정치적 정당성이 인정될 수 있다. 그는 자유주의 사회가 적정 수준의 위계사회를 인정하고 받아들여야 하며, 그 사회들과 자유주의 사회들 사이에는 만민법에 대한 합의가 가능함을 강조한다. 반면 무법국가들은 침략행위에 대한 금지 같은 만민법의 기본원칙들을 부인함으로써 국제사회를 무력으로 위협할 수 있는 위험한 호전(好戰) 국가이다. 이러한 무법국가에 대해서 자유주의 사회와 적정 수준의 위계사회는 정의로운 전쟁의 원칙을 통한 자위권이 있음을 강조한다. 그리고 불리한 여건으로 고통받는 사회에 대해서는 이 사회들이 만민법이 적용되는 국제사회의 구성원이 될 수 있는 상태에 이르기까지 원조의 의무를 수행할 것을 주장한다.

『만민법』에서 핵심적인 기초 개념은 인권이다. 이것은 인간이 시민으로서 가지는 권리 이전의 보편적 권리로서, 만민법의 기초 개념을 이룬다. 롤스는 만민법의 여덟 가지 원칙을 명시하는데, 그중에서 제5원칙은 인권 보호를 위해서 극단적인 경우에는 국제적 합법성이 뒷받침될 경우에 전쟁도 정당화될 수 있다고 지적한다. 제6원칙은 인권을 존중할 의무, 제8원칙은 열악한 조건 아래에서 살고 있는 만민에 대한 원조의 의무이다. 그런데 롤스는 이 책에서 일국 차원의 국내 정의의 핵심 원리인 '차등의 원칙'을 내세워 국제적인 분배의 평등을 주장하지 않는다. 국제적 차원의 정의를 규율하는 만민법에서는 국내 정의와 같은 방식의 차등원칙이 적용될 필요가 없다는 것이다. 롤스가 국제사회의 현실에 적용되기를 바라는 의도에서 기존의 논의를 의도적으로 얼버무렸다는 비판을 받기도 한다.* 이 책의 저자 맨들은 적정 수준의 위계사회, 즉 자유주의 사회들에 인정을 받고 받아들여질 수 있는 사회를 판가름하는 시금석으로서 '정치적 정당성(political legitimacy)' 개념을 논하면서, 정당성이 있는 정치제도를 갖춘 사회들을 논한다. 또한 부유한 나라들은 가난한 나라들을 도와야 할 의무가 있지만, 국제적인 분배의 평등은 지구적 정의의 고려 사항이 아니라고 주장한다.

이 책은 지금까지 소개한 롤스의 이러한 주장들 중에서 기본 아이디어를 받아들여 지구적 정의의 원칙을 확립하고자 한다. 제1장에서 저자는 냉전의 붕괴와 지구화(globalization)로 인해서 국제적 차원에서 정의의 문제에 대한 관심이 크게 늘었다는 사실을 지적하며, 규범적 이론에 입각한 지구적 정의론이 수립되어야 함을 강조한다. 규범적 이론이란 현 상황에 대한 반성적 성찰뿐만 아니라 미래에 대한 전망과 희망을 제공하며 현실과 비판적으로 대결할 수 있는 이론, 일정한 원칙에 입각하여 현 세계의 다양성을 인정하면서도 우리가 나가야 할 당위의 상태를 알려줄 수 있는 이론을 말한다. 그리고 저자는 이러한 이론이 필요한 사례로 코소보 사태를 들면서, 제각각 다른 문화와 포괄적 교리를 가지고 있는 나라들이 받아들일 수 있는 원리가 마련되어야 한다는 점을 강조한다.

제2장은 지구적 정의론의 토대가 되는 이론적 원칙을 모색한다. 핵심은 어떤 특정한 삶의 방식이나 포괄적 윤리이론에 기대지 않는 원칙의 탐구이다. 저자는 그것을 롤스의 『정치적 자유주의』에서 제

---

* 이 문제를 둘러싼 논의는 스튜어트 화이트, 『평등이란 무엇인가(*Equality*)』, 강정인, 권도혁 옮김(까치글방, 2016) 제5장에 상세히 나와 있다.

시된 '정의의 정치적 개념'으로부터 빌려온다. 이 개념은 한 사회의 근본적인 정치적, 사회적, 경제적 제도들로 형성된 '사회의 기본 구조'를 평가하기 위해서 고안된 것이다. 저자는 사회의 기본구조는 누가 무엇을 얻는가 하는 문제에 결정적인 영향을 끼친다는 점 그리고 국가의 강제적인 장치를 통해서 사회의 모든 구성원에게 강제적으로 부과된다는 점에서 우리 삶의 근본 토대를 이룬다고 지적한다. 저자는 국내 차원에서나 지구 차원에서나 정의의 원칙들은 대단히 큰 문화적, 이념적 다양성 속에서 강제적으로 부과되는 제도와 정책들을 평가하는 데에 목표를 두어야 한다고 지적한다. 이 기본구조를 옹호하는 논변이 바로 정의의 정치적 개념인데, 본래 롤스가 국내적 정의의 원칙을 모색하는 데에 활용했던 이 개념을 맨들은 인권과 결부시켜 지구적 정의론의 토대를 확립하고자 한다.

제3장은 한 사회에서 내부적으로 적용되는 정의의 원칙이 지구 차원에서도 적용될 수 있는가 하는 문제를 검토한다. 저자는 현실주의, 민족주의, 세계시민주의를 검토하면서 자신의 주장을 세워나간다. 저자는 도덕적 고려는 국제관계에 적용되어서는 안 된다고 주장하는 현실주의, 정의의 문제는 동료 민족 구성원에게만 해당되고 국경을 넘어서는 적용되지 않거나 혹은 그 강도가 아주 약하다고 강조하는 민족주의, 세계의 모든 사람들에게 정의의 의무와 내용은 동일하다고 주장하는 세계시민주의의 주장들에 내포된 문제점들을 지적한다. 저자는 국제사회에서 도덕과 윤리의 문제는 매우 중요한 고려 사항이며 국경을 넘어서 범세계적으로 적용된다는 점에서 현실주의 및 민족주의를 비판하고, 한 나라의 정치적 구성원으로서 소속된다는 사실은 정의의 의무의 내용을 다르게 만든다는 근거에서 세계시

민주의와 의견을 달리한다.

제4장에서는 지구적 정의를 도출할 수 있는 토대로서 기본인권의 개념을 규정한다. 각 사회는 저마다 문화와 전통이 다르고 포괄적인 윤리적 혹은 철학적 교리들도 모두 다르지만, 인간의 삶에 관한 상호 중첩적인 합의를 끌어낼 수 있으며, 그 합의의 원칙이 인권이라는 것이다. 저자는 다양한 문화와 도덕원리들이 존재하는 국제사회에서 인권을 어떤 단일한 포괄적 교리에 의거하여 정당화할 수는 없기 때문에, 문화와 전통을 달리하는 모든 사회들에서 사람들의 삶이 올바르게 영위되도록 하는 데에 '최소한 이것만은 있어서는 안 된다'고 지적하는 공통 요소들을 식별하여 여섯 가지의 인권 항목을 만든다. 저자는 기본인권들이 적절히 보호받는 것을 정의의 원칙으로서 지적하며, 이 권리들이 서로 연결되어 있으며 어느 하나가 없으면 나머지 다른 권리들도 제대로 보호받을 수 없다는 것, 이 권리들이 요구하는 내용과 보호 범위는 사회 환경에 따라 다를 수 있지만 그 근본 원칙은 훼손되어서는 안 된다는 점을 지적한다.

제5장은 지구적 정의와 인권의 관계를 논하면서 인권이란 존재하지 않는다는 반론들을 하나씩 반박한다. 사회경제적 권리는 인권이될 수 없다는 주장, 경제발전을 위해서 인권은 희생될 수밖에 없다는 주장, 인권은 서구식 개념이기 때문에 아시아에는 적용되지 않는다고 항변하는 이른바 '아시아적 가치론'이 검토의 대상이다. 저자는 세계인권선언이 제정된 것은 국제적인 중첩적 합의로서 인권 개념이 존재하고 있음을 보여주는 사례라고 강조한다. 물론 동서냉전의 와중에 인권과 관련된 협약들은 법적 구속력을 갖추지 못한 추상적 선언에 그치기도 했지만, 국제사회의 규범으로서 그 존재를 확실하

게 인정받고 있다는 점 그리고 헬싱키 최종합의서 속에 포함됨으로써 궁극적으로는 소련의 붕괴에 큰 역할을 했음을 지적한다.

제6장은 정의롭지 못한 사회에 대해서 지구적 정의의 관점에서 국외자가 어떻게 대처해야 할 것인가 하는 문제를 다룬다. 맨들은 그것을 정당성 개념과 결부시켜 논하는데, 헌정이 광범위한 지지를 받으며 기본인권을 보호하고 모든 시민에게 정치에 참여할 몫을 보장하는 절차에 따라서 법을 제정할 때, 그 사회의 정치구조는 정당하다고 규정한다. 비록 자유주의적 관점에서 볼 때에 못마땅한 점이 있다고 해도 이런 사회, 즉 적정 수준의 위계사회에 대해서는 국외자가 정치질서를 바꾸고 개입하려는 시도를 해서는 안 되고, 지구적 정의의 일부로서 용인해야 한다는 것이다. 반면 정당성을 갖춘 정치질서가 부재한 채 사회 구성원의 기본인권을 조직적으로 침해하는 무법국가에 대해서는 인권 침해와 권력 남용을 막는 조치를 취해야 하며, 궁극적으로는 정당한 정치구조의 창설이 이루어지도록 유도해야 한다고 지적한다. 그리고 이러한 나라에 대한 소위 인도주의적 개입의 문제를 검토하면서, 대량학살이나 인권의 조직적인 침해 같은 특수한 상황이 닥치면 자신은 개입에 찬성한다는 입장을 밝힌다.

제7장에서는 빈곤으로 인해서 최소 수준의 삶도 유지하기 힘든 나라들에 대해서 지구적 정의는 어떤 의무를 만드는가 하는 문제를 검토한다. 저자는 기본인권이 보호받고 있는 한 국제 차원에서의 분배 평등의 의무는 발생하지 않는다고 지적한다. 그러나 정의의 일차적 의무는 기본인권을 보호하고 안전하게 확보하는 제도의 창설을 돕는 데에 있기 때문에, 부유한 나라들은 가난한 나라의 어려움을 도와야 할 이차적 의무가 있다고 주장한다. 국외자 혹은 외국인으로

서 우리의 의무는 이들 나라가 생존에 필요한 필수자원을 포함한 기본권에 접근할 수 있도록 만드는 것이며, 가장 효과적인 방법은 가난한 나라의 경제성장을 이끌어내는 원조와 제도의 건설에 있다고 지적한다. 저자는 현재 세계적 불평등을 인정하면서도 토빈 세 등을 포함한 몇몇 방안을 그 해결책으로서 제시하고 정치적 의지만 있으면 세계빈곤 문제는 얼마든지 해결될 수 있음을 강조한다.

제8장은 지구화와 정의의 문제를 다룬다. 저자는 지구화의 부작용을 인정하고 현재 지구화를 주도하는 국제기구와 경제질서의 문제점을 신랄하게 비판한다. 그렇지만 지구화는 세계의 다양한 사람들로 하여금 자신의 삶을 성찰하는 중요한 기회를 제공하고 다른 문화와의 공존의 중요성을 일깨워주는 중요한 기회라는 사실을 강조한다. 지구화로 인해서 노동과 환경 보호의 기준이 더 나빠졌다는 주장도 근거가 없다고 반박한다. 그리고 정당성을 갖춘 국가들에 의해서 기본인권들이 우선적으로 보호받는 세계를 정의로운 세계질서의 모습으로 제시한다. 기본인권을 안전하게 확보하고 보호하는 책임은 그 사회의 정치구조와 시민들에게 일차적으로 부여되지만, 이 제도들이 그러한 의무를 이행하지 못하면 국제적인 개입이나 원조를 할 의무가 생긴다는 사실을 강조한다. 모든 인간은 인권을 가질 자격이 있고, 동료 시민뿐만 아니라 모든 사람이 기본인권을 존중할 의무를 가지고 있기 때문에, 사람들이 정치제도를 공유하지 않더라도 지구적 정의의 의무는 국경을 넘어 공유된다는 것이다. 그리고 장기적인 목표는 한 사회가 자신의 기본인권을 안전하게 확보할 수 있도록 하는 정당한 정치구조의 창설에 있다는 점을 강조하며, 이러한 세계를 만들지 못한 것은 우리들의 의지가 부족한 것과 정치적으

로 실패한 탓이라고 지적한다.

이 책은 기본인권에 근거하여 지구적 정의의 원칙을 확립하고, 그 원칙으로부터 어떤 의무가 발생하며, 지구적 정의를 성취하기 위한 현실적인 접근법이 무엇인지 탐구하고 있다. 저자는 일관되게 롤스로부터 받아들인 '현실적 유토피아'를 추구한다. 그것은 인류가 가져본 적도 없지만 현재의 상황에서 실현이 가능한 미래를 말한다. 저자는 대단히 높은 이상을 제시하거나 어떤 근본적인 포괄적 교리에 입각한 절대적인 원칙을 설정하지 않는다. 어디까지나 주어진 현실을 인정하고, 그 속에서 우리가 할 수 있는 것만을 추구하고자 한다. 그러나 동시에 저자의 이러한 태도는 매우 미적지근하게 느껴지기도 한다. 기본적으로 자유주의의 입장에서 지구화를 그대로 인정하거나, 이른바 '적정 수준의 위계사회'에 정당성을 부여하며 기본인권의 보호 범위를 다소 좁히고 있다. 또한 이 책은 학생들에게 기본 개념을 소개하는 데에 일차적인 목표를 가지고 있기 때문에 단정적인 서술을 피하고 여러 가지 가능성을 열어놓고 있다. '적절한', '자주', '때때로', '-수 있다', '-일지도 모른다' 등의 표현을 독자 여러분은 계속 접할 것이다. 그럼에도 불구하고 오히려 그 미적지근함이 더 설득력을 가지는 것을 부정할 수는 없다.

우리가 살고 있는 이 세상을 보다 좋은 곳으로 만들려는 노력은 멈출 수 없고 멈추어서도 안 될 것이다. 지옥 같은 현실이라고 하지만, 우리는 이 지옥을 출발점으로 삼아 앞으로 나아갈 수밖에 없다. 그러기 위해서는 이 책이 제시하는 메시지, 즉 단순한 도덕적 훈계에 그치지 않고 세상의 다양한 문화와 포괄적 교리들에도 받아들여질 수 있는 정의의 원칙을 설립하고, 현재 상황에서 우리가 실현할 수 있는 일에 초점을 맞추어 지구적 차원에서 정의를 실현하려는 작업은 충분한 설득력을 가지고 있다. 번역자가 지금까지 겪어본 바에 의하면, 목소리가 큰 사람은 별로 신뢰할 만하지 않고, 일도양단(一刀兩斷)의 속 시원한 구호는 차라리 받아들이지 않는 편이 좋으며, 고매하고 거창한 이상은 그다지 현실성이 없다. 소설가 최인훈 선생이 40년 전에 이렇게 말한 바 있다. "할 수 있는 테두리 안에서의 정의를. 그런 정의가 무서운 정의다. 나머지 정의는 시(詩)에서 위안받는 길밖에 없다"(『소설가 구보 씨의 일일』). 다만 마지막 문장은 이렇게 고치고 싶다. '그렇다고 나머지 정의에 대한 희망을 버리지는 말자.'

한 가지 덧붙이자면, 번역에서는 세계화 대신에 지구화라는 용어를 사용했으며, 여기에 맞추어 세계 정의라는 일반적인 용어 대신에 지구적 정의라는 말로 바꾸었다. 세계화는 국민, 왕조 등 다양한 국가들 사이의 영토와 경계를 염두에 둔 개념인 반면, '지구화'는 시간과 공간에서 탈경계와 탈영토의 의미를 가진다. 지리적인 경계를 넘어서 상품, 재화, 정보, 문화가 확산되면서 지구 차원에서 동질적인 구조를 강제하는 최근의 이 현상은 지구화로 불러야 좋을 것이다. 그렇지만 이 용어가 낯설다는 것 역시 사실이다. 저자는 일관되게 'global'이라는 용어를 사용하지만, 저자 자신이 내세우는 '지구적 정의' 및 '지구화'에 관련된 경우를 제외하고는, 다른 학자들의 견해와 주장을 설명, 인용, 비판하는 부분이나 일반적인 사항을 서술하는 경우에는 우리에게 보다 친숙한 '세계적' 혹은 '범세계적'이라는 말로 옮겼다. 생소함과 익숙함 사이에서의 고육책인 셈이다.

마지막으로 이 책의 출판에 관련하여 감사의 뜻을 전하고자 한다. 먼저 '탈서구중심주의'를 지향하는 서강대학교 SSK 연구단의 연구를 지원해준 '한국연구재단'에 감사드린다. 우리 연구단은 동서양 비교정치사상을 위한 교재를 개발하고자 노력해왔으며, 그 작업의 일환으로 '스튜어트 화이트, 『평등이란 무엇인가』, 강정인, 권도혁 옮김(까치글방, 2016)'을 먼저 출간한 바 있다. 그런 점에서 다음과 같은 구절을 명기하고자 한다. "이 책은 2014년 정부(교육부)의 재원으로 한국연구재단의 지원을 받아 수행된 연구성과를 단행본으로 출간한 것이다"(NRF-2014S1A3A2043763). 또한 출판계의 어려운 여건에도 불구하고 이 책의 출간을 맡아주신 까치글방의 박종만 사장님께 깊이 감사드린다.

인명 색인